JN162517

坪田耕三
tsubota kōzō

算数科
授業づくりの
発展・応用

The developments and applications of
mathematical lessons in
elementary school

東洋館出版社

はじめに

本書は前著『算数科　授業づくりの基礎・基本』に続くものであるため，書名を『算数科　授業づくりの発展・応用』とした。

「基礎・基本」と「発展・応用」については，次のように考える。

「基礎」とは家を建てる時の土台となるべき事柄であり，基礎がしっかりとできれば，頑丈な2階・3階が積みあがっていく。この積み上がっていくものが「発展」である。新しい学習指導要領のキーワードに「統合的・発展的」という言葉が登場した。「統合」とは，対象となるものに向かう視点が変われば，異なると思っていたものが同じものとして見えるということである。「発展」とは，1つの問題を解決したらそれにとどまらず，もっと深く考察してみたらどうか，もっと広げてみたらどうかと，どんどん深く広く物事を考察していくことである。

したがって，基礎にあたる内容がしっかりと身に付いていれば，そこから深く，広く考察を加えていくことができる。つまり，1つのことをもっと大きな立場でとらえることができる。「基礎」と「発展」はそのような関係にあるのではなかろうか。

つまり，「基本」とは，下から上まで貫く1本の幹のようなものであり，「応用」とは，そこから枝葉のように広がって登場する諸々の事柄だ。これがなければ実り豊かな木にはなりえない。

本書の構成は，第1部が「発展・応用」の学年別内容。2012年9月から2016年3月まで，月刊誌『指導と評価』（一般社団法人日本図書文化協会，日本教育評価研究会刊）に連載したものを書籍化したものである。

第2部は，実際の授業研究を想定して様々な教材を使った「学習指導案」を掲載している。この内容のほとんどは，新算数教育研究会が主催する小学校算数教育研究全国大会の会場校で授業をさせていただいたものである。年に一度の大きな大会なので，教材はどれもオリジナルである。読者諸氏には，こんな教材でぜひとも実践してみていただきたい。

そして，第3部では私が筑波大学附属小学校で勤めはじめた頃の校内研究会の内容をまとめた。1時間の授業研究に向けて準備したこと，クラスづくりの考え方，教材のあれこれ，授業後の研究協議など様々なことを余すことなく紹介した。実は，この1時間の授業研究は，図書文化社から小さな本として出版したものであるが，すでに絶版になっているので，図書文化社より快くご許可いただき再掲載させてもらった。

本書の完成に当たっては，東洋館出版社編集部の畑中潤氏，小林真理菜氏にご努力いただいた賜物である。ここに深く感謝申し上げたい。

2017年正月　坪田　耕三

目次

第1部

発展・応用を学ぶ
小学校算数の授業づくり

第１回

第１学年

「基礎・基本」と「発展・応用」

1. 「基礎・基本」と「発展・応用」

「基礎・基本」という言葉は，四文字熟語のように使われることが多い。

これに対して「発展・応用」という言葉もある。算数の授業づくりに関わっては，この四文字熟語を切り離して解釈することで，一層の充実を図ることができる。

すなわち，「基礎」と「基本」であり，「発展」と「応用」である。「基礎」に対して「発展」を考え，「基本」に対して「応用」を考えるのである。

(1) 「基礎」と「発展」

「基礎」は家を建てるときの土台のようなものである。この土台がしっかりしていれば，その上に安定した家が建てられる。土台の上に乗るのが「発展」である。そして，発展したものがまたしっかりしてくれば，それが「基礎」となり，その上にさらなる建物が建てられる。「基礎」と「発展」が繰り返されて，どんどん高みに上っていくと考えることができる。すなわち，「基礎」に対して「発展」を対応する言葉として位置付けるとわかりやすい。

例えば，２年生で学ぶ「九九」がある。これだけを学びの対象と考えていると，授業者は，$a \times b = c$ というときに，a と b を知って c を求める学習ばかりをやることになる。３と４を見て，12という答えが発せられるような訓練が続くことになる。

しかし，この学習の上に発展としての「わり算」があると考えられる授業者は，そのために $3 \times \square = 12$ や，$\square \times 4 = 12$ という問題の場を設定することがある。これは，わり算そのものを先取り学習するのではない。数感覚を磨く意図をもって，３と何で12が構成できるのか，何と４で12が構成できるのかを直感的に導ける子にしたいという願いからである。これができれば，当然，３年生でわり算の学習によい影響を及ぼすにちがいない。これが「発展」的学習となる。

また，２年生の九九の学習の前に何ができていればいいのかを考えると，１年生で，３口以上の計算がある体験をしておく必要があると気付く。例えば，「2＋2＋2＋2＋2＋2」といった式に触れておくことも必要だ。こんな式があってもいいんだと納得する場を作ってやれば，これが基礎となって，かけ算の学習がその発展となっていることがわかってくる。

このように，「基礎」と「発展」を対応付けて考えることが重要なのだ。

⑵ 「基本」と「応用」

同じように，「基本」についてもそれに対応する言葉を考える。これが「応用」だ。「基本」とは，建物の心柱のように下から上まで貫き通している一本の中心的支えとでも言えるものである。算数教育の世界では下から上までに通じる骨となる考え方と言ってもよい。

ここに枝葉をたわわに備えてこそ豊かなものができあがる。そう考えれば，教育内容の骨だけではなく，そこから広がる関連した内容も重要ということになる。これを「応用」ということにすれば，「基本」に対して「応用」が対応する言葉になるだろうう。

例えば，５年生で「偶数・奇数」を学習する。２で割り切れる（余りが０となる）整数を偶数，２で割り切れない（余りが１となる）整数を奇数というが，これを学んだだけでは豊かな学びとならない。整数についての幅広い考察も必要になってくる。

では，３で割ったらどのような整数の仲間ができるのかと考えてみることがあっていい。3で割れば，余りが０の整数と，余りが１の整数と，余りが２の整数との３つに仲間分けできる。

このことに気付けば，「では４で割ったときには４つに分けられそうだ」とか，「5で割れば５つに仲間分けができるだろう」……と考えを広げていけそうである。

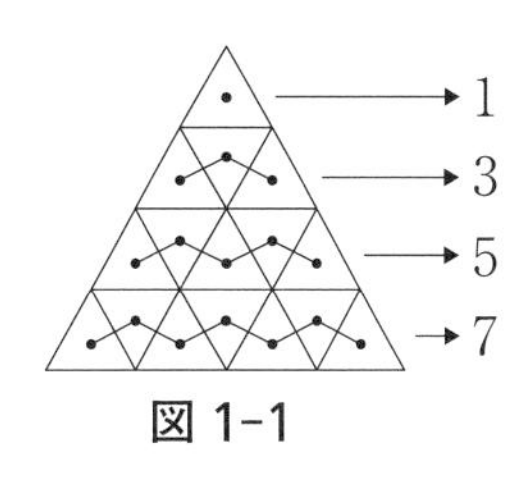

図 1–1

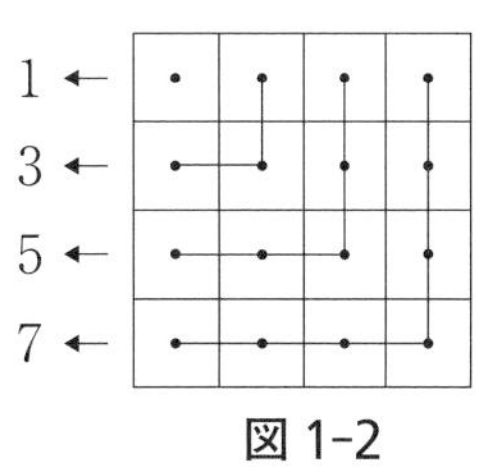

図 1–2

また，奇数だけを取り上げて，その和を考えてみる。図で表現しようとすれば，次のようになる。

図 1–1 は，ピラミッド状態の三角形の各段の個数が奇数となっている。これは，**図 1–2** のように正方形の図をかぎ型に見ていくときの正方形の個数と同じ並び方だ。

このことから，奇数の和は平方数だと納得できるはずである（**図 1–3**）。

$1 = 1 \qquad = 1 \times 1$
$1 + 3 = 4 \qquad = 2 \times 2$
$1 + 3 + 5 = 9 \qquad = 3 \times 3$
$1 + 3 + 5 + 7 = 16 \qquad = 4 \times 4$
・・・・・・・・・・・・・・

図 1–3

「奇数の和は平方数になっている」と発見すれば，整数にはこんなおもしろいきまりがあるのかと学びの楽しさを感じずにはいられない。そうすれば子どもはますます，前向きに学習しようとする。

2. 発展的学習の意味

文部科学省の「個に応じた指導に関する指導資料―発展的な学習や補充的な学習の推進―（小学校算数編）」によれば，基礎・基本や，発展・応用に関わって次のような記述が見られる（P.16）。

「基礎・基本とは，子どもたちのいろいろな活動の基となるものである。
……算数の基礎・基本は，これからも連続的に学習し発展させていく基になるものである。そうした意味での基礎・基本は，各学年での算数の内容の系統性や発展性を調べることからとらえることができる。そのように教材研究を進め，指導に生かしていくことが大切である」
「活動の基としての基礎・基本」についての記述である。

また，「発展的学習の意味」については次のように述べている（P.18）。

「算数での発展的な学習とは，数量や図形についての基礎・基本を身に付けている子どもが，それを基にしてより広げたり深めたり進めたりする学習である。特に算数においては，通常の学習指導においても，それまでに学習してきた内容を基にして，それに積み重ね発展させる形で新たな内容を学習していくことが多い。内容に系統性があり，学習に連続性があるという算数の教科としての特性を考慮しながら，個に応じた指導の一環としての発展的な学習の在り方について検討し，指導の工夫を進めていく必要がある。

学習指導要領においては，算数の系統性や学習の連続性に配慮しながら，各学年ごとに基礎的・基本的な内容を位置付けている。そうした内容は，学校，家庭や社会など生活での活動の基になるものであるし，これからも続けて算数・数学を学習していく基になるものである。

発展的な学習では，子どもの学習状況に応じて，学習指導要領に示していない内容を取り扱うことができる。その際には，子どもがこれまでに学習し，身に付けてきた数量や図形の内容と密接に関連するような教材や学習場面を選択するようにする必要がある。また，できるだけ子どもが自ら工夫したり発展させたりできるように，教材を選択したり指導方法を工夫したりすることが大切である」

さらに，佐藤学氏は「学校を改革する―学びの共同体の構想と実践」の中で，「〈基礎〉から〈発展〉へ学びが進むとは限らない」ということを述べている（P.28～29）。

「〈共有の課題〉が教科書レベルであるのに対して，〈ジャンプの課題〉は教科書レベル以上の課題である。〈ジャンプの課題〉のレベルは学び合う関係の成熟度によるが，一般的に言って，高ければ高いほどよい。もし〈ジャンプの課題〉をすべて子どもが達成できたとすれば，その課題は低すぎる。クラスの半分から$\frac{1}{3}$が達成できるレベルが妥当だろう。学びにおいてもっとも重要なことは夢中になることだが，〈ジャンプの課題〉はそれを実現してくれる。子どもは『わかりそうでわからない課題』において，夢中になる学びを体験できる。……

……一般に学びは〈基礎〉から〈発展〉へと進むと言われている。それはそのとおりなのだが，このプロセスをたどることができるのは，学力が高い子どもだけである。低学力の子どもは〈基礎〉の段階でつまずいてしまう。それでは，低学力の子どもはどこで学んでいるのだろうか。〈共有の学び〉と〈ジャンプの学び〉を組織した協同的学びを子細に観察してみると，低学力の子どもが〈ジャンプの学び〉において，つまり基礎的知識を活用する学びにおいて，『これはこういうことだったのか』と〈基礎〉を理解する光景が頻発していることに気付く。低学力の子どもは，〈発展〉から〈基礎〉に降りる学びを遂行しているのである。

この発見は２つのことを意味している。１つは，低学力の子どもほど，教師のくどくどしい説明を嫌い，挑戦する学びを好むが，それは根拠のあることだったのである。もう１つは，これまでの学びのプロセスについて「理解→応用」の一方向で認識されてきたが，「応用→理解」というプロセスも同時に重要な働きをしていることである。……」

なかなか示唆に富む話である。これらのことを踏まえて，これから「発展・応用」の各学年の例を紹介していくことにする。

3. 第1学年の発展・応用

(1) いくつといくつ

「いくつといくつ」という単元がある。

例えば，「10は３と７」といったことが直感的にわかるようにする数の合成・分解の学習である。

この学習ができないと，後に登場する「繰り上がりのあるたし算」や「繰り下がりのあるひき算」の説明ができなくなる。

「8＋6」の計算は，まず８を見て，あと２で10だと判断する。次に，６のほうから２をもってきて10としたいので，「６は２と４である」と判断する。そして，「８と２で10」となり，残りが「4」なので，合わせて「14だ」と説明する。説明の仕方はこればかりではないが，おおむねこのようなことが説明できるようにしたい。ここに数の合成・分解という学習の大きな目的がある。

だから，多くの学習では「□は，□と□」といった内容ばかりが繰り返される。要するに，ある数を２つの数に分解する学習で終始することになる。

だが，これを数に対する感覚を磨くことに重点を置けば，もっと違った扱いも考えられていい。

例えば，「10は，１と２と３と４」といった分解である。自然数のはじめ４つの数を合成すれば，ちょうど10になっているということは驚きでもある。

図的なイメージは，ボーリングのピンの並び方である（**図1-4**）。あるいは四角を階段のように積んだ形でもある（**図1-5**）。

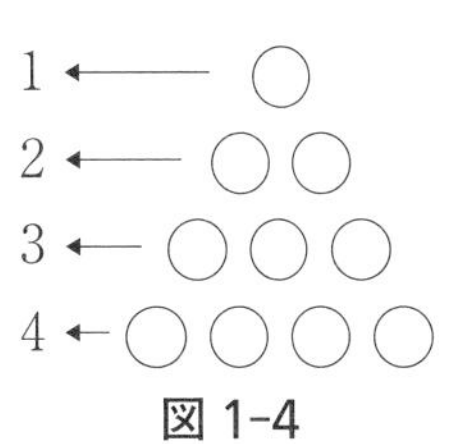

図 1-4

こんなイメージをもって，ほかの数も見直していくことができる。

「いくつといくつといくつ……」といった問題となろうか。手元のおはじきなどを使っていろいろな並べ方を工夫してみるのも楽しい学習となる。

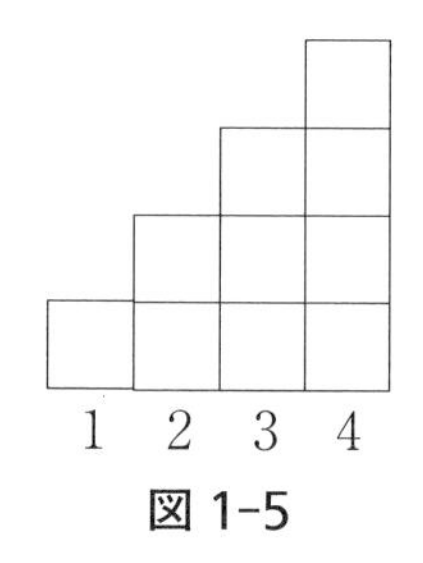

図 1-5

「5 と 5 で 10」と見ていたものが，見る方向を変えれば，「2 と 2 と 2 と 2 と 2 で 10」ということになる（**図 1-6**）。数の多様な見方を育てることになる。

これは，10 に限らず，ほかの数にも応用できる。例えば「12 はどんな数に分けられるか」と問えば，様々な答えが返ってくる。オープンエンドの答えを期待する発問になる。

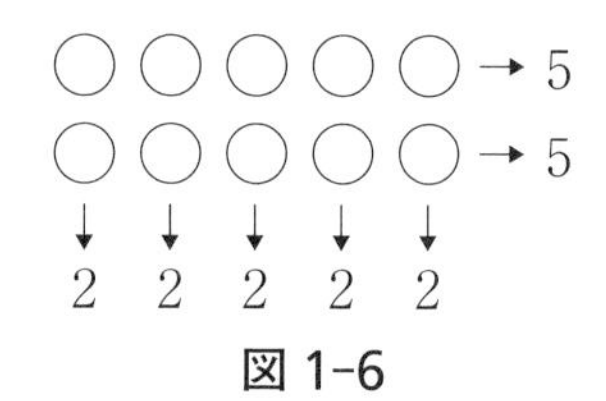

図 1-6

次の 6 つの例などは，とてもおもしろい 1 年生の発想である。

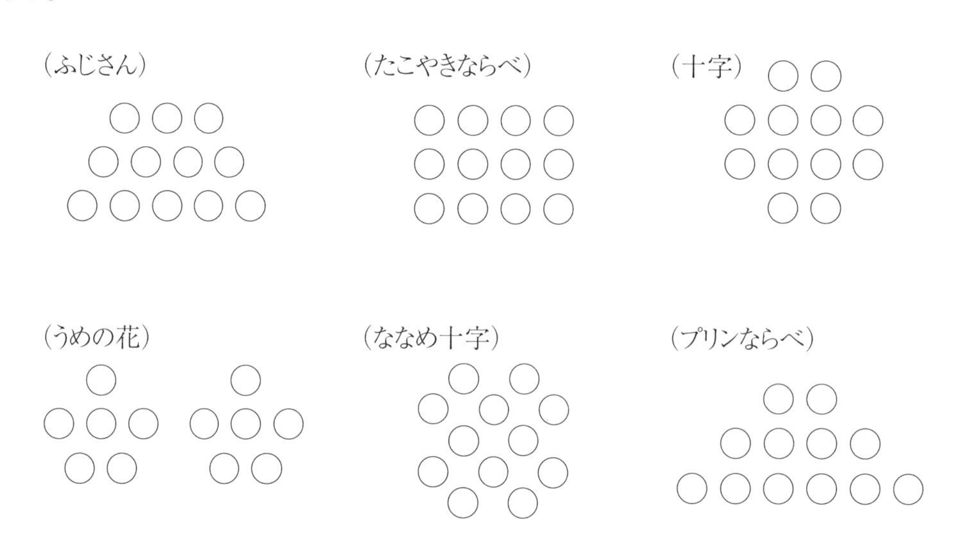

⑵ パズルを楽しむ

子どもの遊びの中に，柔軟な思考を喚起するものが用意されているといい。

例えば，小さめの折り紙を 2 枚使って，一枚は正方形のまま，もう一枚は三角形に 2 等分する。この 3 つの形を使って，**「辺をそろえてできる異なった形」**を作ってみる。

合同な形かどうかを認識するところがポイントである。「ぐるっと回して同じ形」になる（回転移動）か，「ずずっーとずらして同じ形」になる（平行移動）か，「ぱたんと裏返して同じ形」になる（対称移動）かを確かめることが，図形の認識に大いに役立つものとなる。

全部で 8 種類できる（**図 1-7**）。

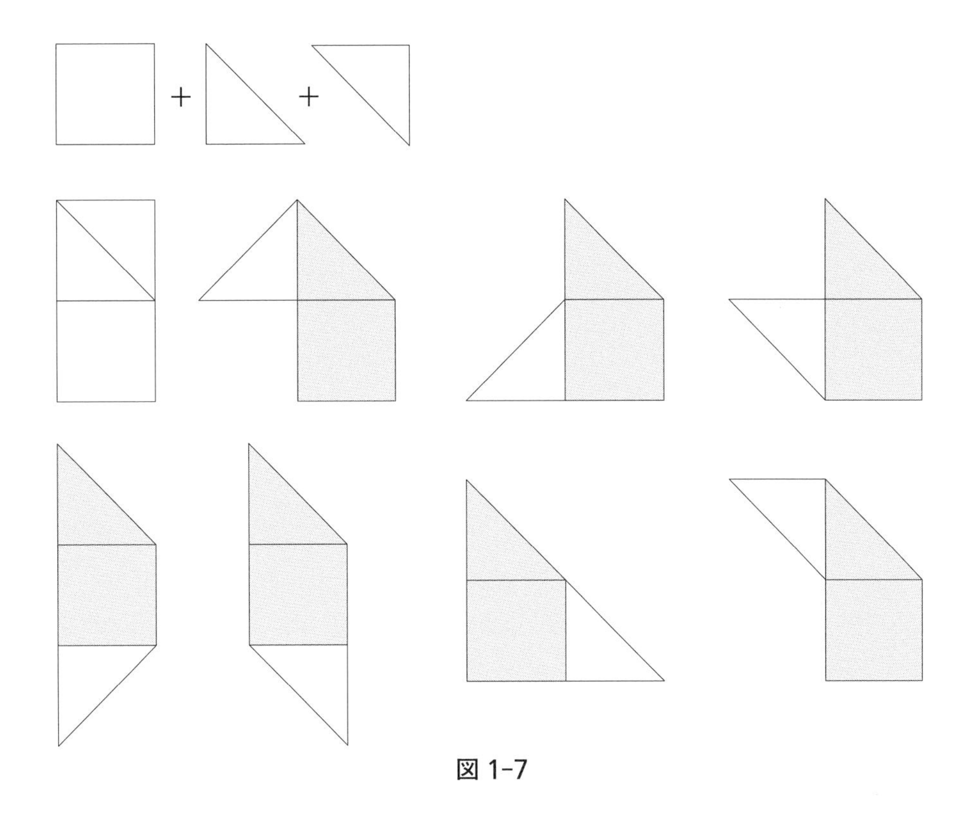

図 1-7

また，別の問題としてこんなのもある。

「ボタンを３つだけ動かして，三角形をさかさまにしよう」などといったパズルである（**図 1-8**）。

こんな問題を好きになれれば，図形に親しむきっかけができる。教科書にはないようなものでも思考を柔軟に働かせたり，実際に手を使って操作したりする機会を増やすことが大切である。

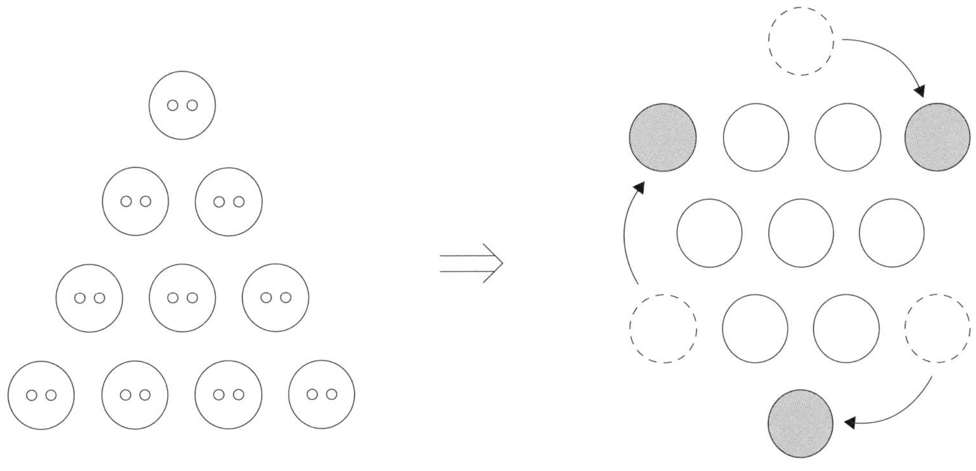

図 1-8

第２回

第１学年

式で表す

1.「式」について

平成20年版小学校学習指導要領では１・２学年にも「数量関係」の領域が設置され，これによって小学校では，１～６年生まで４つの領域がそろった。したがって，１年生にも「数量関係」に関わる内容が位置付けられている。

学習指導要領解説には「加法，減法の式」について次のような記述がある（P.66～67，下線は引用者）。

「加法及び減法が用いられる具体的な場面を，＋や－の記号を用いた式に表したり，それらの式を具体的な場面に即して読み取ったり，式を読み取って図や具体物を用いて表したりすることを重視する必要がある。

式は，場面の様子を表現したり，答えを求める過程を表現したりするものとしてとらえられ，算数固有の表現として重要なものである。

式を読み取るとは，式からそれに対応する具体的な場面や数量の関係をとらえることである。そこから，言葉や図や具体物を用いて表すことができるようになる。

具体的な場面と対応させて表すという形での読み取る活動については，5+3=8の式を基に，例えば，『砂場で５人の子どもが遊んでいます。そこへ３人の子どもがきました。子どもは全部で８人になりました』というようなお話づくりをするという活動がある。また，5+3の式から，例えば，『砂場で５人の子どもが遊んでいます。そこへ３人の子どもがきました。子どもは全部で何人になりましたか』というような問題を作るという活動がある。このように，式について言葉や図や具体物を用いて具体的な場面を作り出す活動がある。」

このことから，「式」には，「5+3=8」という形式と，「5+3」という形式があるといったことを指導することになることがわかる。どちらも「式」と言ってよいということだ。「5+3=」でとどまっているのは「式」とは言わないということでもある。

こんな形で「式」について考える場を作っていく授業が期待される。かなり発展的と言えるような内容ではあるが，これらは学習指導要領に記載されていることだから，とりあえず基礎的，基本的内容と受けとめたい。

2. 同じ答えになるたし算の式には

ここからさらに広げて，１年生で学習する加法・減法において，「同じ答えになる場合の式」についての吟味を発展的に考えさせてみたい。

例えば次のような場合である。

図 2-1 のような式，つまり答えが 12 になるものばかりを無作為に集めたとき，どんなきまりが見いだせるかということである。

実際，このような式を集めてみたら，「きちんと並べてみたい」と言う子がいるにちがいない。

「きちんと」という言葉の意味をみんなで探れば，前の数（足される数）を小さな順，または大きな順になるように置き換えるといったことが判明する。例えば大きな順に並べ替えれば，**図 2-2** のようになる。このように並べれば，抜けている式があることまで見えてくる。

さらに，**図 2-3** のように前後にもまだ他の式が隠れていることまで気付く。

ここまでくれば，同じ答えになるたし算には，「前の数（足される数）が１減れば，後の数（足す数）が１増える」というきまりがあることがみんなの納得になる（**図 2-4**）。□のある式も試行錯誤しなくても，その□にどんな数が入るかがすぐにわかるだろう。**きまりに気付くことから未知の式が発見できる**ということはしっかりと記憶に残したい。

8 + 4 = 12
3 + 9 = 12
7 + 5 = 12
6 + 6 = 12
5 + 7 = 12

図 2-1

8 + 4 = 12
7 + 5 = 12
6 + 6 = 12
5 + 7 = 12
□ + □ = 12
3 + 9 = 12

図 2-2

□ + □ = 12
−1 (　) +1
8 + 4 = 12
−1 (　) +1
7 + 5 = 12
−1 (　) +1
6 + 6 = 12
−1 (　) +1
5 + 7 = 12
−1 (　) +1
□ + □ = 12
−1 (　) +1
3 + 9 = 12
−1 (　) +1
□ + □ = 12

図 2-3

「きまり」といった言葉でなく「ひみつ」でもよい。「たし算のひみつ」などと言えば子どもには大いに印象に残るだろう。

さらに，**「なぜだろう」**ということも考えさせたい。おはじきなどの具体物があるといい。

子どもは，左の○を１個右へ持っていく。すると，「8+4」が，「7+5」となる（**図 2-4**）。このことから，前が１個減れば，後ろはその１個をもらって増える。前が減った分，後ろが増えるのだから答えは同じだと説明できる。

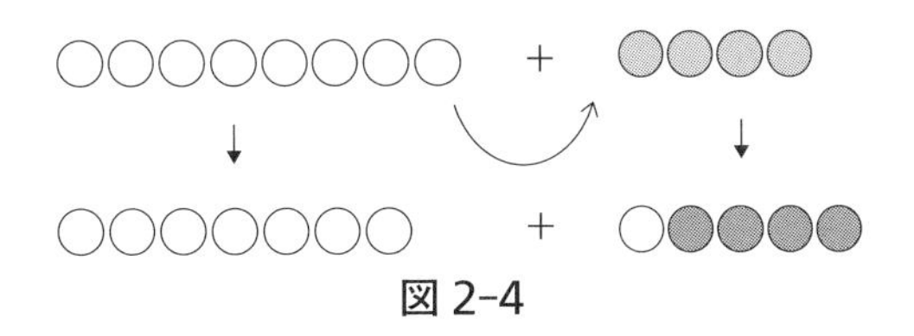

図 2-4

3. 同じ答えになるひき算の式には

では，同じ答えになるひき算の式にも同じようなきまり（ひみつ）があるのだろうか，という視点が子どもに見られることを期待したい。なんらかの発言に「では，ひき算も前の数が１増えれば，後の数は１減るのかなあ」といった声があっていいということである。

さっそく調べてみる。

今度は，前の数（引かれる数）が１減ると，後ろの数（引く数）はどうなっているか。たし算のときと同じ見方で見てみる（**図 2-5**）。

すると，たし算のときとは異なることに気付く。「前が１減れば，後ろも１減る」のである。

これはなぜだろう。このことの説明は１年生には少々むずかしいかもしれない。

ひき算でも，「残り」の場合でなく「違い」の場合で説明すればわかりやすい。つまり**図 2-6** のように，○と□では○が４個多いといった場合である。

この図から，「9－5＝4」だけ○が多いことがわかる。

これに対して，「8－4＝4」の場合はどうだろうか。

$$\begin{array}{c} 9 - 5 = 4 \\ -1\downarrow \quad \downarrow-1 \\ 8 - 4 = 4 \\ -1\downarrow \quad \downarrow-1 \\ 7 - 3 = 4 \\ -1\downarrow \quad \downarrow-1 \\ \square - \square = 4 \\ -1\downarrow \quad \downarrow-1 \\ 5 - 1 = 4 \end{array}$$

図 2-5

図 2-7 のように，●と■が同時になくなっている状態を想像する。それでも全体の「違い」に変わりはない。両方から同じ数を引いても，その答えは変わらない。図があればそのことは納得しやすいだろう。

そして，**逆から見れば**，「前を１増やして，後ろも１増やせば，答えは変わらない」ということも確認しておきたい。

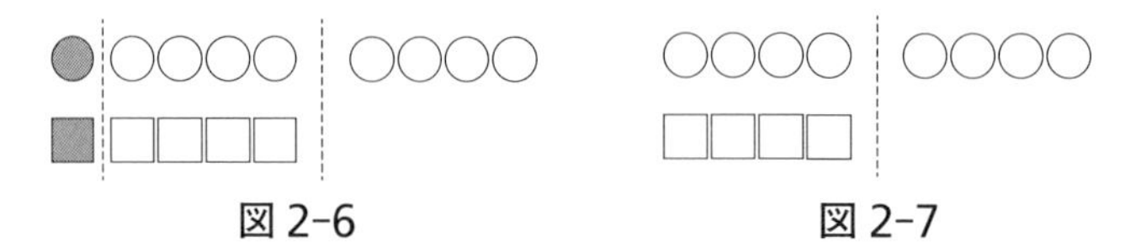

図 2-6　　**図 2-7**

こんなことを考えながら説明していく学習を大いに期待したい。

このことは，あとでもっと大きな数の計算などに役に立つ。例えば，「123－99」のような計算をしなければならないとき，他の計算と同じように筆算でやろうとすると，二度の繰り下がりがあってとても面倒である（**図 2-8**）。

$$\begin{array}{ccccc} 123 & - & 99 & = & \blacksquare\ (24) \\ (+1)\downarrow & & \downarrow(+1) & & \uparrow \\ 124 & - & 100 & = & 24 \end{array}$$

図 2-8

こんなときにひと工夫できる。両方の数に１ずつ加えても答えは変わらないきまり（ひみつ）を使えば，問題の式は先のように変えられる。

これで，繰り下がりのないひき算となったので，簡単にできるわけである。

このような関係は次から次に登場するので，それらの「見方・考え方・表し方」を身に付けさせるように進めるのがよい。継続して指導すれば，子どもたちはきっと，かけ算やわり算が登場すれば，さっそく「同じ答えになっている式には，どんなきまり（ひみつ）が隠れているのだろう」と意識するようになるだろう。繰り返すが，その態度をしっかりと身に付けさせたいのである。

4. 具体的な日常場面で

このような内容に関連して，日常の事象を見る目を変えていく。例えば「サイコロ」の目の付き方を考える。

子どもに，「サイコロについて知っていること，手元のサイコロを見て気付いたことを発表しよう」と発問すれば，遊びの中で始終使っている子が，いろいろなことを言う。

・「サイコロには，１から６の目が付いている」
・「１の目の反対側は６の目になっている」
・「どんなサイコロもそうだ」
・「２の目の反対側は５の目だ」
・「３の目の反対側は４の目だ」
・「上と下，右と左，前と後ろの目は，足すといつも７になっている」
・「１から６まで足すと 21 だ」
・「だって，7+7+7=21 だから」

こんな発表がある。きまり発見の多様さが感じられるところである。

数字を並べるなり，式で表すなりして，このきまりをもっと印象的に残してやることも大事である。

こう並べれば，前の数が１ずつ増えると，後ろの数が１ずつ減るということがよくわかる。

1 + 6 = 7
2 + 5 = 7
3 + 4 = 7

そして，図形との関連で，サイコロの目の付き方を意識しながら，その展開図に触れることも発展的学習である。

わざわざ展開図などという言葉もいらないし，それを作る活動をするわけでもない。

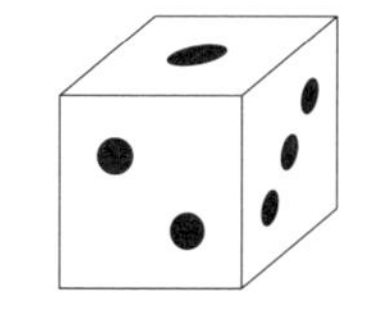

よく目にするお菓子の「サイコロキャラメル」の箱を解体して，これらのことを確かめればよい。本当は立方体の展開図には 11 種類もの形があるのだが，お菓子の箱は同じように作られているから，解体しても同じ展開図にしかならないが，立体の箱が平面に広がって，そこにある目の位置がどこに対応しているかを**自らの作業によって確かめる**ということが重要なのである。

例えば，**図 2-9** のようになる。

十字の展開図が登場したら，{1と6}{2と5}{3と4}の目がどこに付いているのかを確かめる。

・「１つ置いて反対側にある」
・「となりにはくっつかない」

などといった発言がある。

こうした活動が，いずれ「立方体」を意図的に学習する際の素地となって有効に働くことになる。

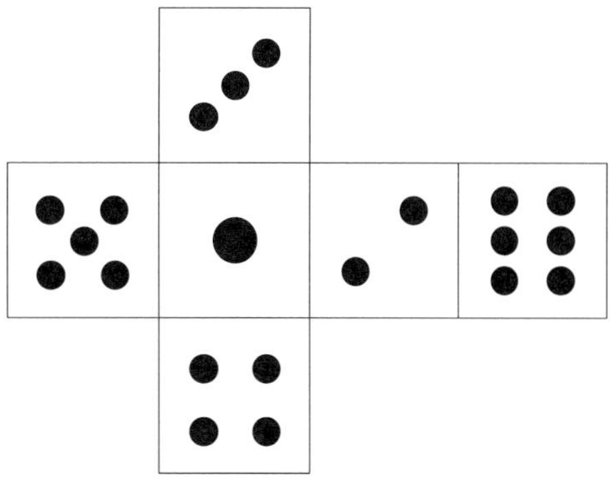

図 2-9

きっと，正方形の厚紙を６枚使って，自らサイコロを作ってみたくなる。そうすれば，上下，左右，前後の目を合わせると，それぞれ「7」になるようにサイコロの目を配置する子の姿を見ることになろう。

第3回　第1学年

100までの数

100までの数

(1) 数の仕組み

第1学年では百までの数をしっかりと学習する。そしてその学習の理解を充実させるために，120程度までの簡単な場合の3位数までを扱うことになっている。

2位数の学習については，一般には「十進位取り記数法の原理」についての理解を図るところに大きなねらいがある。

例えば，78という数は「10が7つと，1が8つの数である」ということを納得することに意味がある。これは十進位取り記数法の意味をしっかりと把握するための見方である。

しかし場合によっては，「78は，10が6個と，1が18個」という見方も必要になる。実際におはじきなどのモノを操作して数える場合などは，途中の段階でこのような状態を認めなければならないことも起こる。つまり，10の束を6個作って，まだ，束にならないおはじきが18個ある状態を表している（**図3-1**）。

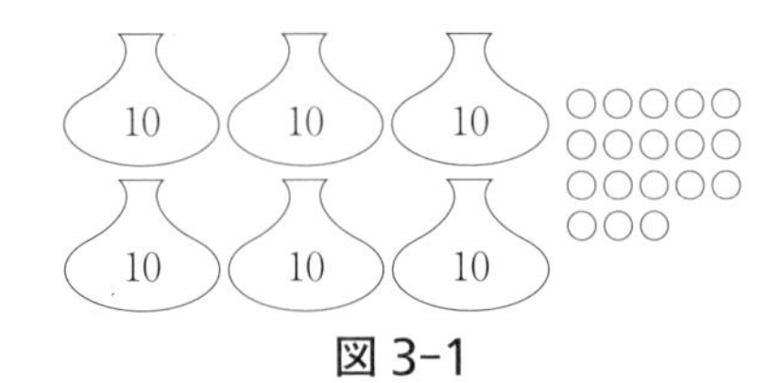

図3-1

中途半端な感じもするが，第2年生になって，繰り下がりのあるひき算の学習をするときにこの理解が必要になってくる。

つまり，「78−19」のようなひき算では，一の位の計算では「8−9」となって引けないので，となりの十の位から10を崩してくる。すると，一の位の計算は「18−9」の計算で，9となる。この際に78という数が，「60と18」という数に見られなければならない。そして，次に十の位の計算が「60−10」ということになる。

このようなことを考えれば，右下のような問題では多様な答えが予想される。

もちろん，記数法の意味を理解しているかどうかを見るための問題であれば，最初の解答で十分であるが，考え方を変えれば，それに続くような解答もよしとしなければならない。

これは「オープンエンド」の問題といってもよいものになる。答え（エンド）が1つに決まらない（オープン）問題という意味である。

「78は，10が□と，1が○です」
↓
「78は，10が7と，1が8です」
「78は，10が6と，1が18です」
「78は，10が5と，1が28です」
「78は，10が4と，1が38です」
…………

(2) 数表からのきまり発見

さて，100までの数理解の充実を図るという視点に立って，もう少し別の角度から教材を考えてみよう。

100までの数の学習が行われる場では，きっと100までの「数表」が扱われる。

どの教科書でも扱いが載っている。「簡単な3位数」を扱うという趣旨から，最近では，この数表がもっと続くものも登場している。

ここで，「数表を見てきまりを発見する」といった活動を促してみる。このような問いかけも「オープンエンド」の問題である。これは算数的活動の中でも，**「探究的な活動」**と言い得るものになる。

『平成20年版小学校学習指導要領解説算数編』の中で，その目標の解説部分に，「算数的活動の楽しさや数理的な処理のよさに気付く」(P.21頁）という目標文言の解説がある。

「児童が算数は楽しい，算数はおもしろい，算数は素晴らしいと感じることができるような授業を作り出していくことが大きな課題である」と述べ，さらにそのための5つの授業改善策をあげている。

「例えば，算数を日常の事象と結び付ける活動①，ものづくりをするなどの作業的な活動②，実際の数や量の大きさを確かめたりするなどの体験的な活動③，九九表に潜むきまりを発見するなどの探究的な活動④，解決した問題からの新しい問題づくりなどの発展的な活動⑤等々を通して，児童が活動の楽しさに気付くことをねらいとしている。」(傍線と○番号は筆者)

この④の活動はまさしく「オープンエンド」の活動であり，ここでは「九九表」を例示しているが，様々な応用が期待される。

当然，1年生が学習する「100までの数表」も例外ではない。多様な見方が期待される。

表3-1からいろいろなきまりを見つけてみよう。1年生であるから，補助発問も必要になろうし，言葉が足りないところは補ってやることも必要である。

表3-1

かずのならびかたを見て，気がついたことをいいましょう。
どんなきまりが見つかるかな。

0	1	2	3	4	5	6	7	8	9
10	11	12	13	14	15	16	17	18	19
20	21	22	23	24	25	26	27	28	29
30	31	32	33	34	35	36	37	38	39
40	41	42	43	44	45	46	47	48	49
50	51	52	53	54	55	56	57	58	59
60	61	62	63	64	65	66	67	68	69
70	71	72	73	74	75	76	77	78	79
80	81	82	83	84	85	86	87	88	89
90	91	92	93	94	95	96	97	98	99
100									

1 一のくらいが6のかずをいいましょう。
2 十のくらいが8のかずをいいましょう。

●子どもが見いだすきまりのいろいろ

①縦に見ると一の位が全部そろっている。

一の位の数だけに目を付けたもので，例えば，6の下は｛16，26，36，…｝といずれも「6」になるという発見である。これは他のところでも同じだと見抜いたのだ。

②横に見ると，十の位の数が同じだ。

先の発見が影響して，「縦に見たならば，横ではどうか」と視点を変えた結果の発見である。例えば，{30，31，32，33，34，…} である。

「何十のところが同じです」などといった言葉で発表されることが多いが，これは教師が補って，「十の位のところだけを見ていたのですね」と言い直してやることが肝要である。

また教師は，**視点を変えた**ことにも，ほめ言葉が必要になる。大人にとっては当たり前なことでも，一緒に学んでいる他の子に見方を教えることになることを忘れないようにしたい。

③斜めに見れば，十の位と一の位に同じ数が並ぶものばかりだ。

左上から右下にかけての対角線上の数に目を付けたものである。はじめの0を除いて，{11，22，33，44，…} となっていることの発見である。場合によっては別の子どもが，「0は00と見れば，仲間に入ります」などといった応援をするかもしれない。

④反対の斜めでは，（一の位の数）＋（十の位の数）＝9になっている。

先の対角線とは反対の対角線を見て見つけたきまりである。

{9，18，27，36，45，…} のところである。

このような見方は，ただそこにある数値を見てのきまりではなく，一の位と十の位の数を分解して「足す」という操作を加えて見たもので，新たな見方とでも言える。2年生になると学習する九九の学習の「九の段の答え」のきまりにつながるものである。

⑤ある数を真ん中にして，上下の数を足した数と，左右の数を足した数は同じだ。

図3-2 のように，例えば11を真ん中にして，十文字のように数をくくったときに，1＋21＝22となり，10＋12＝22となって，この答えが同じになるということを言っている。

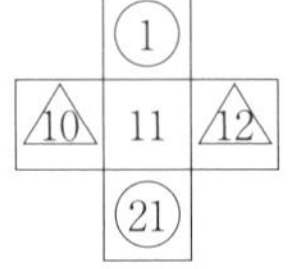

図3-2

ただの数の並び方にきまりを見いだしているのとは違って，ある部分の数を操作してきまりを見いだすというものである。

そして，このきまりは，この表のどの部分でも言えるということに気付けば，なお一層の素晴らしさを感じることであろう。

こんな見方がなされれば，日常年中見ているカレンダーの数の並びにも同じことが言えることに気付くかもしれない。

まだまだあるとは思うが，少し目先を変えて，発問してみる。

「合わせて100になる数は，どこにある？」

「いくつといくつ」という単元で，合わせて10となる数については学習済みである。「5と5で10」とか「8と2で10」といったことはやっているので，ここであえて「100になる数の組み合わせ」を考えさせようというのである。数の合成・分解の2桁版といったところである。

例えば「1と99」とか，「10と90」とかいう数の組み合わせは，すぐに気が付く。

それを線で結んでみるように促す。すると，その活動から気付かなかった別の数の組み合わせにも気付くことができる。例えば，「何十と何十で100」という場合は左側に，「バームクーヘン」のようなつなぎ線が登場する（**表 3-2**）。

次に，「何十何」にあたる数に着目すれば，それは，「45 と 55 の間」を中心に反対側に位置する数だということに気付く。これは「点対称の位置にある数」だということにもなる。

表 3-3 には，結んだ線の一部だけを記すが，このことから，見落としている数についても，その位置にあるものを対応させて考えてみれば，合わせて 100 になっていることに気付く。

このままだと，先の「何十」の数の組み合わせと，「何十何」の数の組み合わせは，異なるもののように思ってしまうが，「何十」にあたる数の位置を**表 3-4** のようにずらせば，これらもほかの数と同様の仲間だということを統一的に見られることになる。

少々，教師のリードが必要ではあるが，こんな見方も見せてやりたいものである。

「数表」のいろいろなきまり発見は，後の学年でも随時扱うようにすれば，子どもの見方・考え方・表し方はどんどん伸びてくる。「九九表」や「カレンダー」などは「数表の見方」を育てるものとして使える。

表 3-2

0	1	2	3	4	5	6	7	8	9
10	11	12	13	14	15	16	17	18	19
20	21	22	23	24	25	26	27	28	29
30	31	32	33	34	35	36	37	38	39
40	41	42	43	44	45	46	47	48	49
50	51	52	53	54	55	56	57	58	59
60	61	62	63	64	65	66	67	68	69
70	71	72	73	74	75	76	77	78	79
80	81	82	83	84	85	86	87	88	89
90	91	92	93	94	95	96	97	98	99
100									

表 3-3

0	1	2	3	4	5	6	7	8	9
10	11	12	13	14	15	16	17	18	19
20	21	22	23	24	25	26	27	28	29
30	31	32	33	34	35	36	37	38	39
40	41	42	43	44	45	46	47	48	49
50	51	52	53	54	55	56	57	58	59
60	61	62	63	64	65	66	67	68	69
70	71	72	73	74	75	76	77	78	79
80	81	82	83	84	85	86	87	88	89
90	91	92	93	94	95	96	97	98	99
100									

表 3-4

0	1	2	3	4	5	6	7	8	9	
10	11	12	13	14	15	16	17	18	19	
20	21	22	23	24	25	26	27	28	29	
30	31	32	33	34	35	36	37	38	39	
40	41	42	43	44	45	46	47	48	49	(50)
50	51	52	53	54	55	56	57	58	59	60
	61	62	63	64	65	66	67	68	69	70
	71	72	73	74	75	76	77	78	79	80
	81	82	83	84	85	86	87	88	89	90
	91	92	93	94	95	96	97	98	99	100

第４回

第１学年

立体図形

1. 立体図形の指導の現状

第１学年での「立体図形」の学習は，何をすればいいのか。実際の研究授業などで悩む先生が多い。

立体の機能（ここでは，積める形なのか，転がる形なのかといった視点から見ること）について発見させようといっても，すでに子どもは積み木遊びなどで，どれが上に積める形なのか，どれが坂道を転がる形なのかなどといったことはよく知っているのである。

ときどき，体育館に斜面を作って，「さあ，これらの形が転がるかどうか調べてみましょう」などという授業を見ることがある。しかし，ボールが転がるかどうかなどということはあまりにも当然なことなので，子どもはかえって先生はいったい何を考えさせたいのだろうかと違った疑問をもってしまう。

また，いくつかのお菓子の空き箱などを使って，これをガムテープでくっつけながらロボットのような形を作って遊ぶ。この活動を通して，面が平らか曲がっているかに気付かせるといった授業もあるが，これもなんだか図工の授業のようで，算数からどんどん離れていくような気がすることがある。

この学習では何を目的にすればいいのだろうか。平成20年版小学校学習指導要領解説には「形とその特徴のとらえ方」について，次のように書かれている（P.64）。

「『ものの形を認める』というのは，児童の身の回りにあるタイルや敷石の敷き詰めなどの具体物の中から，形のみに着目して①，『さんかく』，『しかく』，『まる』などの形を見つけることである。また，箱の形，筒の形，ボールの形などの身の回りにある立体については，立体を構成している面の形に着目して，『さんかく』，『しかく』，『まる』などの形を見付けることができること②である。

『形の特徴をとらえる』というのは，『さんかく』や『しかく』は『まる』と比べてかどがある，『さんかく』のかどは三つある，『さんかく』と『しかく』を比べるとかどの個数が異なるといった形状の特徴③をとらえることができることである。また，箱の形は平らなところがあるが，ボールの形は平らなところがないといった立体の形状をとらえることや，筒の形は置き方によって，転がりやすくなったり，重ねて積み上げることができたりする形であること，また，ボールの形は転がりやすい形であること，箱の形は，重ねて積み上げることができる形であることなどの立体の機能的な側面④についても指導する。」

傍線と○番号は筆者が付けたものであるが，「形のみに着目して」という①は，「形」

から「他の属性を捨象して」ということである。大きさとか向き，あるいは色とか材質などは，「形」を弁別する際には無関係だということである。子どもにとっては身の回りにある具体物を見て，そこに「形」が意識できることが大事なのである。

②は，「立体図形」についての具体的指導への示唆である。その際に着目すべきところは，面の形であったり，角であったり辺であったりする。いわゆる「構成要素」なのである。

さらに③に，「形状の特徴」という言葉で示されているのは，④にあるように，「平面」か「曲面」かについて，遊ぶ活動の中でとらえさせるように指示している。したがって，「機能的な側面」からの考察としているのである。

これらのことによって，実際の授業では，先に述べたような状況が起こってくる。

子どもの興味を喚起するようにもうひと工夫してみたい。子どもの木製玩具に**図4-1**のような「バランスゲーム」というものがある。サイコロに出た色のブロックを崩れないように積むゲームである。これを使えば子どもは夢中になり，ゲームの中で，「積む」とか「転がる」といった機能的側面から立体を考察する。つまり，遊びの中で立体図形の感覚を磨くことになる。

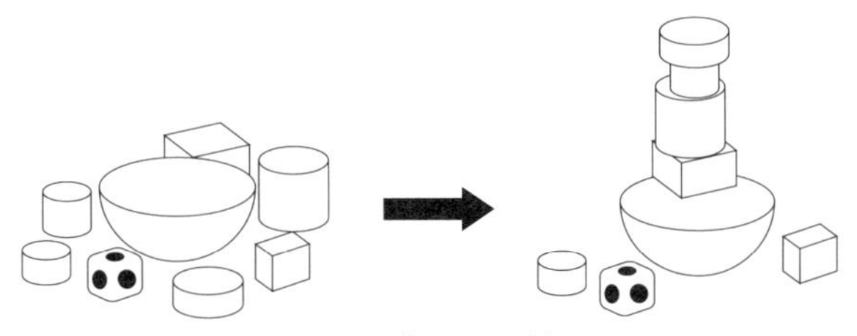

図4-1　バランスゲーム

2. 視点を変えた授業へ

もう少し本質的なところで，子どもにどのような視点で図形を見せていくのがよいか，一歩深めて考えてみよう。

1つには，**ある視点を決めたら，それに該当するものは同じ「仲間」と見られること**を知ってもらいたい。

そしてもう1つは，**同じものでも視点を変えれば，別の仲間になるということ**を学ばせたいと思う。

1つ1つの形が転がるかどうかといったところよりも，例えば**図4-2**のような「筒の形」を同じ仲間として見られるということに指導の力点を置きたい。

これら円柱が，同じ仲間と見られるのは容易ではない。見た目の感じが異なるからである。長細い筒の形と，平べったい筒の形では，両者を「同じ」と見ることがなかなかできない。

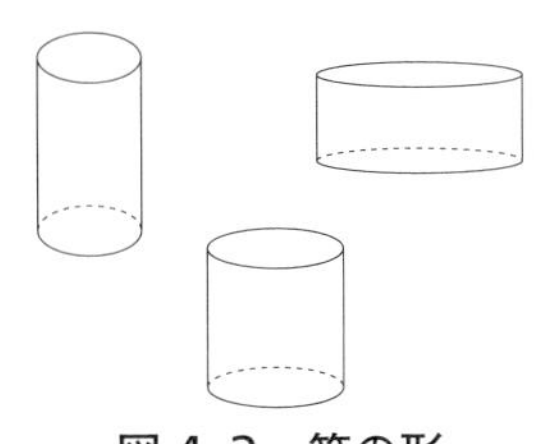

図4-2　筒の形

少し分析的に見直すならば，上下にまるい形（円）があること。そして，その間の周り（側面）は，平らでなく曲がっていること。このことに「大きさ」や「長さ」は無関係なのである。いらないことを捨て去ってしまえば，同じ要素だけが残るので，「同じ」と言えることになる。

そして，同じ仲間の形には名前を付けておこうということになる。ここでは「筒の形」といった言葉になるが，実はこれが「円柱」なのである。

これらの形について，別の視点を持ち込めば，さらに違った形と同じ「仲間」になれるということを発見させたいものである。

例えば，**図 4-3** のような形が集まったものが「同じ」仲間だと判断できる。この場合は，「円と曲がった面からできた形」ということになる。もしも，このように見るならば，円柱も円錐も円錐台もみな同じ形の仲間となる。

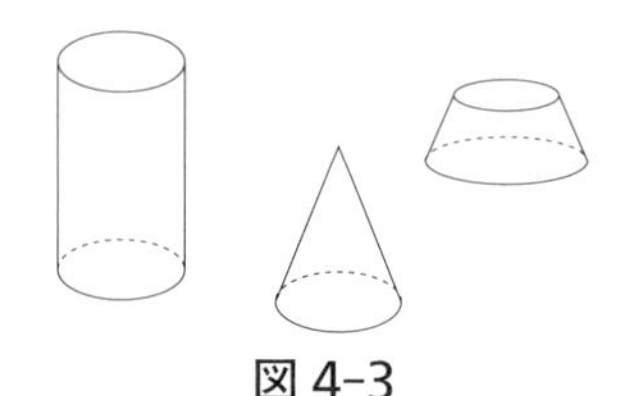

図 4-3
円と曲面からできた形

あるいは，少し操作を加えて，「切る」ことにしてみれば，また違った様相が生まれる。

「2つに切ったときに，まったく同じ形ができる」と見れば，そんな形の仲間がいくつもあることに気付く（**図 4-4**）。「面対称」な形の仲間である。

小学校1年生に「面対称」などといった言葉や，その概念を指導するわけではないが，粘土や大根などを使って，半分に切ってみれば，合同な形になっていることに気付く。こんな形はほかにもあると気付けば，それはみな同じ形の仲間となる。

要するに**視点を変えて見れば，異なるものが同じと見られること**に驚きをもってもらえることが大切なことである。

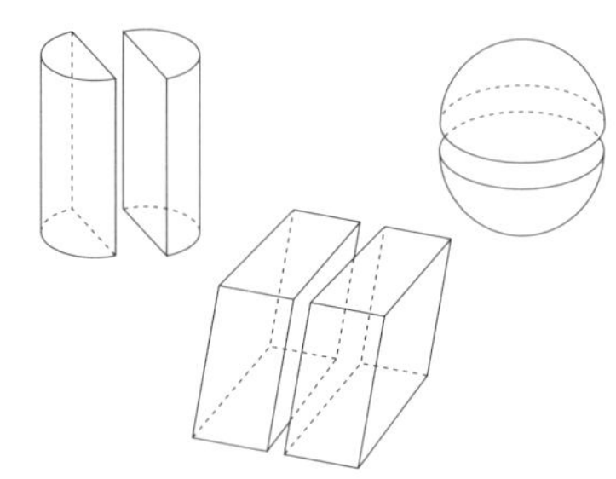

図 4-4
半分に切って同じになる形

3. 数の学習に関連させて

立方体の積み木をたくさん用意する。できれば100個の積み木があるといい。100までの数についての学習に使うことはもちろん，これを図形感覚を磨く教具としても使う。

「大きさの違う『サイコロの箱の形』（立方体）を作ろう」と投げかける（**図 4-5**）。

きっとたくさんできるのではないかと想像するだろう。大人でも，積み木が100個もあれば，たくさんの立方体ができるのではないかと想像する。

実際に子どもに作らせる。

小さいものから作っていくと，たくさんの立方体ができる。したがって，まずは1個から作る。次に一辺が2個のもの。その次に一辺が3個のもの。さらに一辺が4個のもの……と，こうしてたくさんできるだろうと感じるの

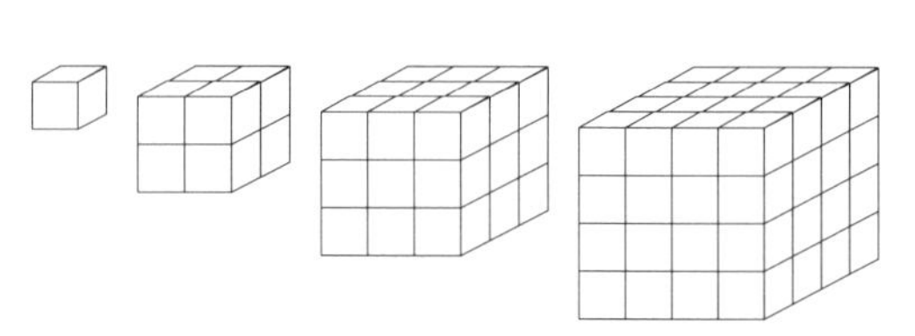

図 4-5　大きさの違う立方体

だが，実際に作ってみればわかるとおり，意外なほどに少ないことに気付く。
なんと，たった4個しかできないのだ。
そして，4個組み合わせたところでちょうど100個の積み木が全部使われるということも驚きだ。
できた形をもっとよく観察してみる。それぞれに何個の積み木が使われているのだろう。
はじめのものは，1個であることは明らか。
次のものは，8個でできている。これは，下に4個，上に4個だから，4+4=8個だとわかる。もっと上の学年であれば，一辺に2個であれば，2×2×2=8となることが計算できる。
その次が，3×3×3=27だ。9個ずつの3段重ねである。
さらに，4×4×4=64となる。これは16個の4段重ねとなる。
1年生だから，こんな計算はできなくてもいいが，立方体を作っていくとき，1個，8個，27個，64個といった数になることは経験しておくといい。
ここで，合計がちょうど，100になるということも経験する。これは，全部を机の上に置き換えれば，真四角（正方形）になるのだ。
1年生は，算数セットをよく使う。以前，そうした個別の教具の中に「100個の積み木」があった。箱に入っていたがその状態が正方形に置かれていた。
これは，1が10個で1本の棒になり，それがさらに10本で100の正方形になることをイメージさせようとして作られたものだった。だが，ここで紹介したような使い方もできるのではないだろうか。
実は，100個の正方形だけが特殊な場合ではない。
たった1個でも，正方形と見なせるし，1と8の2つの立方体で，合計9個だから，これも3×3の正方形に並べ替えられる。
そして，1個，8個，27個の3つの立方体では，1+8+27=36だから，6×6の正方形に並べ直せるのである。
これは，このあともずっと続くことであり，「立方数の和が平方数になっている」ということである。
積み木遊びの中には，楽しい算数のきまりが潜んでいるので，無理のない程度で，遊びの中にちょっぴりと算数的要素を入れておくといい。
「感覚を豊かにする」というのは，学習指導要領では低学年の目標の文言になっている。

第５回

第２学年

加法と減法の相関関係

1. 加法と減法の相関関係

第２学年の「D 数量関係」の学習の中に，「加法と減法の相互関係について理解し，式を用いて説明できるようにする」という内容がある。子どもにとってなかなかむずかしい。平成20年版小学校学習指導要領解説には次のように書かれている（P.83）。

「三つの数量 A，B，C について，例えば，右のような関係にあるとき，A と B が分かって C を求める場合が加法で，A＋B＝C や B＋A＝C となる。

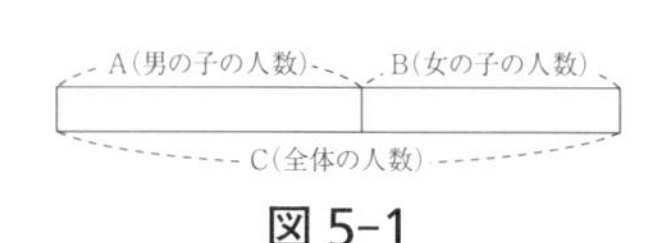

図 5-1

また，C と A 又は B のいずれか一方が分かっていて，B 又は A を求める場合が減法で，C － A＝B や C － B＝A となる。このとき，加法と減法は三つの数量のどれを求めるかによって，相互に関係付けられている。このような加法と減法の関係を，加法と減法の相互関係という」

そしてこのことについて，次の３つの場面を取り上げるように説明されている。

①数量の関係表現は減法の形であるが，計算は加法を用いることになる場合

（例）「はじめにリンゴが幾つかあって，その中から５個食べたら７個残った。はじめに幾つあったか」を求める場合。

これは□－５=７の場面で，□=７+５として求める「減法逆の加法」になる。

②数量の関係表現は加法の形であるが，計算は減法を用いることになる場合

（例）「はじめにリンゴが幾つかあって，５個もらったら12個になった。はじめに幾つあったか」を求める場合。

これは□+５=12の場面で，□=12−５として求める「加法逆の減法」になる。

③減法の減数が未知のとき，その減数を求めるのに減法を用いる場合

（例）「はじめにリンゴが12個あって，幾つか食べたので残りは７個になった。幾つ食べたか」を求める場合。

これは12 −□=７の場面で，□=12−７として求める「減法逆の減法」になる。この場面が子どもにとって最もむずかしい。

2. この場面の授業研究―問いかけの形式とお話の形式

ある授業研究会で，この①の場面を取り上げた授業に出会った。教科書の問題そのままの提示であるから何の支障もないのだが，子どもはなかなか場面の認識ができない。

子どもは，「9+6=15，答え 15 人」とノートに書く。そして，その式の説明もし

子どもが何人か遊んでいました。
９人帰りました。
残りは６人になりました。
はじめに何人いたのでしょう。

た。問題は正しく答えられたのである。

しかし，この問題が減法の場面であって，それを解くために加法を使っているという意識はまったく感じられないのである。先生が必死になって「これをテープ図に表すとどうなりますか」「9人帰って，6人残ったのですから，この問題では全体の人数を求めたのですね」と説明を加えてはいるものの，子どもにとっては，テープ図の９と６がわかっているのだから全体は，たし算で「9+6」の計算をすればいいと理解しているだけで終わってしまった。先生もあとの協議会で，なんだか説明すればするほど何を伝えればいいのかわからなくなってきたという意味のことをおっしゃっていた。

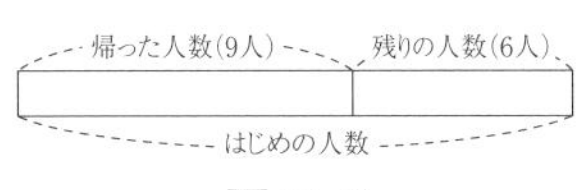

図 5-2

これは，問題文が**問いかけの形式**になっているので，子どもはその**答え**さえ求められればいいと思ってしまう典型である。「はじめに何人いましたか」と問われているのだから，子どもは「15人」と答えが出ればそれでおしまいなのである（**図 5-2**）。

解説の１年生の部分（P.66 ～ 67）に次のような「式」についての説明があり，これと大いに関係がある。（傍線および(a)(b)は筆者）

「式は，場面の様子を表現(a)したり，答えを求める過程を表現(b)したりするものとしてとらえられ，算数固有の表現として重要なものである」

このことの例として「5+3=8の式を基に，例えば，『砂場で５人の子どもが遊んでいます。そこへ３人の子どもがきました。子どもは全部で８人になりました。』というようなお話づくりをする(a)という活動がある。また，5+3の式から，例えば，『砂場で５人の子どもが遊んでいます。そこへ３人の子どもがきました。子どもは全部で何人になりましたか』というような問題を作る(b)という活動がある」

(a)にあたる式は，いわゆる「センテンス型」の式であり，(b)にあたる式はいわゆる「フレーズ型」の式ということができる。

先の授業研究会の例は，センテンス型の式を見て，その構造が「ひき算」であることを確認し，その解決のために「たし算」を使っているのだという意識を子どもにもたせたかったということがわかる。

それならば，問いかけの問題は，「問題」としての提示ではなく，**「お話」としての提示**がよい。例えば，次のように提示する。

子どもが遊んでいました。

□人いました。
９人帰りました。
残りは６人になりました。

「このお話を式に表してみましょう」と投げかけるのである。たぶん子どもは，「□－9=6」と表現する。まさしく「ひき算の場面」である。

そのことを確認して，次に「□はどのようにして求めますか」と聞く。そうすれば，□は「9+6で求められます」ということになる。

3. 虫食い算

加法と減法の相互の関係を活用するよい問題として「虫食い算」がある。また，これは筆算の学習過程で，その方法がきちんと理解されているかどうか評価するのにもいい問題であり，『算数科授業づくりの基礎・基本』で若干紹介したこともある。

虫食い算については，『東西数学物語』に次のような記述がある。「わが国には古くから虫食い算があった。この名前も古い。わが国の昔の紙は虫に食われ易いので，自然にこの名前が起こったものであろう。古証文などの実例を利用して，和算書には時々見られる。」

虫食い算の有効性についても次のように述べられている。「この虫食い算が人の興味をそそったわけは（ｉ）問題が必ず解けること。（ⅱ）問題の解が１つか２つで，いくらでもあっては意味がなくなる。（ⅲ）一見してすぐわかる問題ではおもしろくないことはもちろんである。」

実際の授業においては，答えが複数になるオープンエンド的なほうが価値があると思うが，ここでは問題としての利点を述べていると受けとめたい。次のような例はどうであろうか。

初めに□ばかりの筆算を提示する。これの□には１桁の数が入るが，どんな数が入るだろうか。

```
  □□□
+ □□□
─────
 □□□□
```

「全部□ならば，いろいろな筆算ができます」と多様に発表がある。いずれも正解である（**図 5-3**）。

```
   9 8 7      3 4 5      5 5 5
 + 6 5 4    + 8 7 6    + 6 6 6
 ───────    ───────    ───────
 1 6 4 1    1 2 2 1    1 2 2 1
```

図 5-3

つぎにあまりにもたくさんの答えが登場するので，「先生が，□の中に，はじめから少し数を入れてしまいましょう」と条件を付け足すことにする。意外なことに，「前より簡単になるよ」という声も上がる。□の数が減るから簡単だと思うようであるが，いざやりはじめると，なかなか手ごわいことに気付く。まず，試行錯誤でいくつかの答えが見つかる（**図 5-4**）。

```
   □ 5 □
 + 3 □ 8
 ───────
 □ 2 □ 0
```

```
(a)  [9]5[2]     (b)  [9]5[2]     (c)  [8]5[2]     (d)  [9]5[2]
   + 3[0]8          + 3[3]8          + 3[6]8          + 3[1]8
   ────────         ────────         ────────         ────────
  [1]2[6]0         [1]2[9]0         [1]2[2]0         [1]2[7]0
```

図 5-4

これらの答えを見ると，「いつも決まった数があるところ」に気付く。２か所ある。まず一の位の上の数は「2」に決まっている。

その理由「なぜ」を説明させる。「□＋8＝0」ということは繰り上がるということだから，□＋8＝10 を考えればいい。だから，□は，10－8＝2」といった説明である。

そして，もう一か所。「答えの千の位が，１に決まっています」「なぜなら，２個の数のたし算では，繰り上がりは絶対２にはなりません」「いちばん大きい場合が 9＋9＝18 だからです」といった説明である。

これで，□の２か所は埋まった（**図 5–5**）。

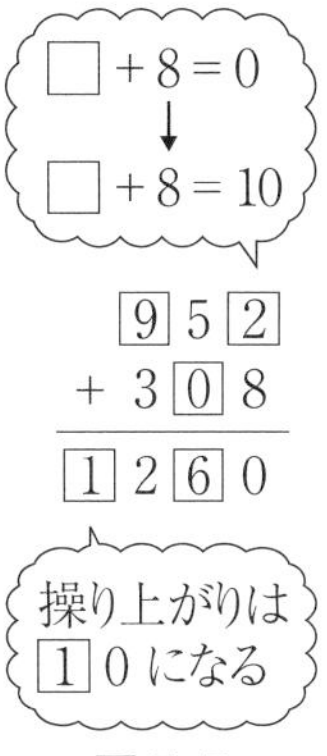

□＋8＝0
↓
□＋8＝10

[9] 5 [2]
＋ 3 [0] 8
[1] 2 [6] 0

操り上がりは
[1] 0 になる

図 5–5

さらに問題は，残りの□である。

実際の授業では紆余曲折するのだが，最終的には次のようになる。話をしやすくするために，それぞれの□に記号を入れる（**図 5–6**）。すでにアとイは決まっている。残りは３か所。まずウを考えてみる。

ウ＋3＝12 となるので，ウ＝12－3＝9 となる。だが，もし十の位から繰り上がりがあるときには，８でもよい。そこでウは，「9 か 8」となることがわかった。もしウが９であれば，百以上の位と，十以下の位の計算に分けて考える簡単なものになる。エとオは，「エが 0，1，2，3 のとき，オはそれぞれ 6，7，8，9 となる」。だから，「オ－エ＝6」である。

[ウ] 5 [ア]
＋ 3 [エ] 8
[イ] [2] [オ] [0]

図 5–6

しかし，ウが８のときには，エとオについて詳細に考えなければならない。「エが，4，5，6，7，8，9 のとき，オはそれぞれ 0，1，2，3，4，5 となる」。つまり，エ－オ＝4 となっているのである。

表 5–1

エ	0	1	2	3	4	5	6	7	8	9
オ	6	7	8	9	0	1	2	3	4	5

オ－エ＝6　　エ－オ＝4

整理して表に表すと，**表 5–1** のような関係になっていることがわかる。

この問題を解決するために，整理すれば，以上のような一連の複雑な関係が見えてくるのであり，このことの発見をうまく導くことができれば，子どもは問題を解いたあとに使える考え方をたくさん身に付けることになる。

一応，すべての解答を並べておく。

百の位への繰り上がりなし

[9] 5 [2]　＋ 3 [0] 8　＝ [1] 2 [6] 0

[9] 5 [2]　＋ 3 [1] 8　＝ [1] 2 [7] 0

[9] 5 [2]　＋ 3 [2] 8　＝ [1] 2 [8] 0

[9] 5 [2]　＋ 3 [3] 8　＝ [1] 2 [9] 0

百の位への繰り上がりあり

[8] 5 [2]　＋ 3 [4] 8　＝ [1] 2 [0] 0

[8] 5 [2]　＋ 3 [5] 8　＝ [1] 2 [1] 0

[8] 5 [2]　＋ 3 [6] 8　＝ [1] 2 [2] 0

[8] 5 [2]　＋ 3 [7] 8　＝ [1] 2 [3] 0

[8] 5 [2]　＋ 3 [8] 8　＝ [1] 2 [4] 0

[8] 5 [2]　＋ 3 [9] 8　＝ [1] 2 [5] 0

第6回

第2学年

分数の指導

1. 第2学年からの「分数」指導

小学校第2学年から「簡単な分数」を学習する。ここで扱われるのは，$\frac{1}{2}$，$\frac{1}{4}$，$\frac{1}{8}$のような操作的にできる「単位分数」である。

学習指導要領解説書（P.71）には次のような説明がある。

「1，2，3，4，…などの数を用いると，ものの個数などを表すことができるが，ものを半分にした大きさは表すことができない。しかし，分数を用いると，半分にした大きさを表すことができるようになる。

折り紙やロープなどの具体物を半分にすると，元の大きさの$\frac{1}{2}$の大きさができる。$\frac{1}{2}$は『二分の一』と読む。これは，2つに等分した大きさの1つ分という意味である。

具体物を用いて$\frac{1}{2}$の大きさを作り，それをさらに半分にすると，元の大きさの$\frac{1}{4}$の大きさができる。これは，4つに等分した大きさの1つ分という意味である。このような活動をさらに続けると，元の大きさの$\frac{1}{8}$の大きさができる。

このようにして具体物を用いて$\frac{1}{2}$，$\frac{1}{4}$などの大きさを作ることや，$\frac{1}{2}$，$\frac{1}{4}$などの数を分数と呼ぶことを指導する。分数の意味や表し方については，第3学年から本格的に指導するが，第2学年では，分数について理解するうえで基盤となる素地的な学習活動を行い，分数の意味を実感的に理解できるようにするのがねらいである」

かつて，3年生以上で扱われていたものが1学年下がったわけで，このことの授業研究がたくさん行われている。まず，私が出会った授業を紹介しよう。

2.「分数」導入の授業

「折り紙を折って4等分しよう」という操作活動的授業であった。子どもが考えると思われるいくつかの$\frac{1}{4}$を私も予想していた（図6-1の4種類）。

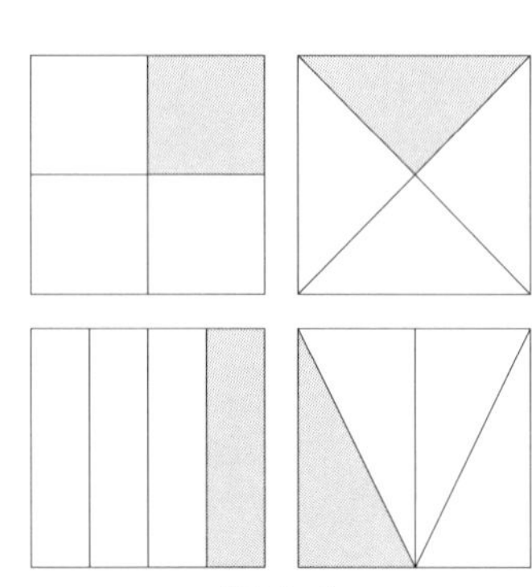

図6-1

しかし，授業がはじまると，この4種類はあっという間に登場してしまった。

どうなるのだろうと興味津々に見ていたら，ほかの$\frac{1}{4}$が次々と出てきて，驚きだった。

手元に折り紙という「物」があるとなしでは大きな違いである。子どもが考えた$\frac{1}{4}$を紹介しよう。

①「切って4枚重ねて同じになるから」というもの（図6–2）

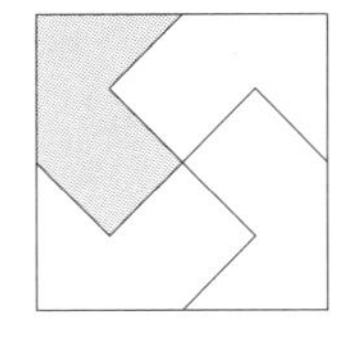
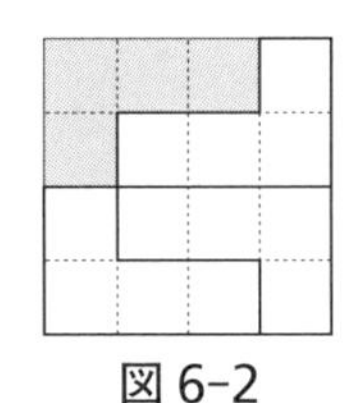
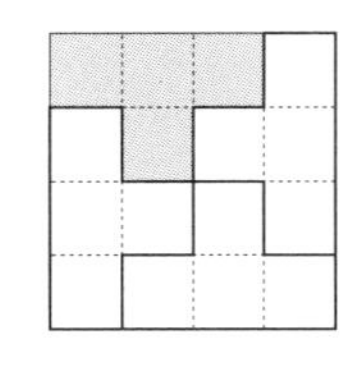

図6–2

②「みんなが認めた$\frac{1}{4}$の形と同じになるから」というもの（図6–3）

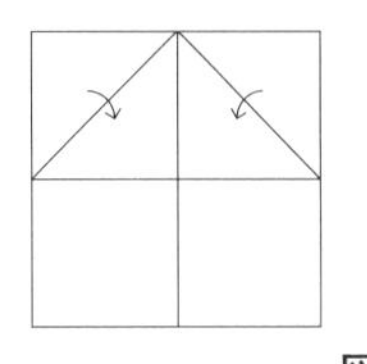
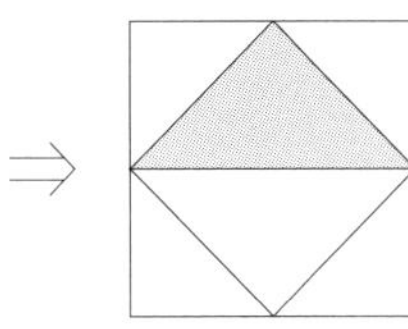

図6–3

③「16に分けたうちの4つ分は，$\frac{1}{4}$になるから」というもの（図6–4）

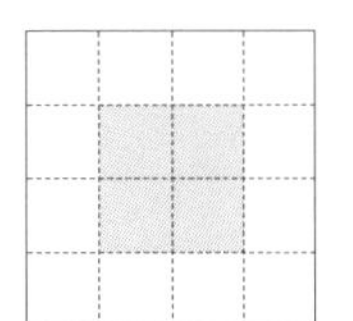
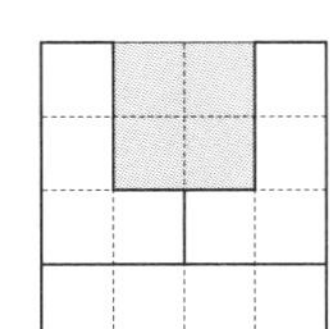

図6–4

④めずらしい折り方をして（台形）$\frac{1}{4}$になったというもの（図6–5）

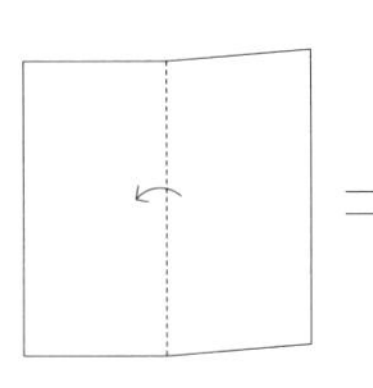
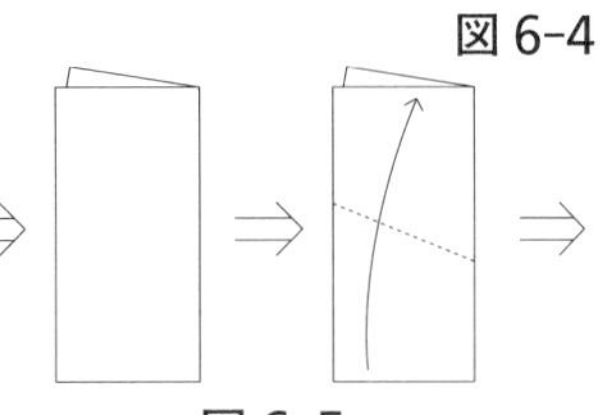
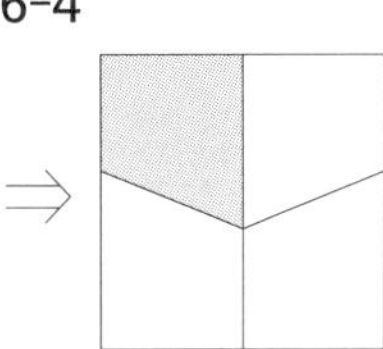

図6–5

⑤「形は違っても大きさは同じ」で，3種が$\frac{1}{4}$ずつだから残りは$\frac{1}{4}$になるはずというもの（図6–6）

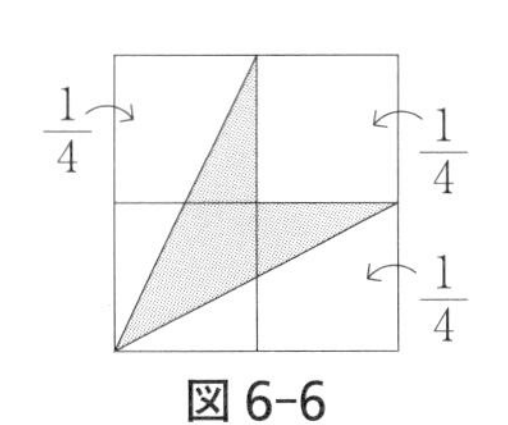

図6–6

この⑤の$\frac{1}{4}$は，授業中に発表はなされなかったが，あとで聞いてみたら，「みんなが発表した$\frac{1}{4}$が周りに3つあって，その残りだから$\frac{1}{4}$だと思う」と言っていた。なかなか優れた考え方である。

もしも，これを紹介していれば当然，**図6–7**のような$\frac{1}{4}$も考えられたにちがいない。

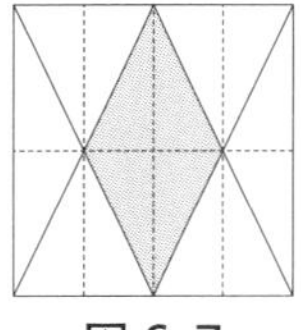

図6–7

このような多様な$\frac{1}{4}$を見て，子どもは同じものも様々な形になるものだということに気付くだろう。

この授業では授業者がさらに工夫して，教室の半分の子どもには小さい折り紙で，もう半分には大きい折り紙で操作させていた。

その結果，**同じ$\frac{1}{4}$**と表現して，しかも折り方も同じであっても，**元の大きさが異なると，違った大きさになる**のだということにまで言及していたのは，注目すべきところであった。

そのことによって，「Aの折り紙の$\frac{1}{4}$」と言ったり「Bの折り紙の$\frac{1}{4}$」と言ったりすることが大事になることがわかる。

いずれ学習することになる**「単位」の素地**がここに表れてくる。

「～の$\frac{1}{4}$」という言い方が，数値の後ろに単位を付けて「$\frac{1}{4}$～」となるのである。

例えば，「1mの$\frac{1}{4}$」といったものが「$\frac{1}{4}$m」という言い方になる。このことをしっかりと指導しないで，「1m」「2m」「3m」といったものだけに触れていると，1mより小さくなる場合の「$\frac{1}{4}$m」という言い方に違和感をもつことになる。原理は「$\frac{1}{4}$(1m)」であって，1mを単位にして，その$\frac{1}{4}$であるという意味を伝えたい。ちなみに「$\frac{1}{4}$(3m)」であれば，3mの$\frac{1}{4}$なのだから，これは「$\frac{3}{4}$m」ということである。

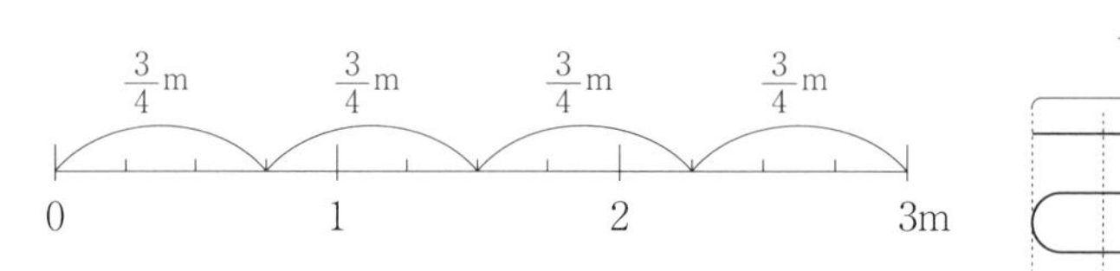

3. さらなる発展

ここでは「単位分数」のうち，操作を伴って自分で作れるような分数を扱うので，$\frac{1}{2}$，$\frac{1}{4}$，$\frac{1}{8}$が登場するのだが，当然，子どもは「では，3等分したら，$\frac{1}{3}$と言っていいのか」「5等分したら，$\frac{1}{5}$と言っていいのか」と疑問をもつはずである。もっと言えば，整数の世界で十進数を扱っているので，「10等分すれば$\frac{1}{10}$」と発想してもよさそうである。

しかし，これらの単位分数は，操作しづらいので教科書では扱っていない。

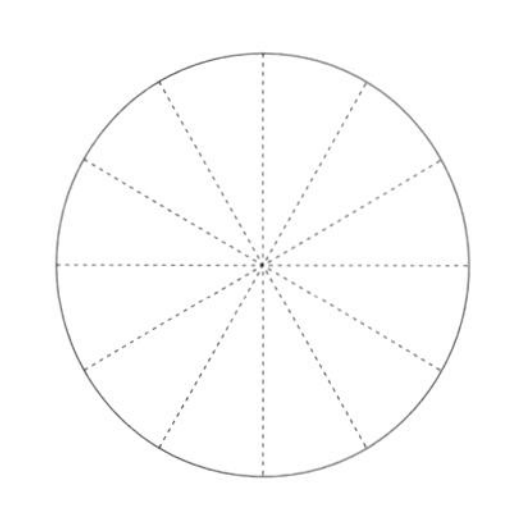

そこで，円の等分割図を使って色塗りなどの活動をさせるのはいかがだろうか。しかも，円については，子どもになじみのある「時計」の文字盤をイメージした12等分の図である。場合によっては，円盤にピンが付いている「円形ジオボード」なども使える。

この図を使えば，$\frac{1}{2}$，$\frac{1}{3}$，$\frac{1}{4}$，$\frac{1}{6}$，$\frac{1}{12}$が作れる。

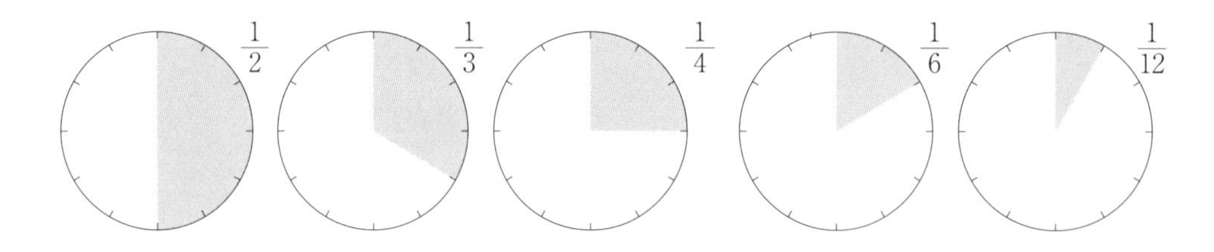

もしも，これが時計の「分刻み」をイメージするならば，60等分割の単位分数までできることになる。その単位分数は次のようなものである。

$\frac{1}{2}$，$\frac{1}{3}$，$\frac{1}{4}$，$\frac{1}{5}$，$\frac{1}{6}$，$\frac{1}{10}$，$\frac{1}{12}$，$\frac{1}{15}$，$\frac{1}{20}$，$\frac{1}{30}$，$\frac{1}{60}$

発展的に扱えれば，このような教材も準備してやってみたい。

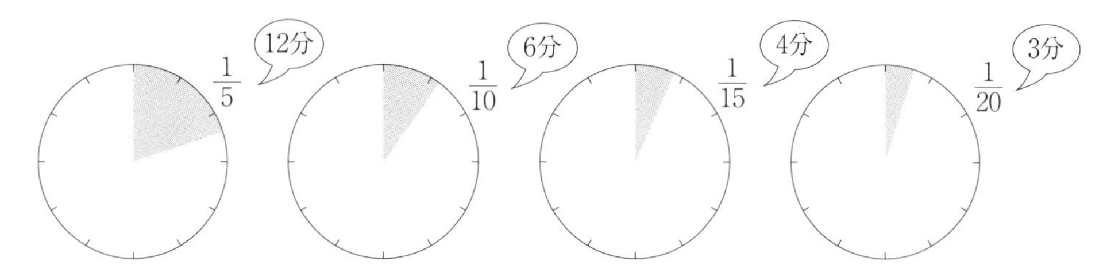

4. 長方形図と円形図

ここでは，はじめに折り紙（正方形）を使った等分割図で分数をイメージする例と，後者は円盤を等分割してイメージする例を示したが，それぞれの長所・短所を示しておく。

正方形または長方形の図（図6-8）は，よく教科書に使われるものである。これは，等分割して，単位分数がいくつ分かを示すのに適しており，それが1を超えても続けられるものとなっている。つまり，単位分数の何倍かがわかるということである。これは長所である。

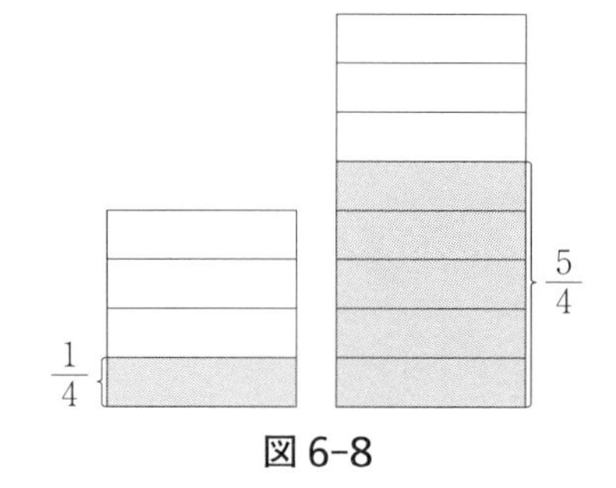

図6-8

ただし，この扱いは3年生以降で，1を超える仮分数や帯分数は4年生での扱いとなっている。

短所としては，その一部分だけを取り出してしまうと，何分の一かがわかりにくいことである。

一方，**円の等分割図（図6-9）**は，その単片を取り出してもおよその大きさが中心角によって直感的にわかるので都合がよい。これは長所である。

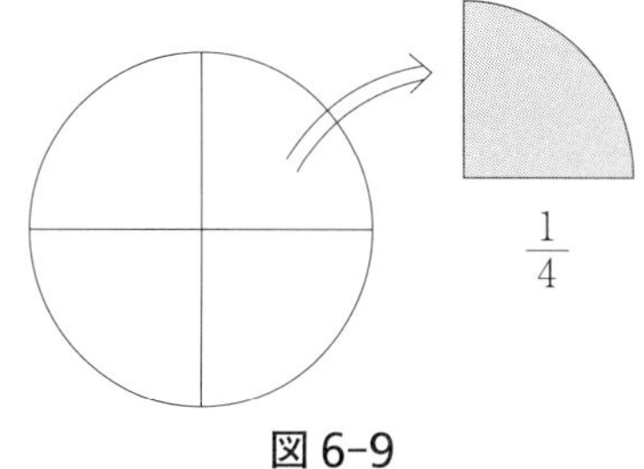

図6-9

しかし，1を超えた分数を扱うようになると，円の分割では，1ずつが別々のものとなって，イメージとしては帯分数的なものとなってしまう。

このようなことを踏まえつつ，実際の授業に使えばよいということになる。

第7回

第2学年

箱の形と展開図

1. 内容を関連付けて学ぶ

小学校第2学年の「量と測定」には「嵩（かさ）（体積）」の内容がある。また，図形には「箱の形」という内容もある。

学習指導要領の中で，前者は，B(2)に「体積について単位と測定の意味を理解し，体積の測定ができるようにする」とあり，その次に，ア「体積の単位（ミリリットル(mL)，デシリットル（dL)，リットル（L)）について知ること」と記述される。

後者は，C(1)に「ものの形についての観察や構成などの活動を通して，図形を構成する要素に着目し，図形について理解できるようにする」とあり，その次に，ウ「箱の形をしたものについて知ること」とある。

これらは別々に学ぶことが多いのだが，発展的に**関連付けて学ぶ**ということを考えてもいいのではないだろうか。

ここでの「箱の形」というのは，第4学年で扱う「立方体」や「直方体」の素地的指導になるものであり，頂点，辺，面などといった構成要素に着目できることが基本の内容となるのだが，ここではあえて，ふたなしの立方体を取り上げてみる。

それは，一辺10㎝の立方体に入る水の量がちょうど1L（リットル）になっていることと関連付けようとする意図があるからである。

そして，箱の形を10等分したものも実際に作るという活動を伴えば，それが単位の関係を学ぶのに都合のよいことになる。

2.「箱の形」を作る（展開図いろいろ）

まず，工作用紙を使って「箱の形（ふたなしの立方体)」を作ることを考える。

一辺が10㎝の正方形の工作用紙を何枚必要とするか。まずはこれが問題である。

ふたなしの箱であるから，イメージは**図7-1**のような図になる。すると，周りを囲む正方形は5枚必要なことがわかる。

次の問題は，これをどのように組み合わせるかということだ。

ただ5枚の正方形をつなげれば組み立てられるかと言えばそうはいかない。例えば横一列につなげても組み立てることはできない。

試行錯誤しながら実際に手を動かして作ってみることが肝要である。頭の中に正方形が組み立てられる様子が映像として焼き付くからである。

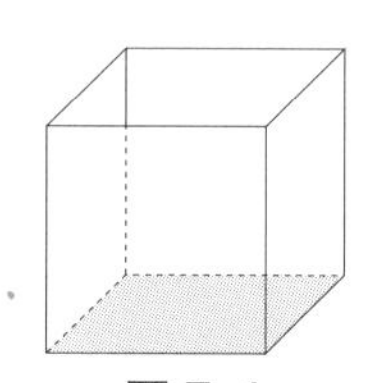
図7-1

5枚の正方形をどのようにつなげれば箱の形になるかという問い

と同時に，どのようにつなぐと組み立てられないかという問いも考えてみることが大事になる。

結論から言えば，正方形５枚をつなげる方法は全部で 12 種類。

でもそのうちの４種類が箱の形にはならない。８種類だけが箱の形に構成できる。

実際には次のような形である。教室で，仲間と一緒にこれらを確かめ，作り上げる活動がよい授業として奨励できる。

言葉を教える段階ではないが「展開図」を考えていることになり，ここでの活動は「展開図いろいろ」ということになる。オープンエンドの問題ともなっている。

組み立てられる形／８種

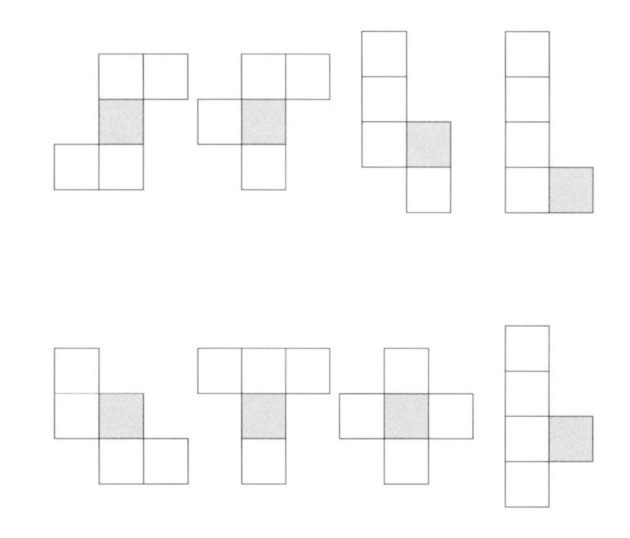

組み立てられない形／４種

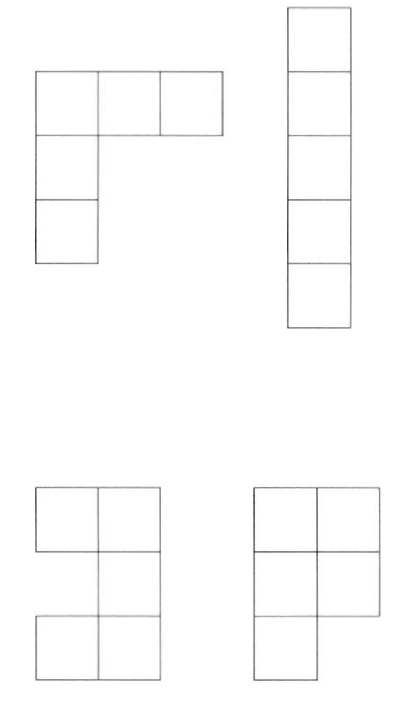

3. 「1L」の容器を基にして

さて，一辺10cmのふたなしの箱ができたならば，この大きさについて子どもに次のことを教える。

「この箱にちょうどいっぱいに入る水の量が『1L』（リットル）です」（図7-2）

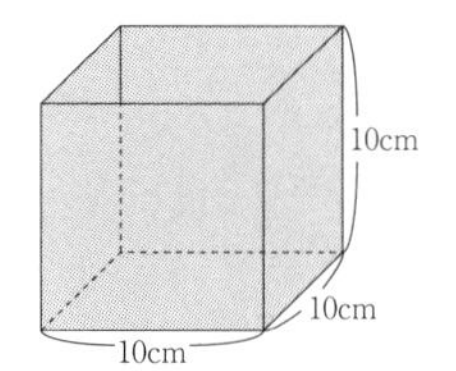

図7-2　1L

そして，できれば，学校にあるプラスチックの「立方体リットルます」を持ち込んで，そこに水を入れて見せるということも大事な経験となる。

同時に，家から持って来られる「1Lの牛乳パック」（図7-3）などの嵩とも比較しながら，日常にある1Lを意識して見せることも大事なことである。

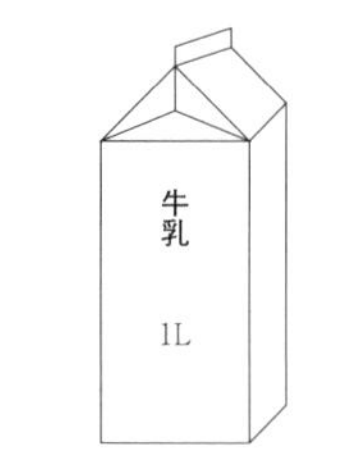

図7-3　牛乳パック

そしてさらに，この手作り1Lます（ふたなしの箱の形）から，その10等分した箱の形を作り出す。

すなわち高さ1cmで，縦と横がそれぞれ10cmであるような箱の形である。

これは，1Lの10分の1であるから，「1dL（デシリットル）」（図7-4）の大きさである。

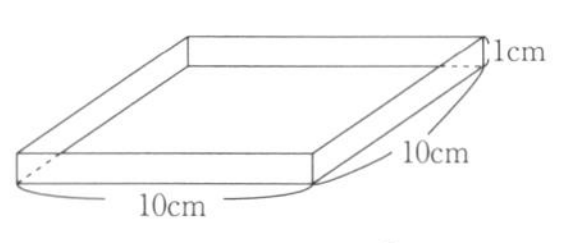

図7-4　1dL

これも子どもに工作用紙を使って，手作りさせる。

そしてさらに，この1dLますの10分の1の箱も作らせる。高さ1cm，横1cm，縦10cmの細長い棒のような箱となる。

これは，「1cL（センチリットル）」（図7-5）と言われるものである。日常茶飯には使われない単位ではあるが，これはきちんとした単位としてあるものだ。

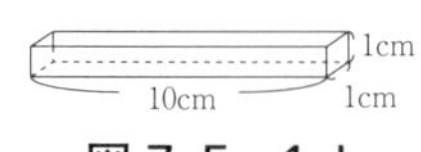

図7-5　1cL

ここまでくれば，さらに10等分した箱も作りたくなる。一辺1cmの箱である。とても小さい。これが「1mL（ミリリットル）」（図7-6）である。

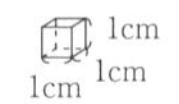

図7-6　1mL

子どもが手作りで，「1L → 1dL → 1cL → 1mL」という単位の箱を作ってみるならば，その単位の関係はとてもよくわかってくるはずである。

ちなみに，これら単位を表す「国字」はすでに明治のはじめに作られていたことも知っておいて損はない。

1L（リットル）　⇒「立」
1dL（デシリットル）　⇒「竕」
1cL（センチリットル）　⇒「竰」
1mL（ミリリットル）　⇒「竓」

偏が「量」の意味を表し，「旁」が単位の「関係」を表している。先人はよく考えた文字を作ったものである。

4. 「重さ」の学習へのつながりも意識

ここでは直接扱う必要はないが，この学習をしっかりしておけば，第3学年になって，「重さ」の学習になったときに，ちょうど「1L」の水の重さを「1 kg（キログラム）」にしたことが指導しやすくなるはずである。

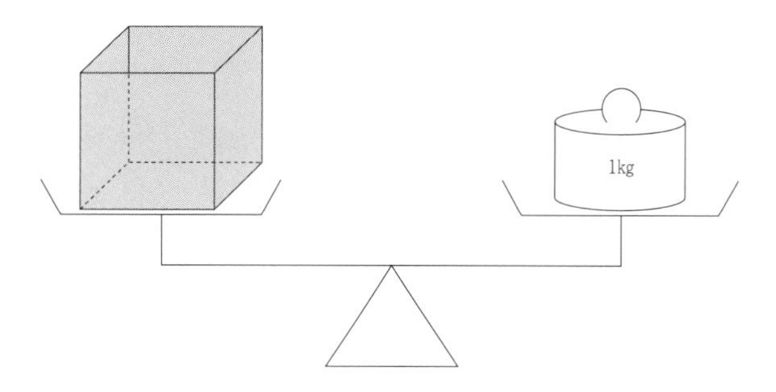

5. さらなる発展（ペントミノ遊び）

もっと別の角度から，これらの展開図を使って学ぶこともできる。

それは，「正方形5個つながりの形（12種）を使って考える」ということである。

このような形を「ペントミノ」と言っている。これを並べて指定の形を作る遊びが主である。

例えば**図 7-7** のような形をペントミノ何枚かを使って構成する。

すると，試行錯誤しながらも完成することができる（**図 7-8**）。

次に，別の形（**図 7-9**）を提示する。これを作ってみるように指示をする。

しかし，今度はなかなかできない。

なぜ，できないのだろうという疑問が起こる。できないならばできないことの理由を述べなければならない。

問題の図をよく見ると，いくつかのマスで構成されていることに気付く。ペントミノの1種は必ず5マス単位で作られているのである。したがって，問題の図形のマス目の数が5の倍数でなければ，ペントミノの単片を当てはめることができない。このことに気付いて，できないことの理由を述べられればすばらしいということになる。この場合は17マスなので5×□＝17となる□はないのでできないということになる。

これは，図形の学習と数の学習の関連付けである。

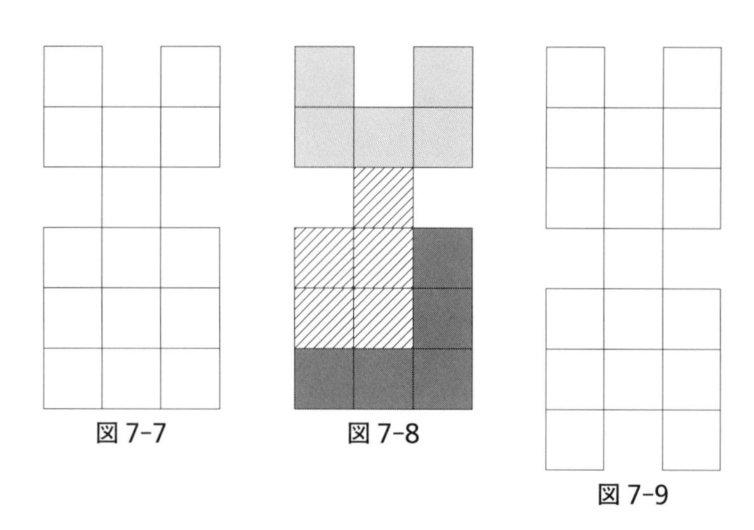

図 7-7　図 7-8　図 7-9

タングラム

1. タングラムで遊ぶ

小学校第２学年の目標には「具体物を用いた活動などを通して，三角形や四角形などの図形について理解できるようにし，図形についての感覚を豊かにする」とある。

「感覚を豊かにする」というのが究極のねらいである。これを達成するのに役立つパズルがある。「タングラム」と称する「知恵の板」。

最近では教科書にもよく登場する。教科書の最終ページに厚紙で切って使いましょうと，「タングラム」をはさみ込むものも増えてきた。

タングラムは次のようなパズルである。

「知恵の板」はいろいろあるが，その中でも世界中に最も多く紹介されて遊ばれているものである。

正方形を７枚のピースに切り分けている（**図 8-1**）。

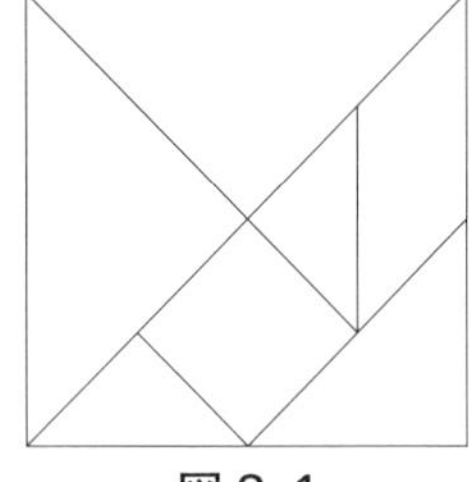

図 8-1

大三角形２個，中三角形１個，小三角形２個，平行四辺形１個，正方形１個。

さらにこの形の関係は，最も小さい三角形を基準に考えると，次のようになっている。

(a)　小三角形×2＝正方形

(b)　小三角形×2＝中三角形

(c)　小三角形×2＝平行四辺形

(d)　中三角形＋小三角形×2

　　＝小三角形×4＝大三角形

(a) 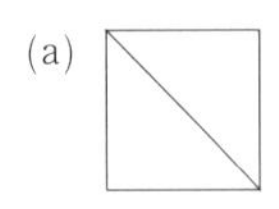
(b) 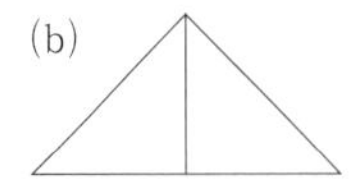
(c) 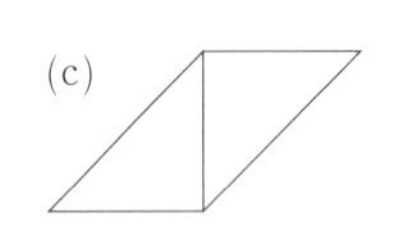
(d) 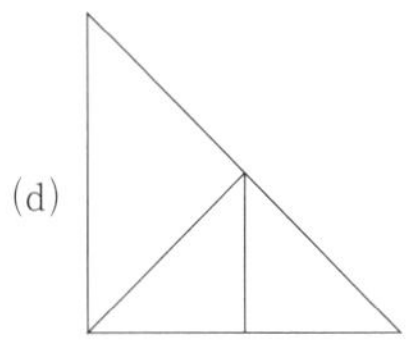

このことがよくわかるように，方眼の上に全体の正方形を作図すると**図 8-2** のようになっている。

この「タングラム」を算数教材として使う根拠は何か。

次のようなことが考えられる。

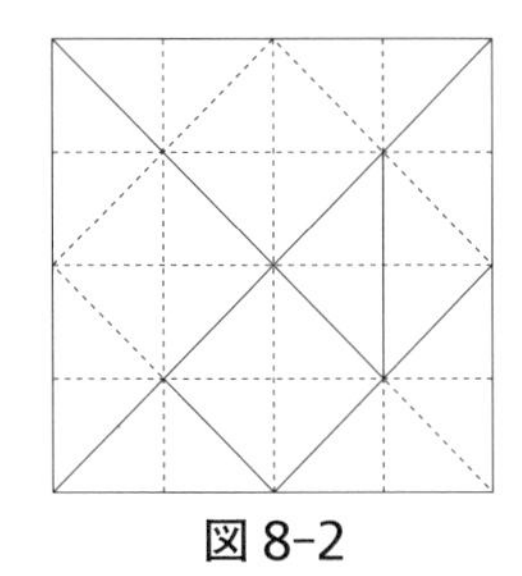

図 8-2

①図形の合成・分解の力が身に付く
②図形の「移動」の感覚が身に付く
③「合同」の学習の素地を培う
④「拡大・縮小」の学習の素地を培う
⑤「対称図形」の学習の素地を培う
⑥「面積」学習の活用の素地を培う
⑦「ものづくり」の学習の視点から子どもの関心・意欲を引き出す

2. 図形の合成・分解

最も一般に遊ばれるものは，提示されたシルエットを構成するという活動である。

例えば**図 8-3** のようなシルエットを７枚のピースで構成する。図形の合成・分解そのものの活動である。(①)

なかに「平行四辺形」のピースがあり，これがポイントになる。これは，点対称な形なので，裏返すと表とは違った別の形になってしまう。そのために，シルエットがなかなか完成しないとき，この形を**ひっくり返す**と，さっと空きスペースにはまって形が完成する場合がある（**図 8-4**）。

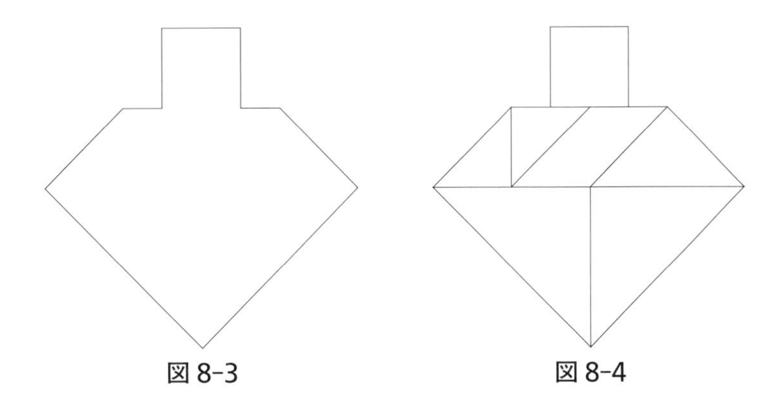

図 8-3　　図 8-4

ときに，シルエットの形が「できない」ものになっていると，子どもの活動はとたんに真剣になる。「おかしい」といった疑問が発生し，何度やっても完成せず，このシルエットを完成するにはピースが足りないということがわかる。すると，次から子どもの意識は，まず「できるか，できないか」という視点をもって活動をはじめる。このような注意深い考察も必要なことである。いつでも答えがあるといった問題ばかりに接していては考えられない考え方である。

このような活動が好きになれば，知らず知らずのうちに形の合成・分解の視点で見るようになる。ある形を見たときに見えない線が見えるといったことであり，これは，あとあと「補助線」を引ける力に結び付く。

さらに，これらのシルエットづくりを行っている過程で，ピースをどこに置こうかといった意識で試行錯誤するが，これは，形を「ずらす」（平行移動），回す（回転移動)，裏返す（対称移動）ということを行うことになるので，知らず知らずに図形の「移動」の感覚（②）が身に付いてくる。

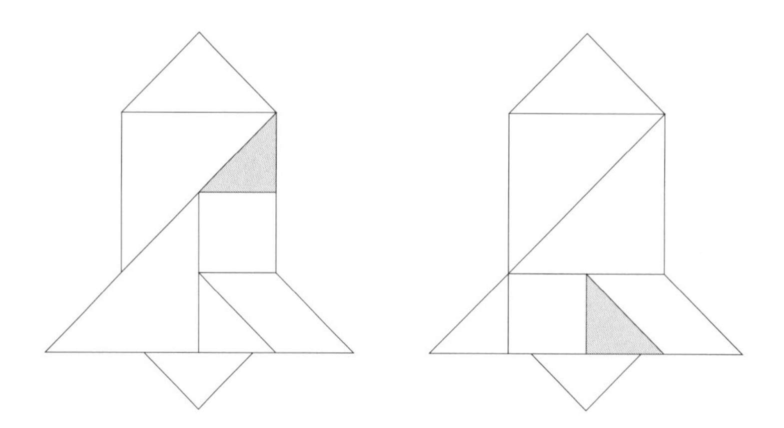

3.「合同」学習の素地

7つのピースのうちいくつかのピースを使って，「同じ形」を作る。

形も大きさも同じ形を「合同」という。これを作る活動も自然と行うことができる(③)。モデルの形を置いて，他の形（ピース）によってそれを作るのであるが，なかなか知恵を要する。いくつか例を示す。

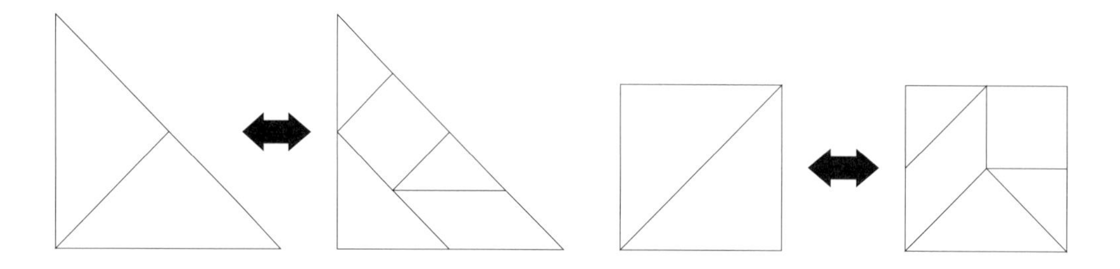

4.「拡大・縮小」学習の素地

「直角三角形」を作るという活動がある。いくつかのピースを使っていろいろな大きさの直角三角形を作っていく（④)。

上手に作るために，ピースを「1枚」「2枚」「3枚」……と増やしていく。

① 1枚の場合（3種類のものがある）

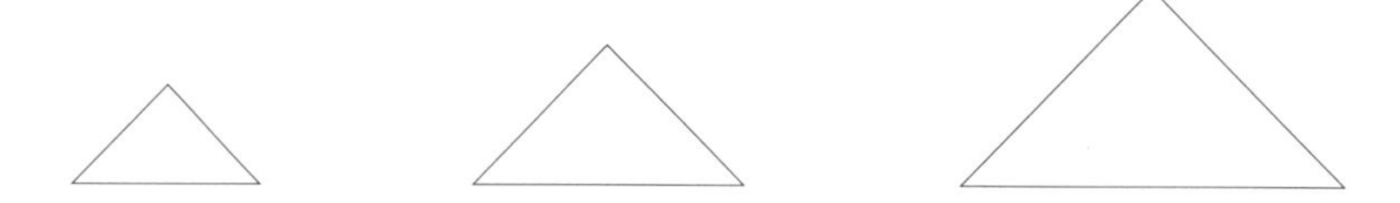

② 2枚の場合（2種類）

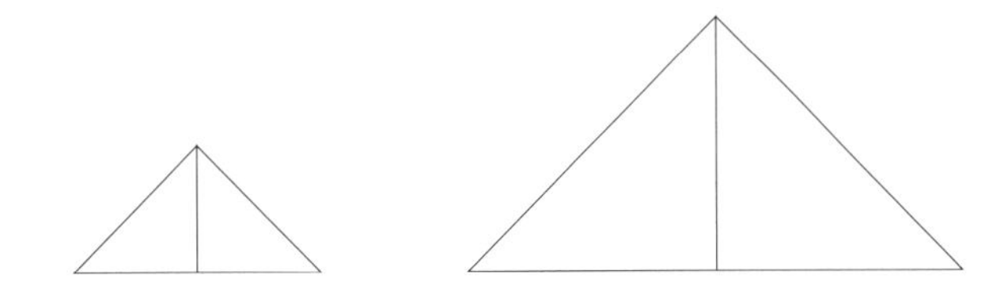

③ 3枚の場合（3種類）

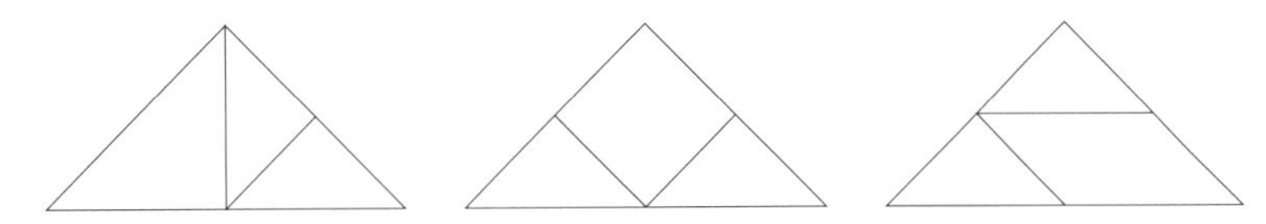

④ 4枚の場合

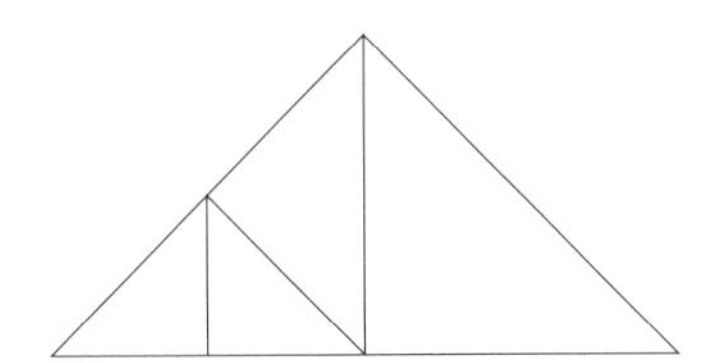

⑤ 5枚の場合

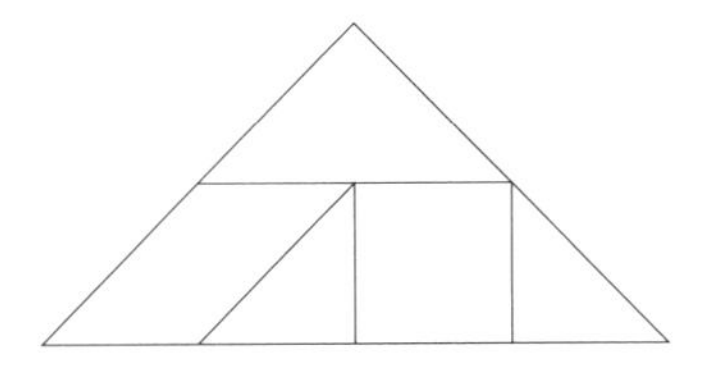

⑥ 6枚の場合

この場合はなかなかできない。子どもが説明できなくても，教師のほうでは「できない」ことの理由を明確にしておく必要がある。

[タングラムピース6枚では直角三角形ができない理由]

最も小さい直角三角形を面積1とすると各ピースは，次のような大きさになることがわかる。

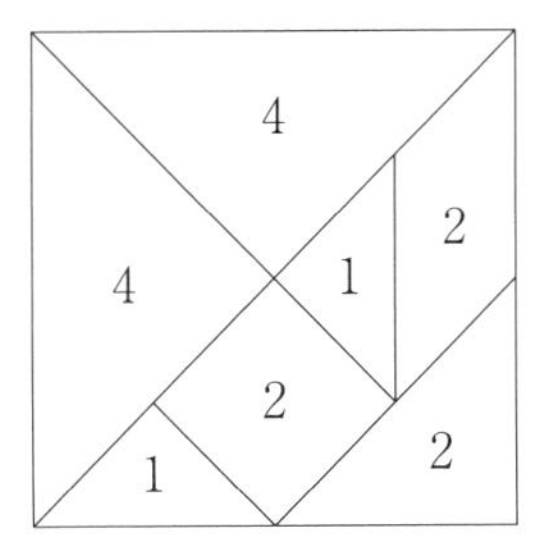

全体は16となるので，ここから面積が，1，2，4のピースを1個だけ取ると，15，14，12の面積となる。

これらを6枚で作るには，直角三角形の一辺の長さはそれぞれ$\sqrt{30}$，$2\sqrt{7}$，$2\sqrt{6}$とならなければならず，これらはできない。

⑦ 7 枚すべてを使って作る場合

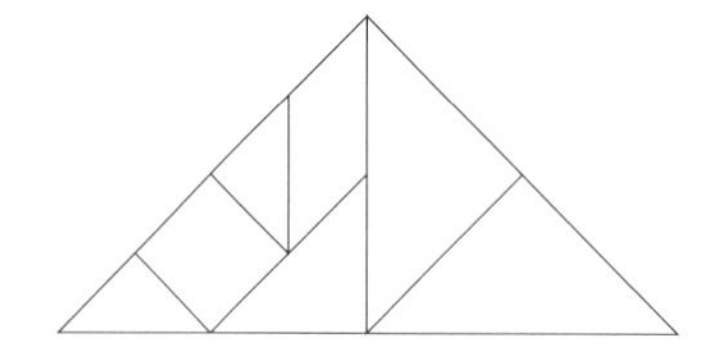

5. さらなる発展「ロングラム」

タングラムは正方形を 7 つのピースに切って作られるが，この「正方形」の部分を「長方形」に変えたらどうかと考える。

このとき，縦の長さは固定し，横の長さを$\sqrt{3}$倍（約 1.7 倍）する。こうすると，次のような 7 つのピースができる。これを「ロングラム」と呼ぶ。

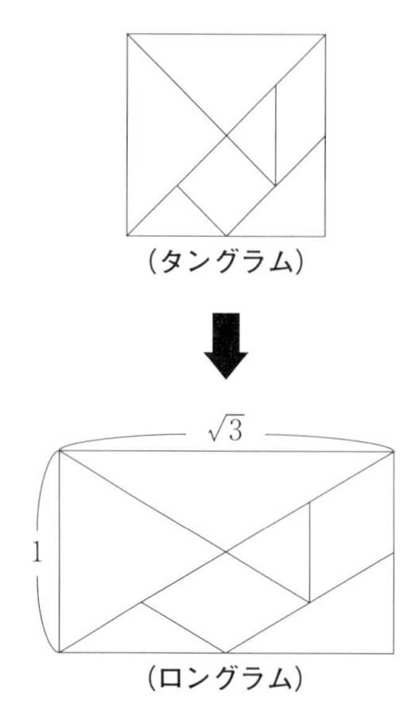

（タングラム）

（ロングラム）

これを使えば，長方形は正三角形に並べ替えることができ，おもしろい形づくりが広がる。

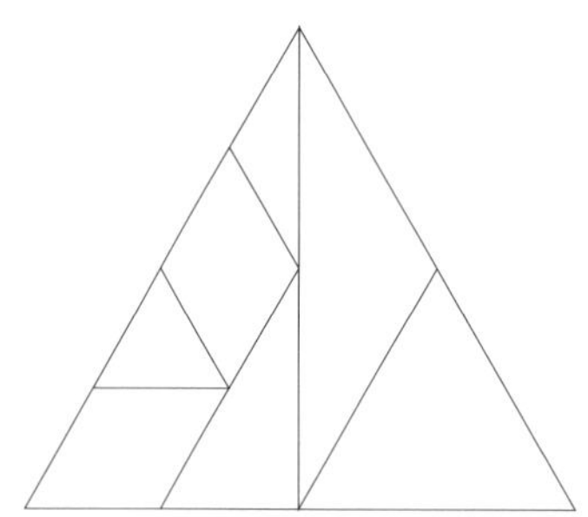

第９回 第２学年

敷き詰め

1.「敷き詰め」

平成20年版学習指導要領では，第２学年から第４学年まで繰り返し「敷き詰め」の活動が奨励されている。

「敷き詰め」（tessellation）とは，「平面図形によって，すき間や重なりがなく平面全体を覆うこと」である。

図形の敷き詰めには，敷石，タイル貼り，モザイク模様などがある。

例えば，正多角形を考えたとき，合同な正三角形や正六角形で平面を敷き詰めること㋐㋑や，正八角形と正方形の組み合わせで平面を敷き詰める㋒などがあげられる。

また，正多角形でなくても，他の多角形で平面を敷き詰められる場合もある。㋓は長方形の場合である。

さらに，㋔のような凹型の六角形などでも敷き詰めは可能である。

第４学年では四角形を学習するので，その際などには，どんな四角形でも敷き詰められること㋕を作業的に学ぶこともできる。

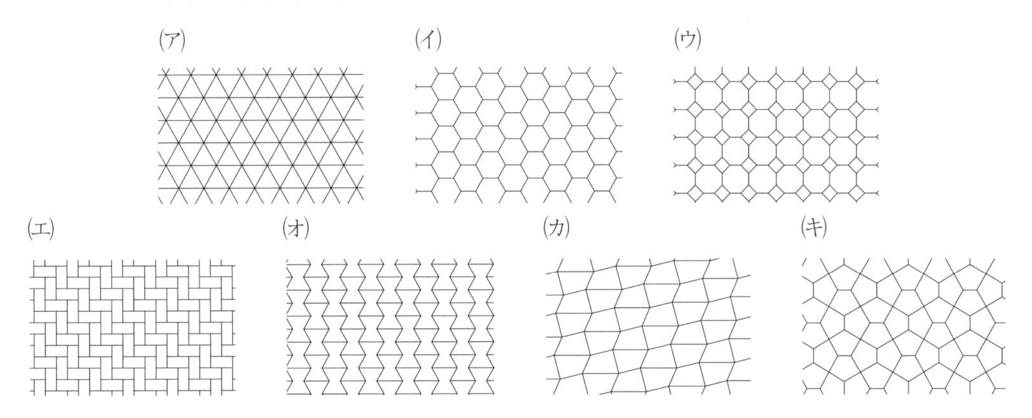

特別な場合には，㋖のような五角形なども敷き詰め可能である。

有名な「エッシャー」の絵には，合同な図形の敷き詰めがたくみに応用されている。平面から発展して，立体の場合にも立方体ならば空間をすき間なく積み重ねていくことも可能で，このような場合を「充塡（じゅうてん）する」と言っている。

2. 学習指導要領では

学習指導要領では，第２学年の「算数的活動」(1)のエに次のような記述がある。

「正方形，長方形，直角三角形をかいたり，作ったり，**それらで平面を敷き詰めたり**する活動」

このことについて，解説書には，次のように説明されている（P.82）。

「……さらに，正方形，長方形，直角三角形それぞれで平面を**敷き詰める活動**を通して，平面の広がりや，一定のきまりに従って並べることによってできる模様の美しさについて感じることができるようにすることが大切である。

例えば，長方形や直角三角形では，次のような**敷き詰めの仕方**がある」

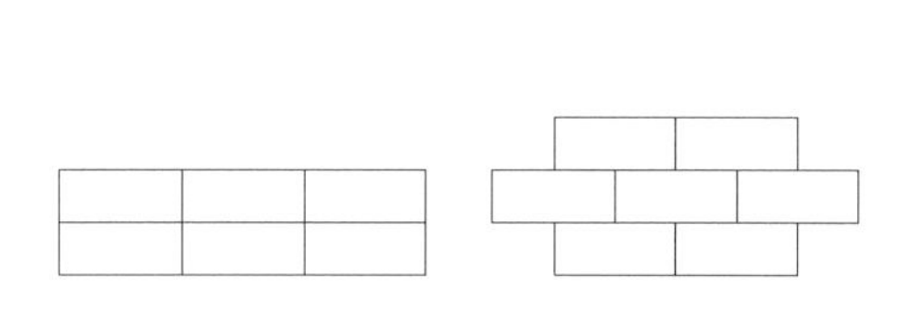

長方形の敷き詰め

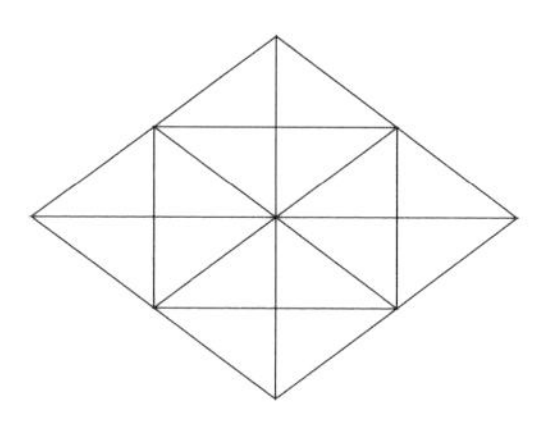

直角三角形の敷き詰め

この「敷き詰め」の活動は第3学年にも第4学年にも登場するので，ここに説明しておく。

第3学年では，「二等辺三角形，正三角形」の扱いの解説に登場する。（解説書，P.107）

「……さらに，合同な二等辺三角形や正三角形を**敷き詰める活動**を通して，これらの図形でも平面が敷き詰められることを理解し，敷き詰めてできた図形の中を観察することによって，その中にほかの図形を認めること，平面図形の広がりや図形の美しさを感得したりすることなど，図形についての見方や感覚を豊かにしていくようにする」

図 9-1 などが具体的に示されているが，正三角形の敷き詰めの中をよく観察すれば，その中に正六角形が見えたり，二等辺三角形の敷き詰めの中に六角形が見えたりするということなどがその典型例であろう。

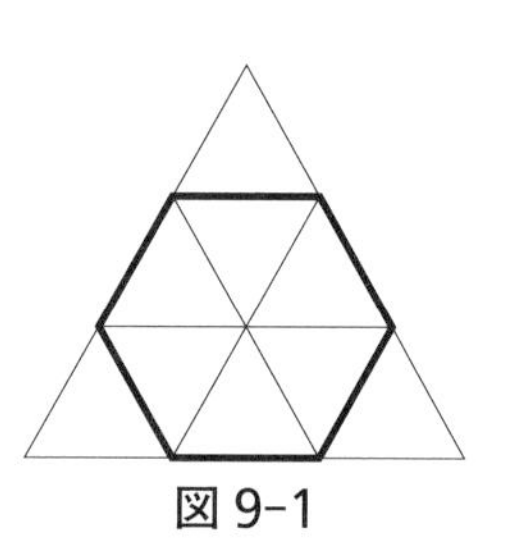

図 9-1

さらに第4学年では，「算数的活動」(1)エに，「平行四辺形，ひし形，台形で**平面を敷き詰めて，図形の性質を調べる**活動」というのがある。このことの解説は，次のようである（P.131）。

「この活動は，図形の構成要素及びそれらの位置関係に着目し，図形についての実感的な理解を深めることをねらいとしている。

この活動は，平行四辺形，ひし形，台形によって平面を敷き詰めることができることを確かめ，敷き詰めた図形の中にほかの図形を認めたり，平行線の性質に気付いたりするなど，図形についての見方や感覚を豊かにすることをねらいとしている。

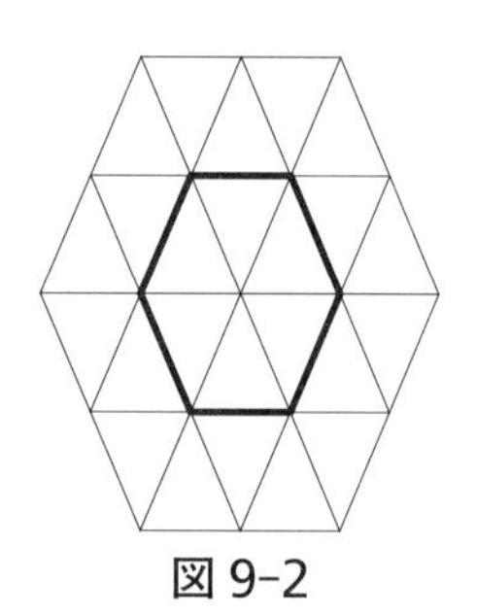

図 9-2

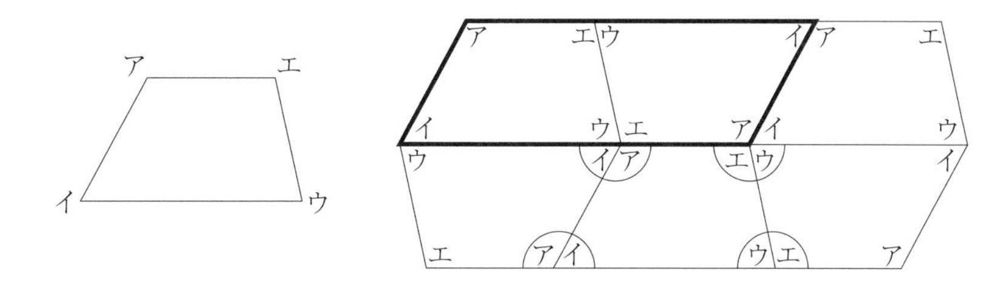

例えば，台形アイウエによって平面を敷き詰めると上のようになり，台形で平面を敷き詰められることが確かめられる。そして，その中に平行四辺形を認めることができる。また，角アと角イの大きさを合わせたり，角ウと角エの大きさを合わせたりすると，どちらも180°であることに気付くことができる。

さらに，敷き詰めた形に色を塗ったり，それに様々なデザインを工夫したりすることにより，図形の美しさに触れていくことができる」

このように学習指導要領の上でも「敷き詰め」の活動がたびたび登場する。筆者が太字で示したところは，すべて「敷き詰め」活動のねらいとなっている部分であり，ハンズオンの活動として推奨したい。

3. 第2学年の活動

(1) 基本的図形の敷き詰め

この学年では「直角」という図形の構成要素に着目して見ていくことがポイントになっているので，そこで扱われる図形は，正方形，長方形，直角三角形である。

したがって，敷き詰めの活動も，色違いの正方形の折り紙を基にして，平面にすき間なく並べていくような作品づくりなどがある。

この際に折り紙を半分にして，長方形にしてみたり，直角二等辺三角形を作ってみたりして，これをきれいなパターンの色になるように敷き詰めると，子どもも夢中になって作品作りに取り組む。

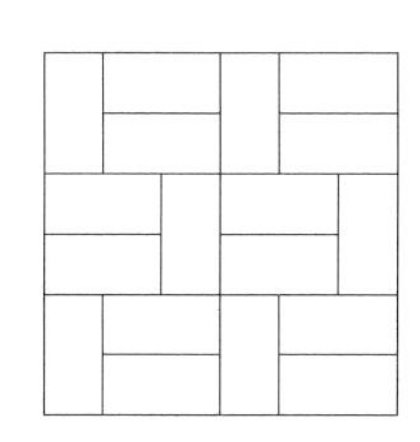
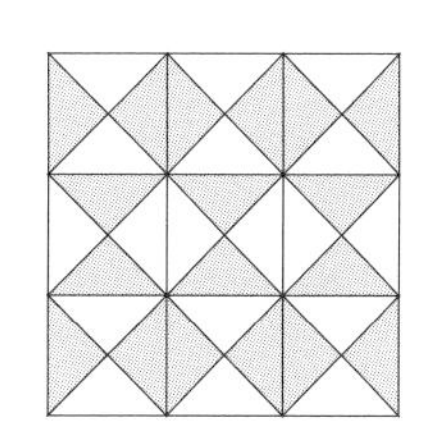

⑵　発展／ブリック・バイ・ブリック

長方形タイルを組み合わせて「煉瓦（れんが）」（ブリック）の積み重ねをイメージしたピースを作る。例えば，３個つなげのブリックである。この形違いのものは，全部で５種類できる。

次の煉瓦の壁にグレーで示した部分がそれである。

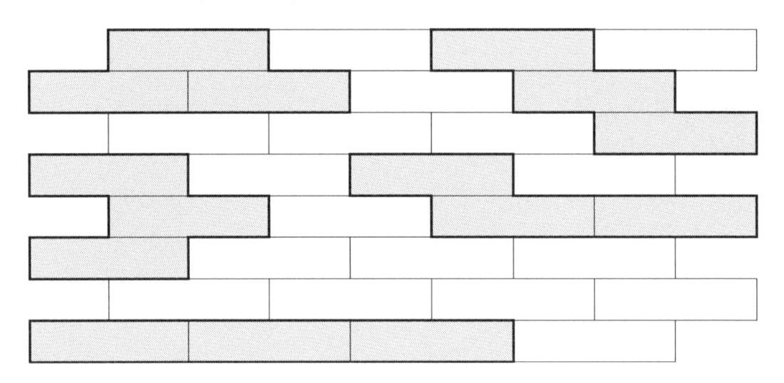

これを切り取って，並べ替えてシルエットの図を作り出す。５種類のブリックでシルエットのブリックを作るので「ブリック・バイ・ブリック」である。

「問題を解くこと」も楽しいが，「問題を作ること」もまた楽しい活動となる。同時に敷き詰めの感覚も育つ。以下にいくつかの例を示しておく。

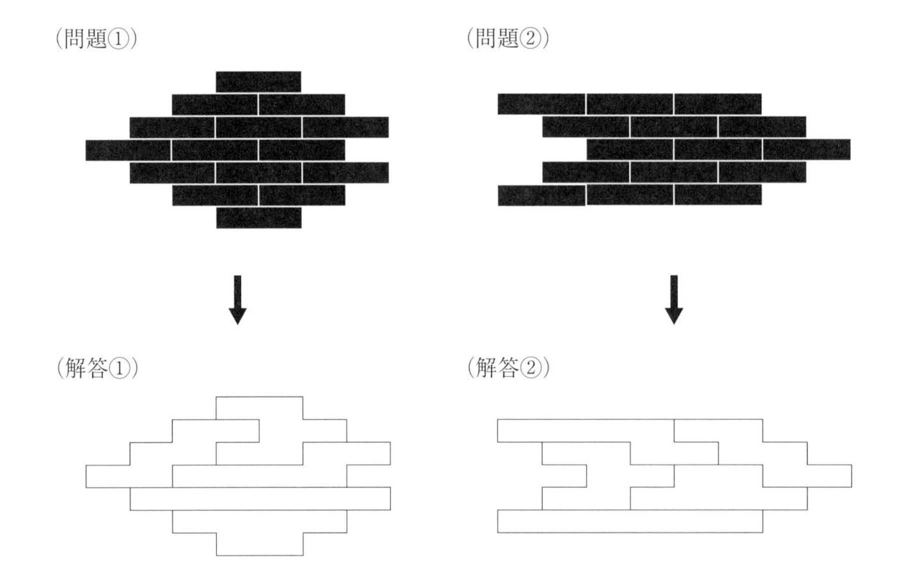

第10回　第3学年

計算練習からの発展1

1. 計算練習からの発展

計算練習というと，一般には，2項の計算に終始する。小学校では2口（ふたくち）の計算などと呼ぶ。同様に3項の計算は，3口（みくち），4項の計算は，4口（よくち）の計算などと呼ばれるが，この手の計算にはあまり触れることがない。

したがって発展的扱いとして，まず3桁の5口の計算にパズル的要素を含んだもので考えさせる。

具体的な事例を述べよう。

奇数ばかりが並ぶ3桁の数で「111＋333＋555＋777＋999」の計算を対象とする。

この答え「2775」を，もしも「1000」にすることになれば，どの数を消せばよいか。つまり，どの数を0とすればよいかという問題である。

そこでは，筆算の繰り上がりの仕方を考えるところが目標となる。

2. 導入

子どもの興味をひくように，次のように導入する。

「こんなたし算できるかな」と問いかけ，筆算形式で，まずは「111＋333」からはじめる。これは繰り上がりがなく簡単なので，ほぼ全員ができる。

答えの「444」を確かめたあと「では，次の問題です」と言って3口の計算を提示する。

これも繰り上がりがないので，すぐに「999」という正解が出る。

子どもは，次の問題に興味を示す。

「あっ，次の問題がわかった」などとつぶやきはじめる。

子どもの予想どおり，次は「111＋333＋555＋777」。

今度は繰り上がりがあり，この問題は，ちょっと大変。

答えは「1776」となる。

この辺になると，何も言わなくても次の問題に挑戦しはじめる。

「111＋333＋555＋777＋999」を計算すれば，「2775」である。

```
                                 111
                        111      333
               111      333      555
      111      333      555      777
     +333     +555     +777     +999
```

3. 問題

「111＋333＋555＋777＋999」の計算には繰り上がりがある。答えは「2775」。一応全員の答えを確かめる。しかし，このことの確かめはするものの，黒板にこの答えは書かない。

答えのところには，あえて「1000」と書くのである。

子どもは「ええっ！」と声を出す。

「実は，答えはみなさんが求めたように『2775』となるのですが，計算する数のほうのどれかを消して，答えが『1000』になるようにしてもらいたいのです」と投げかける。当然質問が出て，こんなやりとりが起こる。

「『消す』というのはどういうことですか」

「ここで『消す』というのは，その数を『0』にするということですよ」

子どもは試行錯誤しながら考え，解答に至る子がいる。

「2775」の答えを「1000」にするのだから，ひき算をして，「2775－1000＝1775」だ。このことから，この分を取り去ればいいのではないかと論理的に考える子もいる。

4. 条件整備

さて，ここでさらなる質問が登場する。

「いくつの数を消せばいいのですか」「消す数が多ければ簡単です」といった質問・意見である。

いくつ消してもよいのであれば，「1000」が残るように消せばいいので，「百の位の1と9で，繰り上がりの1000ができる。だから，これだけ残してあとは全部消せばいい」と気付く。

この方法だと，消す数は全部で13個にもなる。

そこで，こんな方法も紹介しながら，「□個消す場合は，解答は～～である」といったように**場合分け**して考えよう」と投げかける。

すると，13個消す場合からはじまって，12個消す場合，11個消す場合……と順に考えて整理しながら発表できる。

あとに示すように，こうやって探すと，13個消す場合から，順に消す数を減らして，5個消す場合まで，全部で26種類の方法が見つかる。

ちなみに，消す数を最も少なくする場合は，5個だけ消す方法が2種類ある。繰り上がりを利用して計算する工夫が必要である。

5. 答えのいろいろ

26種の答えは，次のようである。網をかけた数字が「消す」数字である。

①
```
  111
  333
  555
  777
+ 999
 1000
```
②
```
  111
  333
  555
  777
+ 999
 1000
```
5個消す場合

③
```
  111
  333
  555
  777
+ 999
 1000
```
④
```
  111
  333
  555
  777
+ 999
 1000
```
6個消す場合

⑤
```
  111
  333
  555
  777
+ 999
 1000
```
⑥
```
  111
  333
  555
  777
+ 999
 1000
```
7個消す場合

⑦ ⑧ ⑨ ⑩ ⑪ ⑫
```
  111
  333
  555
  777
+ 999
 1000
```
8個消す場合

⑬ ⑭ ⑮ ⑯ ⑰ ⑱
```
  111
  333
  555
  777
+ 999
 1000
```
9個消す場合

⑲	㉑	㉓	㉕
111	111	111	111
333	333	333	333
555	555	555	555
777	777	777	777
+999	+999	+999	+999
1000	1000	1000	1000

⑳	㉒	㉔	㉖
111	111	111	111
333	333	333	333
555	555	555	555
777	777	777	777
+999	+999	+999	+999
1000	1000	1000	1000
10個消す場合	**11個消す場合**	**12個消す場合**	**13個消す場合**

6. 電卓を使って

学習指導要領には，以前のように高学年に限定して「電卓を適宜用いる」といった文言がなくなった。したがって，必要になれば，これを教具として使うことは大いに奨励できる。計算する道具としての電卓でなく，工夫した教具として扱うようにすればよい。

例えば次のような計算はどうか。

数字キーの左下の４つに焦点を絞って，１からはじめて，ぐるりと時計回り(A)に一回りだけ，２桁４口のたし算をする。つまり，「14+45+52+21」である。電卓だから答えはすぐに出てくる。「132」である。

7	8	9
④	⑤	6
①	②	3

(A)　(B)

今度は，反時計回り(B)に同じように計算する。つまり「12+25+54+41」である。計算してみると，やはり「132」である。

この瞬間，「おやっ」と思う。なぜ，違った計算をしたのに同じ答えになったのだろう。

子どもは，不思議を感じ，そのわけを考えようとする。電卓で何度もやっている子はなかなかそのわけにたどり着かない。

いち早く電卓から離れて，ノートに筆算をしてみると，見えないものが見えてくる。

右図のように，十の位と一の位に並ぶ数が，順序は違うが同じなのである。したがって，十の塊が「1+2+5+4」個，と一のバラが「2+5+4+1」個あるのはどちらも同じなので，その答えは等しいということになる。

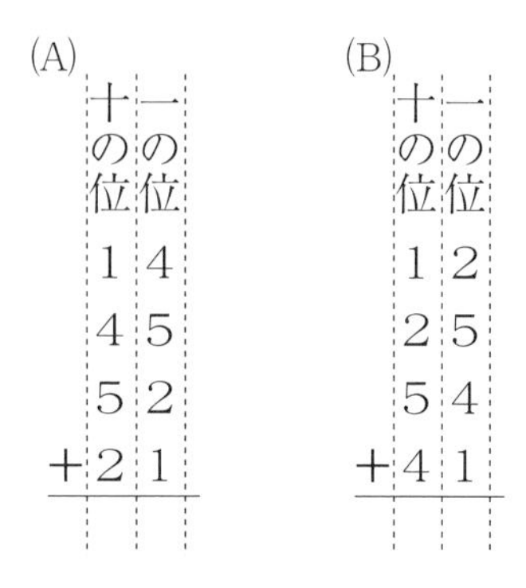

7. さらなる発展

ここまでわかれば，次への発展を考える子が出てくる。電卓を使った回転の計算を「もう一回り大きくしたらどうか」と考えるのである。

1～9までの数が並ぶ正方形状の数について，1からはじめて，時計回り(C)と，反時計回り(D)で3桁4口の計算をする。

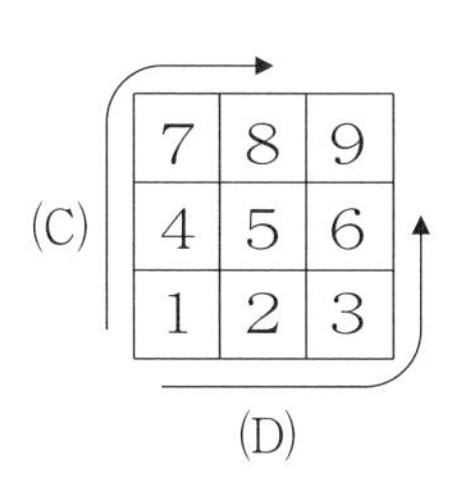

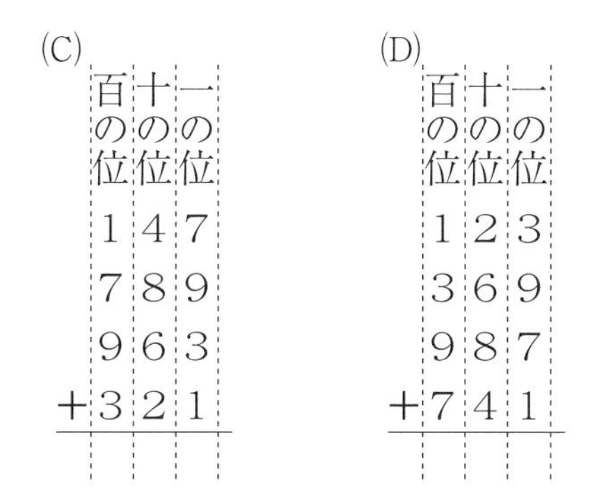

この2つの計算の答えはどうなるか。

どちらも「2220」である。これまた，「はっ」とする。一回転というところは先の計算と同じだが，まったく違う数値である。「なぜだろう」という疑問が起こる。

しかし，このことの解明は，前の2桁のときと同じようにできることだろう。

同じ位に並ぶ数値を見ればよい。順序は異なるが，同じ数が並んでいることに気付けば，自らそのわけが解明できるにちがいない。

第 11 回

第 3 学年

計算練習からの発展2

1. どちらの答えが大きいか

3 年生の 2 桁同士の計算に関する発展的問題である。

> A「23×64」と，B「32×46」とではどちらの答えが大きくなるだろう。

「まったく別々に計算をして，その結果を比べる問題」と解釈しないで，両者の計算に使われている数値をよく見る。

A と B では計算に使われる 2 桁の数値が入れ替わっていることに気付く。23 は 32 に，64 は 46 になっている。

子どもは，こんな関係になっているということは，もしかしたら答えが同じになっているのかもしれないと思う。やってみよう。

$23\times 64=1472$

$32\times 46=1472$

答えは同じだ。これは偶然なのだろうか。さらに，このように数値を入れ替えた場合にはいつでも同じになるのだろうか。

原理がわかるように筆算をしてみる。

計算原理とは，「位同士の計算をしてあとで足す」というものである。

A の場合

23×64

$=(20+3)\times(60+4)$

$=20\times 60+20\times 4+3\times 60+3\times 4$

$=1200+80+180+12$

図 11-1 の筆算と比べてみる。

2 3		
× 6 4		
1 2	……	3×4
8 0	……	20×4
1 8 0	……	3×60
1 2 0 0	……	20×60
1 4 7 2		

図 11-1

また，その原理がわかるように図をかいてみることにする。

図 11-2 は面積図である。1 マスは 10×10，縦に 20 マスと残り 3，これが横に 60 列と 4。これで，23×64 のイメージである。

図中の㋐は，20×60

図中の㋑は，20×4

図中の㋒は，3×60

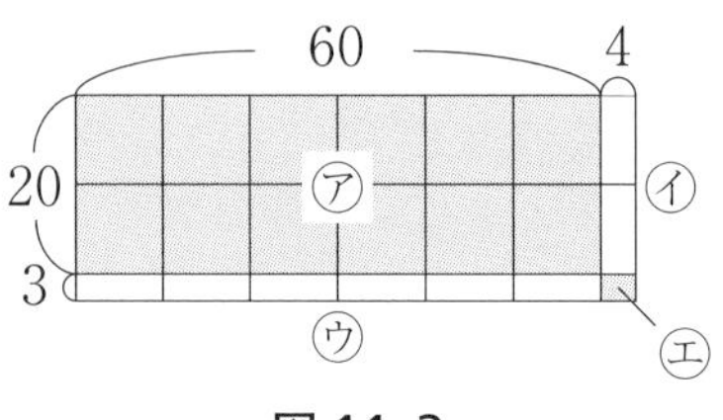

図 11-2

図中の㊁は，3×4

先の筆算の部分積と対応させてみることができる。B も同様である。

32×46

=(30+2)×(40+6)

=30×40+30×6+2×40+2×6

=1200+180+80+12

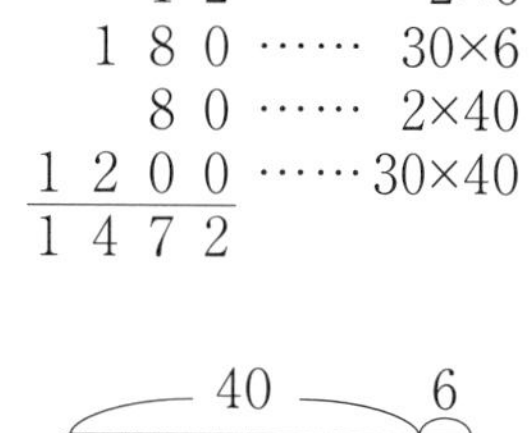

A と同様にこの式を筆算と比べてみる。

さらに面積図では，

㋐は，30×40

㋑は，30×6

㋒は，2×40

㋓は，2×6

となる（**図 11-3**）。

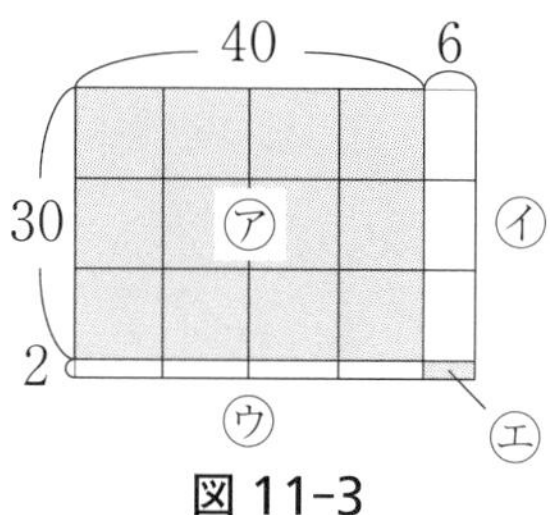

図 11-3

この図と計算を見ると，十の位は，「2×6=12」と「3×4=12」であるから，その積は一致している。一の位は，「3×4=12」と「2×6=12」となって，やはりその積が一致している。

ではこれはいつでも成り立つことなのか。

「十の位同士，一の位同士の積が同じとき，十の位と一の位の数値を入れ替えても答えは変わらない」ということをきちんと説明してみたい。

A：　$(10a+b)(10c+d)$

　　$=100ac+10ad+10bc+bd$

　　$=100ac+10(ad+bc)+bd$

B：　$(10b+a)(10d+c)$

　　$=100bd+10bc+10ad+ac$

　　$=100bd+10(bc+ad)+ac$

このことから，$ac=bd$ のときは積が同じになることがわかる。ほかの計算を行えば確かめられる。

㋑　36×84=3024

㋺　63×48=3024

36　84　48　63　㋑　㋺　面積は同じ

2. そろばんを使って

学習指導要領 A（7）に，「そろばんによる数の表し方について知り，そろばんを用いて簡単な加法及び減法の計算ができるようにする」とある。そろばんを使って思考を要する問題を考える。

> 十の位，一の位だけで「珠（たま）」を 3 つだけ使ってどんな数が表せるか。

そろばんの図と一緒に考えてみよう。「答えいろいろ」の問題である。

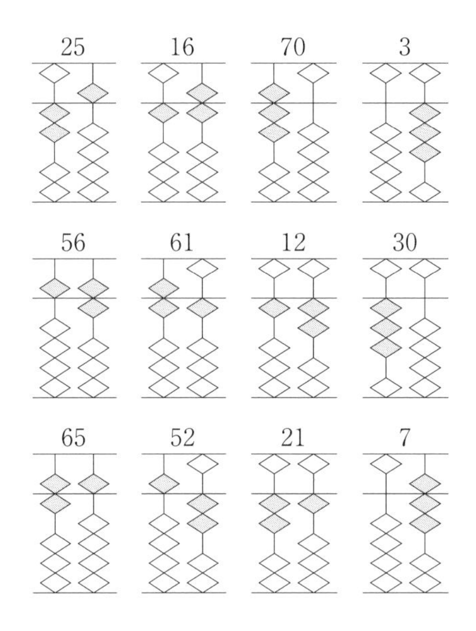

たった３つの珠だけで，こんなにいろいろの数が表現できる。

そこで，次に，ここでできた数から２桁の数値が入れ替わっているものを対応させながら，その和を考えてみよう。

これらの数の共通点は何か。

みな，「11の倍数」になっている。なぜだろう。

$(10a+b)+(10b+a)=11(a+b)$

となっているからである。

では，その差はどうだろう。

今度は，いずれも「9の倍数」になっている。なぜだろう。

$(10a+b)-(10b+a)=9(a-b)$

となっているからである。

そろばん上の数について，こんな発見もおもしろいと感じられることではないだろうか。

$3+30=33$
$7+70=77$
$12+21=33$
$16+61=77$
$52+25=77$
$56+65=121$

$30-3=27$
$70-7=63$
$21-12=9$
$61-16=45$
$52-25=27$
$65-56=9$

3. 「7のかけ算」

かけ算がある程度できるようになったら，その活用問題として次のような問題を考えてみる。

まずは，黒板に次のように書く。

「7×7＝　」

すぐに手が挙がる。「49です」。

「では，次」と言いながら，

「7×7×7＝　」と黒板に書く。

今度は，九九の暗唱のようにはいかない。子どもはすぐにノートに筆算をはじめる。
「343です」と答える子がいる。
そこで，「では，次」と言いながら黒板に書く。
「7×7×7×7=　」
今度もノートに筆算である。やがて手が挙がる。指名された子は，「2401です」と答える。
このとき，ほかの子を見れば，ノートに何やら筆算をやっている。「何をやっているの」と問えば，「次です」と声が返ってくる。もう子どもは次のことをイメージしているのである。
その期待を裏切らずに黒板に問題を書く。
「7×7×7×7×7=　」
これも答えが返ってくる。「16807です」
ここでまた，次をはじめる子がいる。「次がわかりました。117649です」
黒板には，それまでの計算が次のように並ぶ。
7×7=49
7×7×7=343
7×7×7×7=2401
7×7×7×7×7=16807
7×7×7×7×7×7=117649
ここまでくると，もう先が見えてくる。7ばかりのかけ算がどんどん続くのである。
そこで，少々目先を変えて質問する。
「この調子で，ずっと7ばかりのかけ算を続けていって，7が100個になったとき，いくつになるかな」
これは子どもも無理だと気付く。「無理です」「一晩中かかりそう」「紙がたくさん必要です」などという声である。
そこで，「では，質問を変えよう」「このまま7が100個になったときの，答えの一の位の数は何かな」と聞く。
それならばできそうだという顔になる。繰り上がるところにはおかまいなしに，ことは進む。
「7×7=49の9」「9×7=63の3」
「9，3，1，7，9，3，1，7，……」
「あっ，やらなくてもわかる！」
少しやっていくと，こんな声が登場する。
「くさいな，くさいな……」とつぶやいている子もいる。「何か」と問うと，「9317（くさいな）が繰り返されています」
4拍子のタクトを振っている者もいる。
「4拍子と同じで，繰り返しです」と，そのわけも言う。
ここまでわかると，「100の中に4の塊がいくつできるか。そして余りはいくつか」という見通しができてくる。

この場合には，ちょうど $100 \div 4 = 25$ なので，25 回目で 100 になるから答えは「7」だと，ほとんどの子が言う。

しかし，一部の子は「変だよ。だってはじめが $7 \times 7 = 49$ だから，7 が 2 個からはじまっている」「そうか。はじめは 9 じゃなくて 7 か」と納得する。4 つの数の繰り返しにはちがいないのだが，はじまりは 7 であった。{7，9，3，1} の繰り返しなのだ。だから，1 が正解である。

〈さらなる発展〉

この問題におもしろさを感じた子は，家に帰ってもなお探究的に調べる。

「7 ではなくて，他の数であったらどうか」

そのレポートはこうだ。

4 回繰り返しの数

⇒　2 {2，4，8，6}
　　3 {3，9，7，1}
　　7 {7，9，3，1}
　　8 {8，4，2，6}

2 回繰り返しの数

⇒　4 {4，6}
　　9 {9，1}

1 回繰り返し（繰り返しなし）

⇒　1 {1}
　　5 {5}
　　6 {6}

ここまで，自ら調べられるのは，探求心が身に付いた姿だと受けとめることができる。

（補足）

岩波現代文庫に『やわらかな思考を育てる数学問題集 1 〜 3』の 3 分冊がある。

「ロシアの子どもたちが十代はじめから夢中になって取り組んだ，とっておきの問題がぎっしり」と紹介されているものである。

この第 1 分冊の P.62 に，次のような問題があった。

問 30　777^{777} の最後の桁はなんでしょう。

この問題をそのまま小学生に与えるのはむずかしいので，先のようにして考えさせてみた。つまり，7^{100} の一の位の数を問うことにしたわけである。

7 ばかりのかけ算を順に答えさせていく。

第12回　第3学年

三角定規

1. 三角定規

図形の学習では，3年生で「二等辺三角形・正三角形」が扱われる。その中で「角について知ること」といった項目がある。

また，「算数的活動」の中には「二等辺三角形や正三角形を定規とコンパスを用いて作図する活動」があげられている。

このような活動に必要な用具として，まず「三角定規」がある。この三角定規の特徴をよく意識することができれば，それを使った作図活動にも有効に働くことになるだろう。

実際の授業で使うときには，市販のものを買って持ってくるように担任から指示がある。文房具屋に行けば，三角定規は2つで1セットになっていることを知る。

これに名前があれば実際の活動には使い勝手がよいのだが，それぞれに名前はない。

そこで，子どもに名前を付けさせる。三角定規の特徴が見いだせれば，その特徴を名前に反映できる。

かつて受け持った子どもの中に，「**図 12-1** の定規は，同じものを2つ合わせると，正方形になるから，これは『正三角定規』がいいのではないか」と言った子がいた（**図 12-3**）。

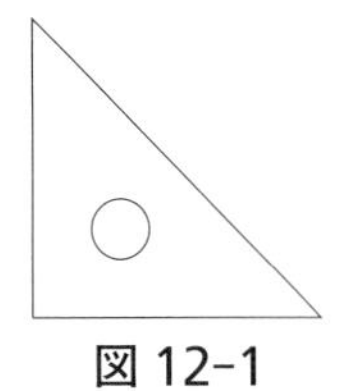
図 12-1

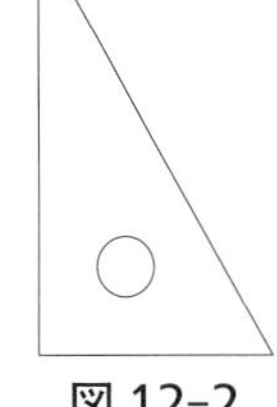
図 12-2

みんなもうなずくので，それを学級独自の呼び方とした。

それならば，**図 12-2** の定規はどうか。

これまた，同じものを2つ合わせれば正三角形になる（**図 12-4**）。だから，「この名前は『正三角定規』だ」と言った。

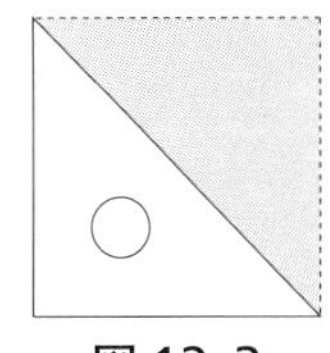
図 12-3

しかし，これは名前が同じになってしまうので，みんなから却下された。しかし，その子は負けじと，「ならば，2つの合わせ方を変えれば，これは長方形になる（**図 12-5**）。だからこちらは『長三角定規』がいい」と言い直した。これは大変すばらしい発想なので，みんなも同意した。この活動は，それだけでも三角定規の特徴を調べていることになる。

同様に，三角定規には，もっとおもしろい特徴が潜んでいるのではないかを調べてみようということになる。

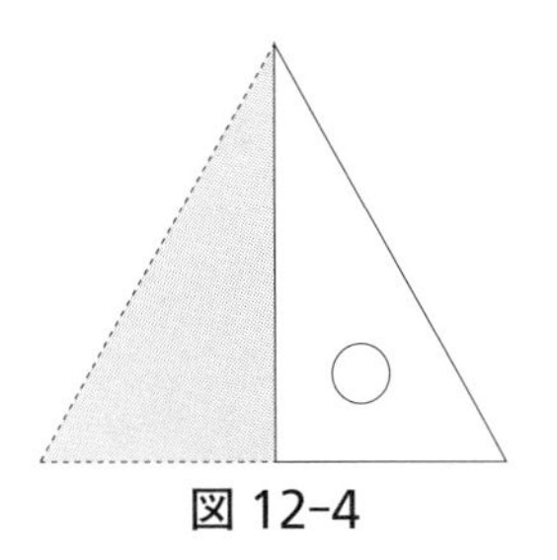
図 12-4

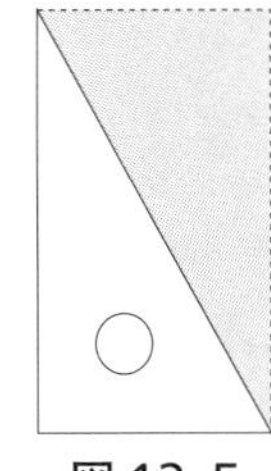
図 12-5

2. 三角定規の秘密

(1) 共通の長さの辺がある

では，三角定規にはどんな特徴があるかを調べてみる。

「1セットの定規を使って，四角形を作ってみよう」と投げかける。

子どもは，いろいろ試行錯誤しながら，やがて「できた」と叫ぶ。

図12-6 のように並べたときに，四角形になっている。

図12-6

これによって，1セットの三角定規には，同じ長さの辺があることに気付く。

教師の側では，同一の辺があることに気付けば目標達成だが，子どもは自由に考えるので，「ほかにも四角形ができました」などと言って発表する子もいる。**図12-7** と **図12-8** の2つだ。

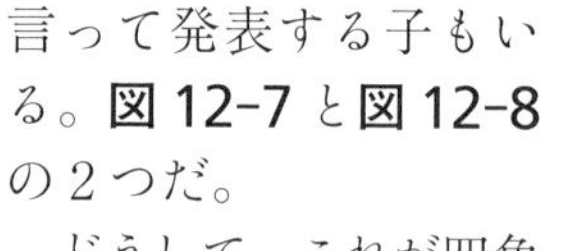

どうして，これが四角形と言えるのかを問う。

すると，「『四角形は4本の辺で囲まれた形』だと約束したのだから，これもそうなっています」と答える。

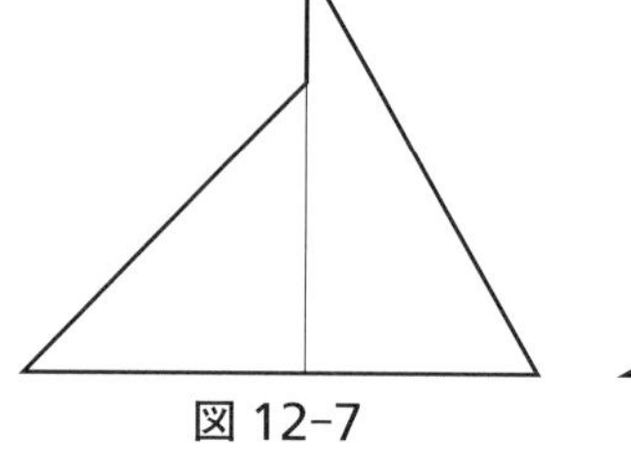

図12-7

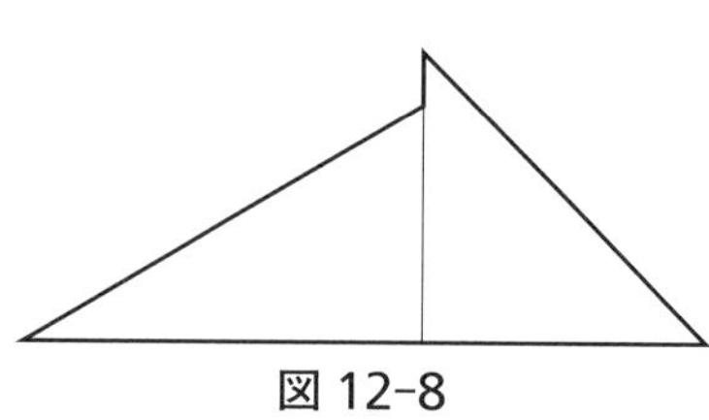

図12-8

そのとおりではあるが，両者ともに凹んだ所のある四角形となっている。意外な見方が登場することになる。凹型四角形である。

教師の予想を上回る副次的な発見と言える。

(2) 「高さ」が等しい

さて，ほかにも何か特徴はないか。今度は直接的に「2つの三角定規に，何か同じところはないか」と聞く。

作業的活動として机に並べながら，いろいろ探る姿が見られる。やがて，「『高さ』が同じになっています」と発見する子がいる。

みんなも自分のところで確かめる。

三角定規を「山」に見立てて重ねて置くと，裾野から頂上までの長さ（子どもの言う『高さ』）が等しくなっている。

「三角定規の最も長い辺を下にしたときに，てっぺんまで高さが同じだ」と言ったのである（直角を上にして置く）**図12-9**。

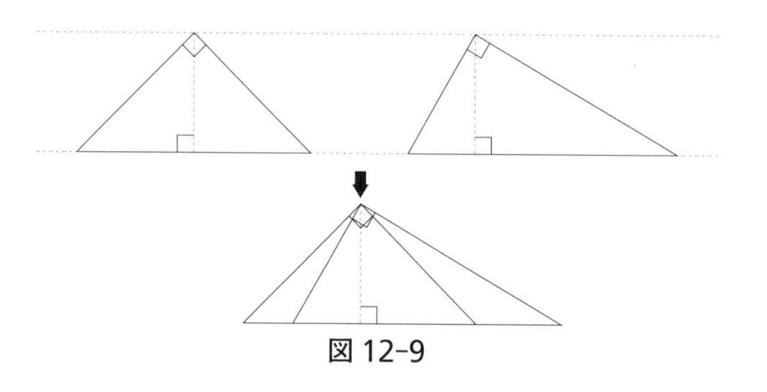

図12-9

しかし，微妙に違っているようにも見えるのもある。

3年生では，これを証明するのは無理であろうから，これは発見どまりでもいい。

高学年の子が考えた説明には，次のようなものがあった。

図 12-10 のように，2つの三角定規を置いたとき，「正三角定規」は高さにあたるところが正三角定規の最も長い辺の $\frac{1}{2}$ となっている。正方形の対角線の半分だからだ。

これに対して，「長三角定規」では，同じものを2つ裏返しにくっつけると，頂角が60（30×2）度になっているので，そこに正三角形ができる。

できる正三角形の辺は，「正三角定規」の一辺の半分になっていることは一目瞭然ということになって，高さは等しいとわかる。

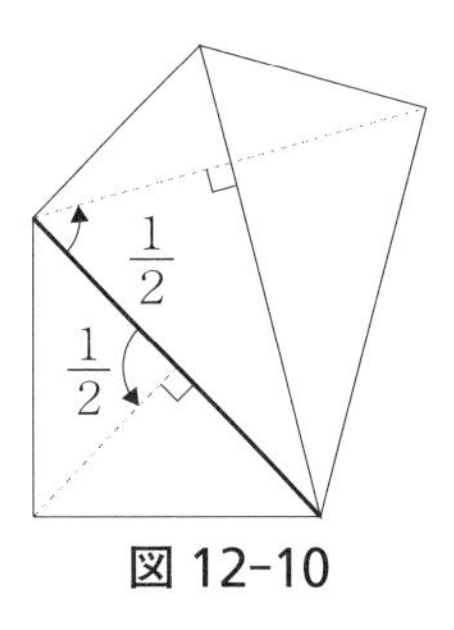

図 12-10

(3) 角の大きさ

3年生では，図形の中の「角」について考える。三角定規の角は2本の直線にはさまれた三角形の部分の大きさであるが，この大小を比べるなどしながら角を意識させる。4年生で学習する回転の「角度」とは異なっている。

「直角」については，すでに学習済みなので，これを基に，ほかの三角定規の角について調べる。

要するに「いくつ集まったら直角」と同じになるかと問いかけるといい。

「正三角定規」の小さい角は，これが2つ集まると，ちょうど直角になる（**図 12-11**）。

また，「長三角定規」においては，小さな角は3つで直角になることを確かめる（**図 12-12**）。

そして，大きい方の角が，3つでちょうど一直線となる。直角2つ分になる（**図 12-13**）。

また，別の方法では，「同じ角をいくつ集めたら，頂点を一周するか」と問いかける方法もある。

「正三角定規」では，8個で一周（**図 12-14**）。すなわち，1つの角は $\frac{1}{8}$ 周ということになる。

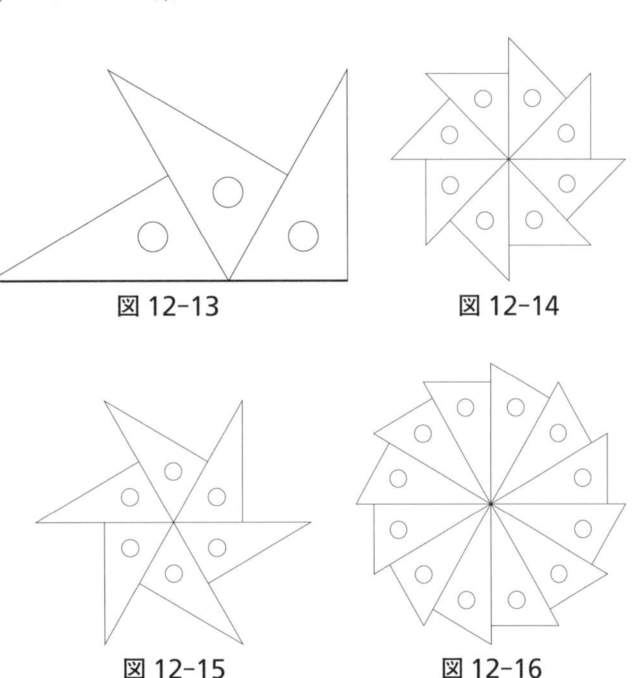
図 12-11　図 12-12　図 12-13　図 12-14　図 12-15　図 12-16

「長三角定規」では，大きい方の角は，6 個で一周，つまり，$\frac{1}{6}$ 周（**図 12-15**）。小さい方の角は $\frac{1}{12}$ 周ということになる（**図 12-16**）。

3. 三角定規を折り紙で作る

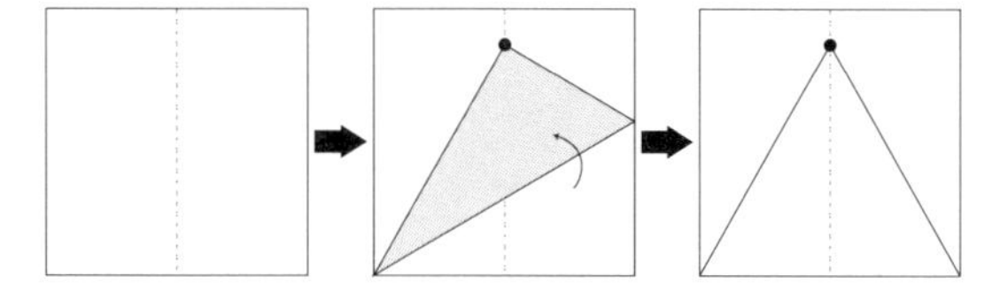

正方形の「折り紙」から，正三角形を折って作ることについては，学習指導要領解説の P.109 に図入りで示されている。

ここには載っていないが別の折り方もある。紹介しておこう。折り紙の 4 つの辺の長さは等しいので，これを上手に使えば**図 12-17** に示したように作ることができる。

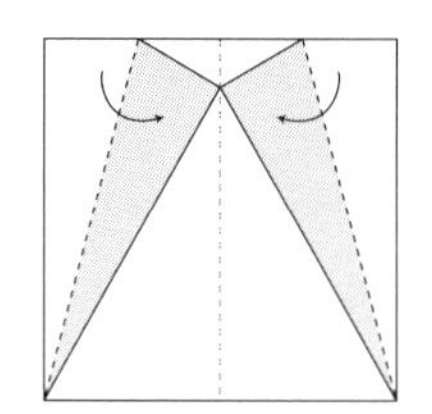

図 12-17

これを知っていると，高学年になって，次のような角度の発展問題も解ける。

図 12-18 の x は何度か。

このような問題はかなりむずかしいのだが，このように折って作る経験があれば，次のように解ける。

ア：90－60＝30

イ：(180－30)÷2＝75（二等辺三角形の底角）

このことから，

$x=360-(60+75\times2)=150$

となることがわかる。

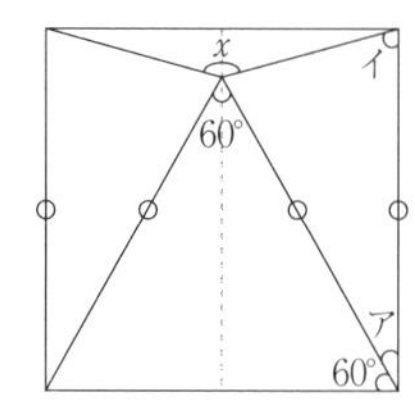

図 12-18

さて，話は戻るが，この折り紙で作った正三角形を利用して，三角定規を作ることにする。

まずは，この正三角形を半分にすると，「長三角定規」ができる。

そして，次に残りの半分から，「正三角定規」を作ることにする。長三角定規の直角をはさむ長辺が「正三角形」の長辺に等しいことは先に紹介した。つまり「正三角定規」の長辺になるように**図 12-19** のように折れば出来上がりとなる。

折り紙で作った三角定規は，これをまた折ったり，切ったりできるので，様々な作業も可能となる。

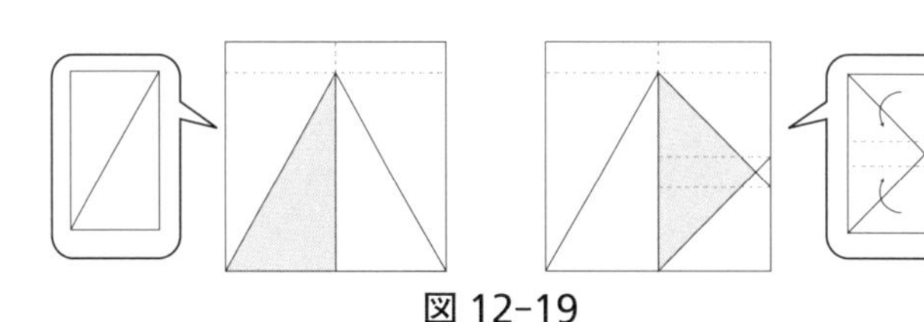

図 12-19

第13回 第3学年

パターンブロック

1. パターンブロックと敷き詰め活動

図形の学習において「敷き詰め」の操作活動は何度も登場する。本書でも第9回で紹介した。ここでは，その「敷き詰め」に適した教具「パターンブロック」を，その使い方とともに取り上げる。

第2学年では，［算数的活動］(1)のエに，「正方形，長方形，直角三角形をかいたり，作ったり，それらで平面を敷き詰めたりする活動」があげられている。そして『解説書』では，次のように書かれている。「正方形，長方形，直角二等辺三角形それぞれで平面を敷き詰める活動を通して，平面の広がりや，一定のきまりに従って並べることによってできる模様の美しさについて感じることができるようにすることが大切である。

例えば，長方形や直角三角形では，次のような敷き詰めの仕方がある。……」(P.82)

第3学年では，「C図形」(1)のア「二等辺三角形，正三角形」の解説に，「合同な二等辺三角形や正三角形を敷き詰める活動を通して，これらの図形でも平面が敷き詰められることを理解し，敷き詰めてできた図形の中を観察することによって，その中にほかの図形を認めること，……」とある（P.107）。

第4学年でも［算数的活動］の項目に「平行四辺形，ひし形，台形で平面を敷き詰めて，図形の性質を調べる活動」とあり，学習指導要領解説では，「この活動は，平行四辺形，ひし形，台形によって平面を敷き詰めることができることを確かめ，敷き詰めた図形の中にほかの図形を認めたり，平行線の性質に気付いたりするなど，図形についての見方や感覚を豊かにすることをねらいとしている」と述べられている（P.131）。

これらのことを具体化する非常によい教具が**「パターンブロック」**である。図形の敷き詰め教具として開発されたもので，ここ十年の間に日本の教室にもかなり広まってきた。

アメリカのキズネール社で，数の学習に役立つ「キズネール棒」に対して，図形の学習に生かせるものとして作られている。

2. パターンブロックの特徴から

(1) 形で遊ぶことからのはじまり

パターンブロックは，次のような6種類の形のブロックがそれぞれたくさん用意さ

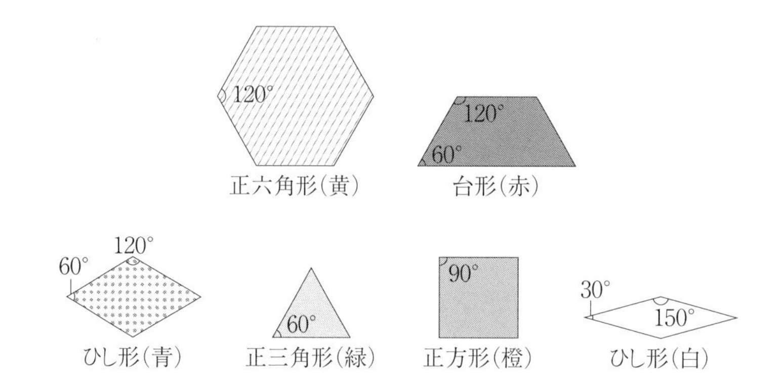

れている。

まずは，子どもに自由に遊ばせる。十分な遊び感覚が作られないままに算数の問題を出すと，ストレスがたまって嫌いになってしまうおそれがあるからである。

男の子は高く積んだり，ドミノ倒しのようにしたりして遊ぶ傾向がある。女の子はきれいな模様やお花などを平面的に作っていく傾向がある。

たくさん触れる機会があれば，それがそれぞれの形の特徴をつかむ助けにもなる。

(2) 色による区分け

形の名前を知らなくても，色を媒介にしてコミュニケーションが図れる。「正六角形」とか「等脚台形」などと言わなくても，「黄色いブロック」「赤いブロック」と言えば通じる。したがって低学年の子どもでも自由に使える。

色が大変美しいので，あとで行う敷き詰めには，とてもきれいな色の模様ができる。

とりあえず「敷き詰め」の感覚をもたせるために，机の上にB5判の白紙を1枚置き，その上に並べていく。そして，その紙が全部隠れるまですき間なく並べていくように指示する。**「敷く」活動と「詰める」活動**が一体化していることがわかる。

(3) 辺の長さ

この6種類の形がすき間なく並べられるのはなぜか。

まずは**辺の長さがどれも同じになっている**からである。すべての辺が1インチになっている。手作業がうまくできる長さなのである。等脚台形の長辺だけが2倍の2インチになっているが，それ以外はすべて同じである。

そして，厚みが1cmになっている。これもおもしろい特徴である。

このことから1インチが何cmかが割り出せる。

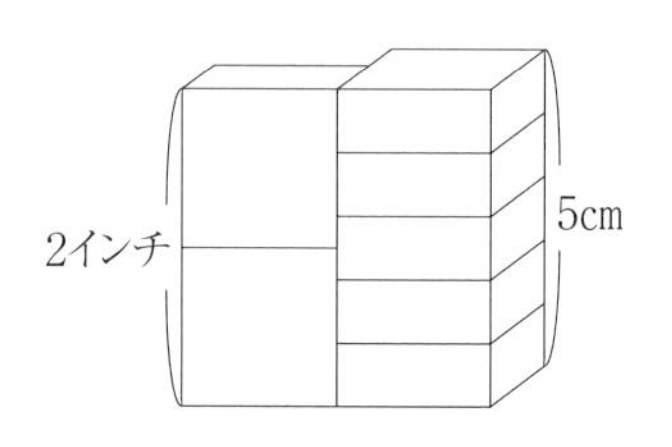

右図のように，正方形のブロックを2個重ねたとなりに同じ正方形を5個積み重ねると，ほぼ同じ長さになる。

このことから，「2インチ≒5cm」なので，「1インチ≒2.5cm」ということになる。

(4) 置き換え

黄色の正六角形を別のブロックを使って作ってみる。

例えば赤の台形２個。あるいは青のひし形３個。さらに緑の正三角形６個などで置き換えられる。もっと工夫して下のような組み合わせもある。

これらの置き換えられた正六角形を**式で表現することも可能**である。

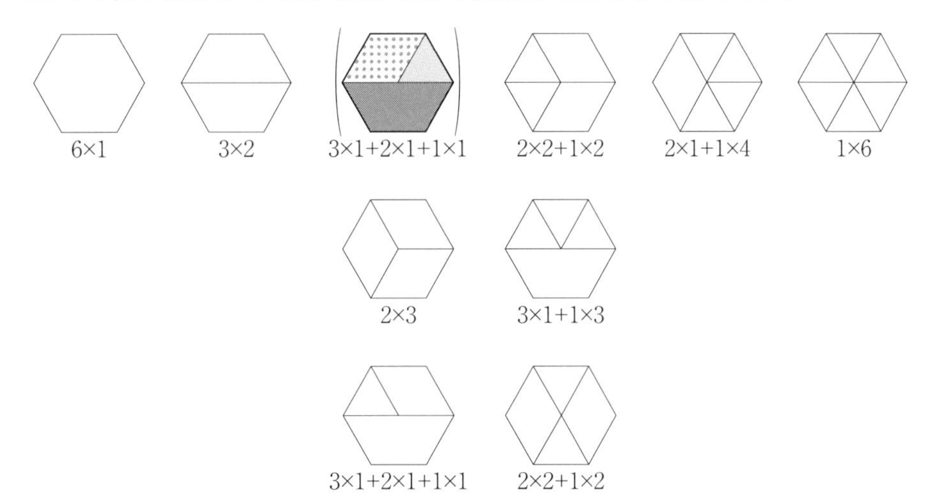

例えば小さな正三角形を１とするならば，ひし形は 2，台形は 3，正六角形は 6 である。

これを使えば，敷き詰め方によって式が異なってくる。例えば，「1×1＋2×1＋3×1＝6」といった式は，三角形１個とひし形１個と台形１個のことだとわかる。

(5) 意外な置き換え

小さな三角形が９個分と正方形１個でできる「クリスマスツリー」の形を，ブロック何枚使って構成できるか。

クリスマスツリーの枠を示す図の端に，1 から 12 くらいまでの数を書いておき，何個のブロックを使ったかでチェックしていく。

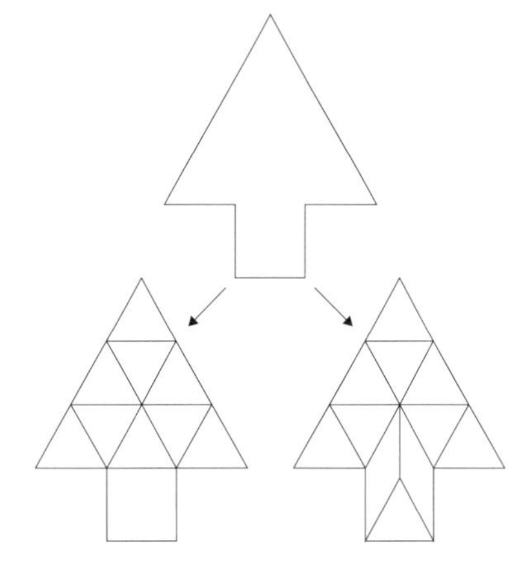

１個，２個，３個では当然できない。4 個ならば「できた」という声が飛ぶ（赤 3，橙 1）。同様に子どもは夢中になって，5，6，7，8，9，10 個でできたと確認していく。

しばらく待つと「11 個でもできる！」と歓声が上がる。

みんなでどうやってできたかを確かめると，なんと意外にも，ツリーの幹の部分を，正方形を使わずに，白のひし形２個に置き換えていることがわかる。

このことから，「白のひし形２個＝正方形１個」

ということがわかった。形そのものを置き換えることはできないが，面積は一致していることがよくわかるのである。

ひし形の一辺を底辺（1インチ）としてみる平行四辺形を考えれば，高さが$\frac{1}{2}$インチになるのだから，2個分で面積は同じになる。

(6) 正十二角形

パターンブロックで，一辺が1インチの「正十二角形」を作る。線対称や点対称の美しい図形がたくさんできて，机の上にできた形をみんなで見て回るミニ展覧会ができる。

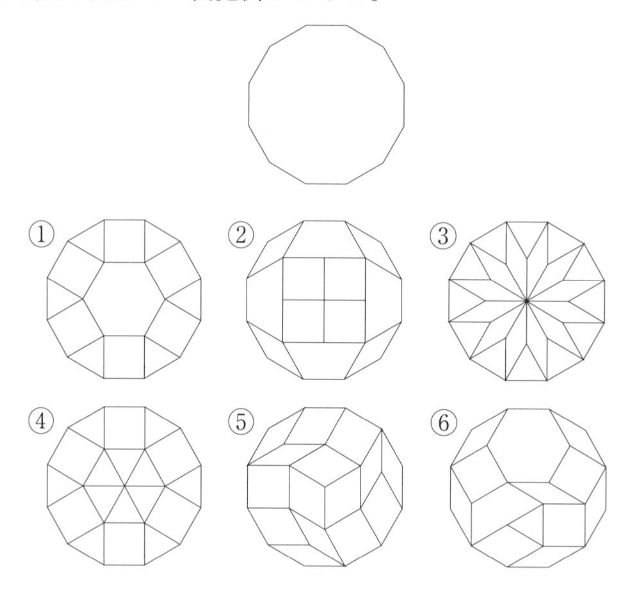

(7) 拡大図

1個の正六角形を基に，この2倍の拡大図を作る。辺の長さが2倍になっていることをしっかりと確認する。

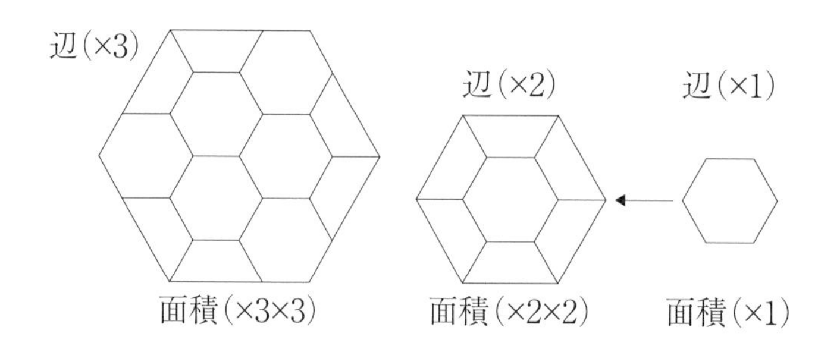

でき上がった形は，はじめの正六角形が4つ分になっていることに気付く。

つまり，2倍の拡大図では，面積が4（2×2）倍になっていることがよくわかる。

このことが確認できたら，次は，3倍の拡大図，4倍の拡大図……と発展していく。

(8) 関数的見方

正三角形と正方形のブロックがある。正三角形は，上から｛1，3，5，……｝段積みにする。正方形のほうは，一辺が｛1，2，3，……｝となる正方形を作る。

両者の数を見比べる。例えば正三角形3段では，ブロックの個数は9個である。また，正方形の方は一辺が3個のときにはやはり9個である。

よく見れば，一方は「1+3+5=9」で，もう一方は「3×3=9」となっている。言葉を換えれば，**「奇数の和は，平方数」**になっている。

これを図的に解釈できれば，直感的に納得できることになる。

正方形のブロックを下のように見直してみれば，このことの正しいことがすぐにわかるのではないだろうか。

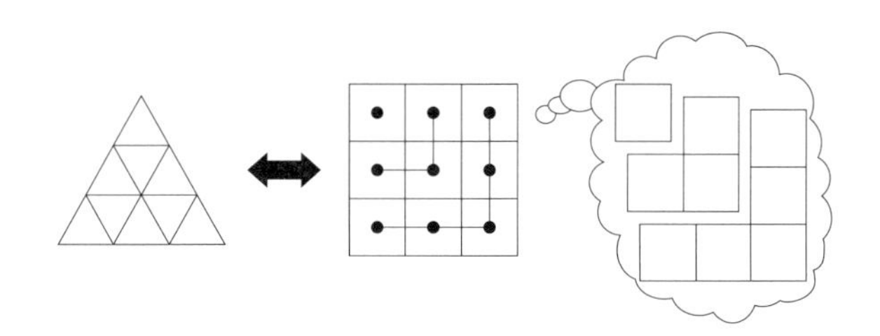

(9) その他

①棒グラフ

ブロックの厚みは1cmである。このことを使って，ブロックのつかみどり大会をして，その様子を調べる。それぞれ同じ色のものを積んでいけば，積んだ個数と高さ何cmかが一致する。**「棒グラフ」の素地を培う**ことになる。

②時計の学習

さきほどの正十二角形を使えば。そのまま時計のモデル図形になる。

アナログ時計をイメージしながら作っていくことで，なかなか時刻を読めない子がゆっくりと理解していくことが可能である。

パターンブロックはこのようにいろいろな教材化の可能性が潜むので，大いに使いたい。

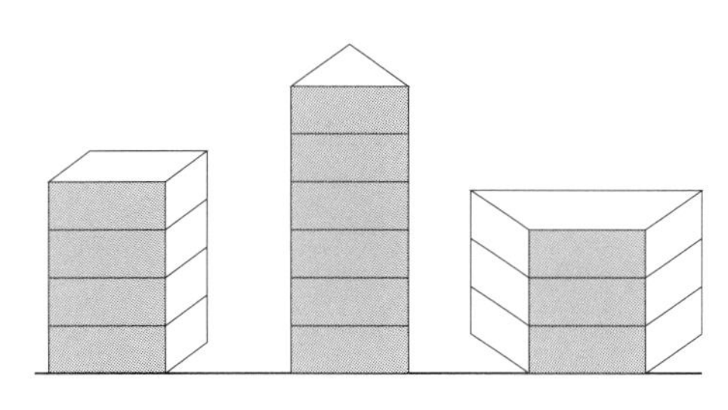

折り紙で作るサッカーボール

1. 折り紙で作るサッカーボール

折り紙で正三角形を作ることは，どの教科書にも載っている。平成20年版学習指導要領解説（P.109）にその方法が記されているからである。

今回は，これを基にして，「サッカーボール」を作ることを紹介する。

(1) 正方形からの変身

まずは，正方形から正三角形を作る。

これは解説に載っているので，**図14-1** を含めそれを引用する。

①折り紙を下の図のように半分に折って，折り目を付ける。

②右下の頂点を折り目の上に重ねる。

③重なった点に印を付ける。

④折り紙の頂点と印の点を結ぶ。

次に，この正三角形を切り抜く。

そして，この正三角形を折って，「正六角形」にする。まん中の点へ向かって，正三角形の各頂点を折ればいい（**図14-2**）。

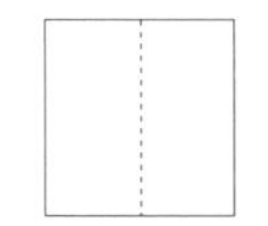

①〔折り目を付ける〕

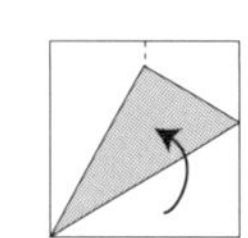

②③〔右下の頂点を折り目の上に重ねて，そこに印を付ける〕

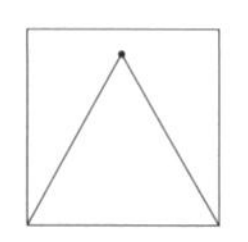

④〔折り紙の頂点と印の点を結ぶ〕

図14-1

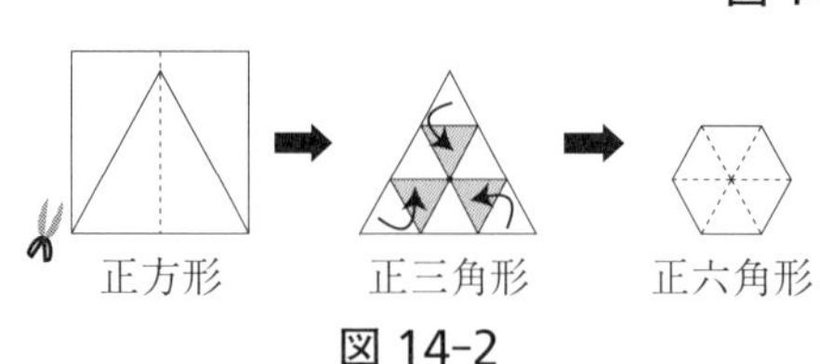

図14-2

(2) 正六角形をつなぐ

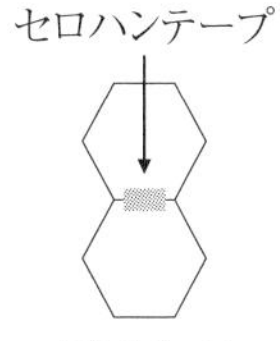

図 14-3

さて，この正六角形を，まずは2つくっつけ，セロハンテープで貼り合わせる（**図 14-3**）。

次に，この2つつなげた形を互い違いに**図 14-4** のように，十組つないでいく。正六角形を合計20個つないだことになる。

ここでは，このつなぎ方がポイントである。

このつないだものを，さらに矢印のようにつなぎ合わせていく（**図 14-5**）。この段階から，平面では作業ができなくなる。折り紙を上にあげながらの作業となる。

作業をしていくと，となりとつなぐ所には，正五角形の穴があく。全部つないだ状態で「穴あきサッカーボール」となっていることに，みんな驚く（**図 14-6**）。

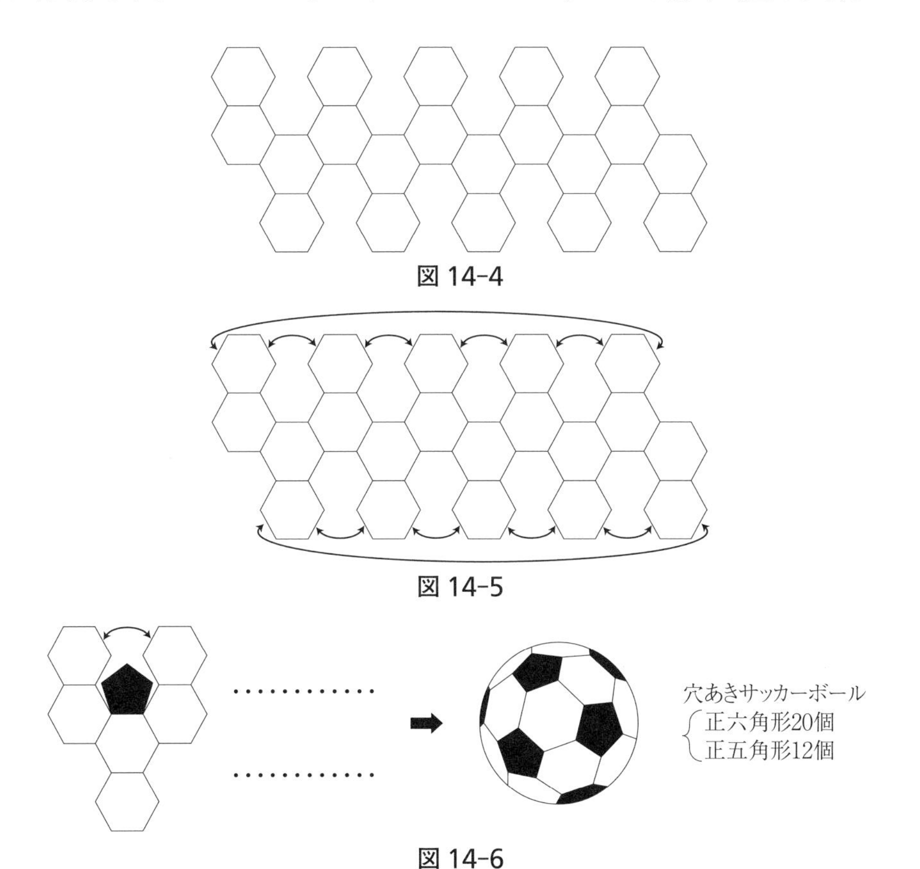

図 14-4
図 14-5
図 14-6

(3) サッカーボールの仕組み

でき上がったサッカーボールをよく観察してみると，いくつかの発見がある。

第一に，**基になる三角形が 20 枚でできている**ということである。

これは，もしも正六角形に折らないで三角形のままつなげていけば，20 枚の正三角形で囲まれた立体ということになる。

このことから，作った立体は実は**「正二十面体」**だということがわかる。

正二十面体の頂点の所には，5枚の正三角形が集まっている。このままボールにすると，ゴトンゴトンとなって回転が悪い。

そこで，この正二十面体の頂点の所を切り落とす。するとそこに正五角形の穴があく。この穴を黒い布でふさげば，よく見るサッカーボールだ。

実はサッカーボールは**「切隅二十面体」**と呼ばれるもので，正二十面体の頂点部分（隅）を切り落とした立体なのである。折り紙で作った形は，まさにそのことがよく観察できる。

第二に，**正二十面体は，正三角形だけで囲まれた立体**だということだ。

では，正三角形だけで囲まれた立体はたくさんあるのだろうか。いや，正三角形4個で囲まれた立体が「正四面体」。正三角形8個で囲まれた立体が「正八面体」。正三角形20個で囲まれた立体が「正二十面体」。正三角形だけで囲まれた立体はこれだけしかないのである（**図 14-7**）。

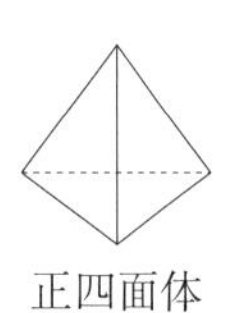
正四面体

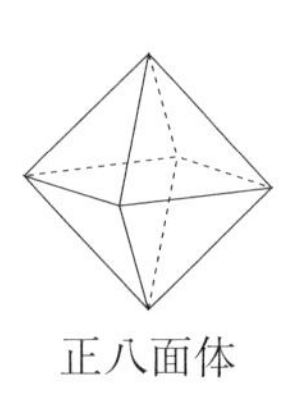
正八面体

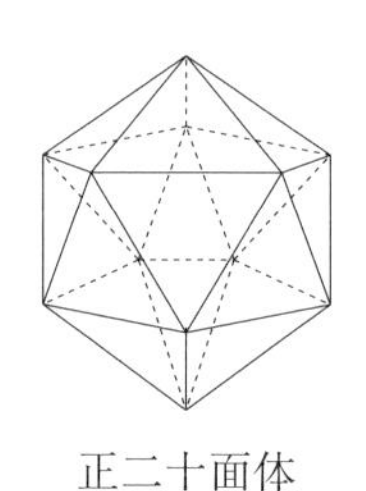
正二十面体

図 14-7

なぜか。

1つの頂点に集まる面の数を考えてみよう。

正四面体では，3個である。これを平面に開いておけば**図 14-8**のようになる。

次に，正八面体ではどうか。

これも同様に1つの頂点部分を開いた形を見れば**図 14-9**のように，4個の面が集まっている。

「正二十面体」の場合は，1つの頂点に，5個の面が集まっていることは先に述べた（**図 14-10**）。

では，もしも一個の頂点に6個の正三角形が集まっているとしたらどうか。

これは，60°×6＝360°となって，平面を敷き詰めることになり，このままでは立体にはならないことがわかる。

したがって，正三角形だけで囲まれている立体は，頂点に3個以上（2個では立体はできない）の面が集まっていて，3個の場合は，正四面体。4個で正八面体。5個で正二十面体となり，6個以上の場合はできないことがわかる（**図 14-11**）。

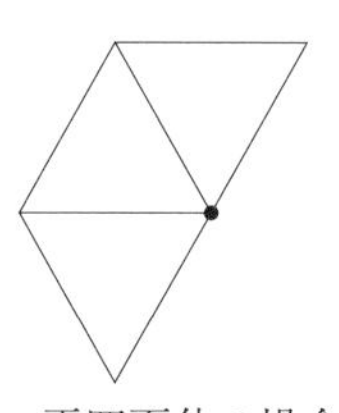
正四面体の場合
（1頂点に3つの面）

図 14-8

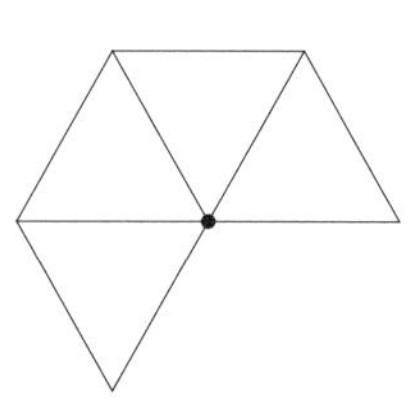
正八面体の場合
（1頂点に4つの面）

図 14-9

すなわち，**正三角形だけで囲まれた立体は3種類しかない**ことになる。

さて，観察の第三には，もっと別な視点から見てみよう。この正二十面体を，上と中と下の三つの部分に分けてみようということだ。

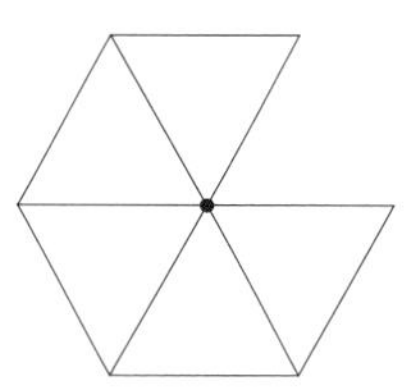

正二十面体の場合
（1頂点に5つの面）

図 14-10

すると**図 14-12**のように，上下は，それぞれ五角錐になっていることがわかる。

そして，中の立体が問題である。

それだけ抜き出してみれば，上と下が正五角形になっている。上と下が同じ正五角形なのだから，頭で考えると「正五角柱」になっていると考えられる。

その場合であれば，側面は長方形が5個なのだが，よく見れば，側面が正三角形になっている。

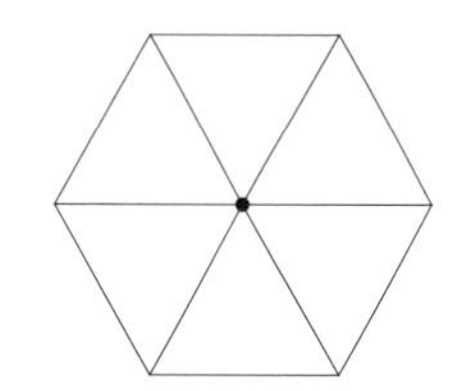

もしも1頂点に6個の正三角形が
集まったら平面を敷き詰めてしまう。

図 14-11

これは，上底面と下底面が互いに反対の向きになっているからである。

側面は10個あることがわかる。向きを逆にして互い違いになっている。

このような立体を**「反五角柱」**という。

整理すれば，次のようになる。

「正二十面体＝五角錐×2＋反五角柱」

これを子どもにそのまま教える必要はないが，模型などを作って，お話として聞かせ，そういう見方もあるのか，と感じさせるだけでも視点を広げる効果がある。

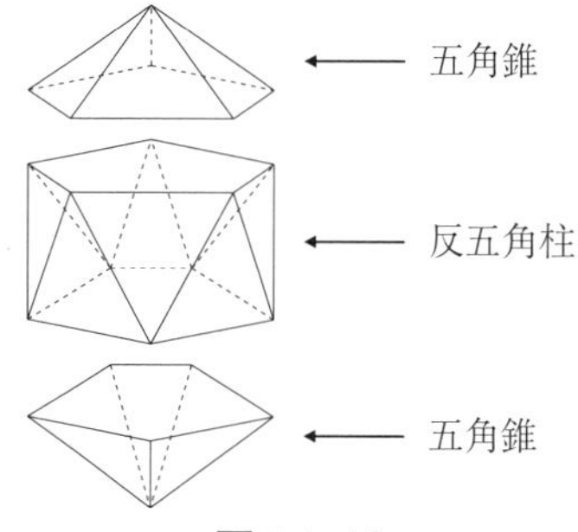

図 14-12

もしかしたら，「正八面体」の見方も変わるかもしれない。

上向きの四角錐（ピラミッド）と下向きの四角錐（ピラミッド）がくっついた形とも見られるし，全体が「反三角柱」とも見られるのである（**図 14-13**）。

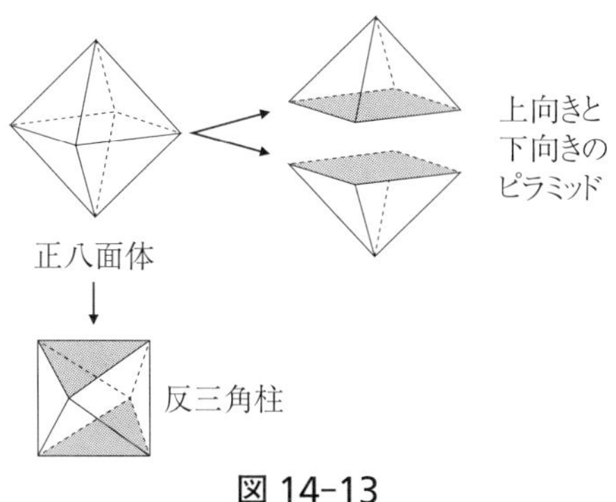

図 14-13

第 15 回 第３学年

積み木並べ

1. 積み木並べ

立方体の形をした積み木を使って，その個数を決め，それを積んだり並べたりして，異なる形をいろいろ考える。

このとき，積み木の面と面はぴったりくっついた状態にするということに注意する。

積み木が１個や２個の場合を除けば，その答えは幾通りにもなる。

つまり，これは，答え（エンド）が多様になる（オープン）という意味で，「オープンエンドの問題」といってもいい。

積み木の個数が多くなるにつれ，新たな問題も生じるので，それをどのように考え，どのように取り入れたり，ときには捨てたりすればいいのかを吟味するところに数学的な力をつける場面がある。

2. 積み木の数を順に増やしていく

まずは，積み木の数を１個から順に増やしつつ考えてみる。

積み木１個の場合は，当然１種類になる。これを「モノミノイズ」という（**図 15-1**）。「モノ」とは「1」を意味している接頭語だ。

では，２個の場合はどうか。これも**図 15-2** のように１種類に限られる。はじめの１個に次の１個を，横につないでも，縦につないでも「同じ」だからである。このような形を「ドミノイズ」という。「ドゥ」とか「ダイ」とかは「2」を意味している接頭語である。

では，積み木３個をつなげると，どんな形ができるだろうか。今度は**図 15-3** のように２種類のものができる。②のような形は，平面上に積み木が置かれているが，なかには，これを，２個つなげの上に１個を置いて異なる形を作ったように思う子もいる。だが，それを横から見れば「同じ」と解釈できることに気付く。

この形を「トリミノイズ」という。「トリ」は「3」を意味している。

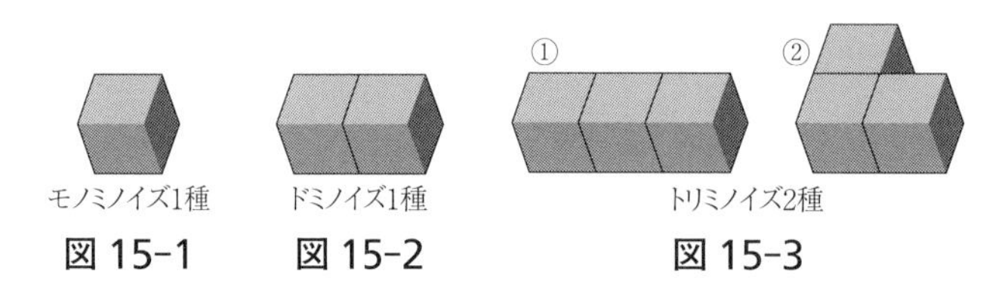

図 15-1　**図 15-2**　**図 15-3**

3. 種類を徐々に増やしていくと……

ここまでやれば，当然，次は積み木４個をつなげてみようということになる。積み木がたくさんあれば，セロハンテープを使って，随時，積み木をつなげていけばいい。

子どもは，これを作る前に，「名前は何て言うのですか」と質問する。

これら一連の，積み木をつなげていく形を総称して「ポリオミノイズ」と呼んでいる。

４個つなげの形は「テトロミノイズ」と呼ばれている。「テトラ」とは「4」を意味している接頭語である。ゲームの「テトリス」とか，海辺に置かれている「テトラポッド」，あるいは，牛乳などの入れ物でもある「テトラパック」などでおなじみでもある。

この積み木４個つなげの形は，いったい何種類あるのだろうか。

子どもたちはみんなで力を合わせて試行錯誤で作ってみる（**図 15-4**）。

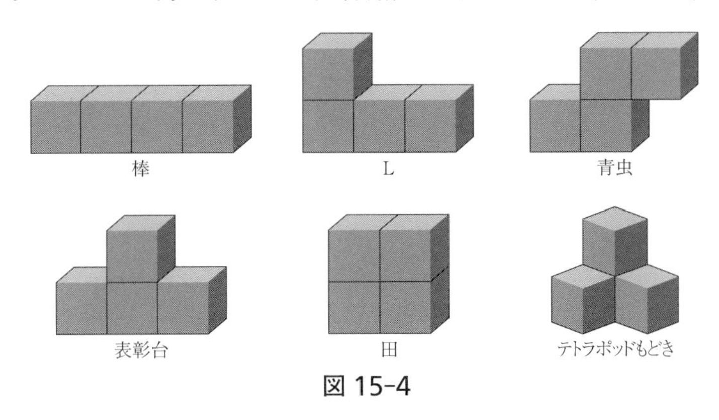

図 15-4

でき上がった形をよく見て，子どもにいろいろ感想を言ってもらうと，それぞれに名前を付ければいいと言う。「棒」「L」「青虫」「表彰台」「田」「テトラポッドもどき」といった名前はおもしろい。

この６種類は，誰もが認める。

ところが，**図 15-5** の２種類については，みんなの意見が分かれる。

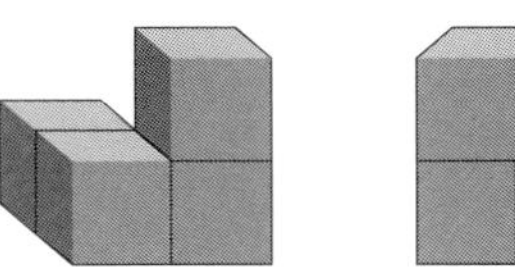

図 15-5

「これは同じ形じゃないか」

「どっちも，ねじれているね」

「でも，どうやって動かしても，この２つは同じ形にはならないよ」

などといった意見が飛び交う。

そのうちに，「なんだか，この２つは鏡に映った形のように見えます」といった意見が出される。

このような意見が登場したら，さっそく，理科室から鏡を持ってきて，これを映してみる（**図 15-6**）。

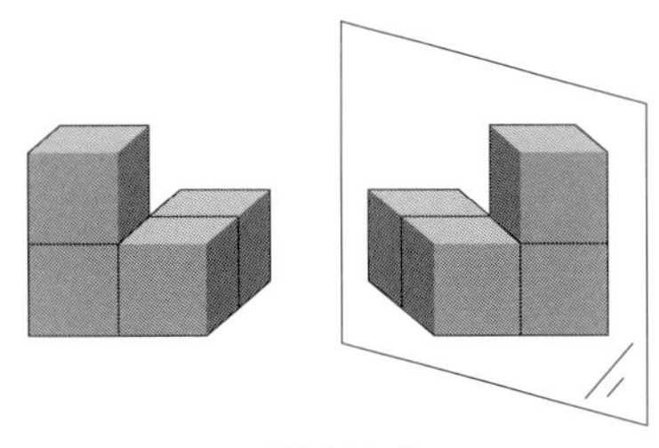

図 15-6

「あっ，本当だ。鏡に映った形が，もう１つの形になっている」

この発見で，これら２つは「鏡」に映った形として見れば「同じ」なのではあるが，現実には「同じ」にならないという，少々納得できるような，できないような状態になる。

「自分の右手と左手のようだ」などと感想を言う子もいる。「名前は，『兄』と『弟』がいい」などとうがったことを言う子もあらわれる。

実は，この二つは「面対称な形」と言えるものなのである。

4. 右手型と左手型

これは，ノーベル賞を受賞された野依（のより）良治教授の研究に関係がある。

分子の世界における「左」と「右」の問題で，有機化合物では，構成する原子の種類と数は同じでも，結合の仕方で，右手と左手の関係のような区別が生じることがある。これを鏡映体という。

1960年に催奇性が問題となったサリドマイド剤も，「右」には効果があるのに，「左」には催奇性があり，両者が混在していたために被害を広げたのである。

このため，右手型と左手型の化合物の作り分けは科学者の夢であった。野依教授はこのような化合物の右手型と左手型を作り分ける方法を開発したのである。その研究に対してノーベル賞が贈られたのだ。

積み木の学習が科学の学習と強く結びついているといったことも発展的学習といえるものだ。

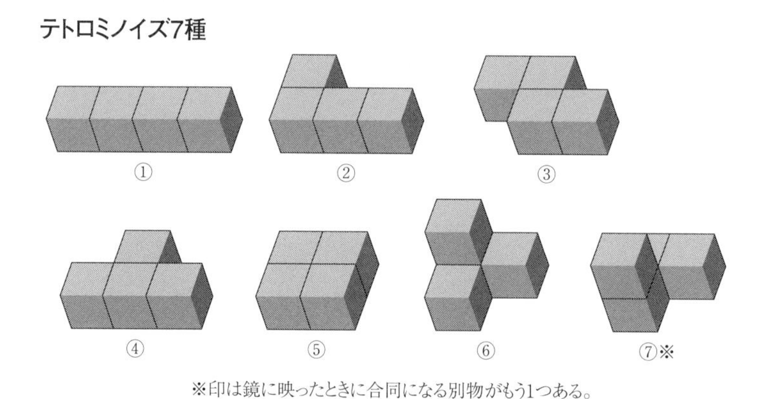

図 15-7

5. さらなる発展

では，積み木を５個つなぐと，いったいどんな形ができるのだろうか。さらなる発展である。

きっと，さきほどと同じように「鏡」に映ったときに「同じ」と言える形が見つかるにちがいない。

非常にむずかしい発展となるが，興味をもった子には実際の積み木を次々につないで挑戦する「探究的活動」となる。

一人で挑戦するだけでなく，何日もかけて仲間と一緒にやるといったことも考えられるし，家族で挑戦などといった学習にもつなげられる。

あるいは，長期休暇などを利用した自由研究の課題にもなりうる。

参考のために，積み木５個つなげの形をあげておく。**図 15-8** のように 23 種類考えられるが，※のものは鏡に映った形が「同じ」と見られるものが別にある。

これは「ペントミノイズ」という。五角形のことを「ペンタゴン」というように「ペンタ」とは「5」を意味する接頭語である。

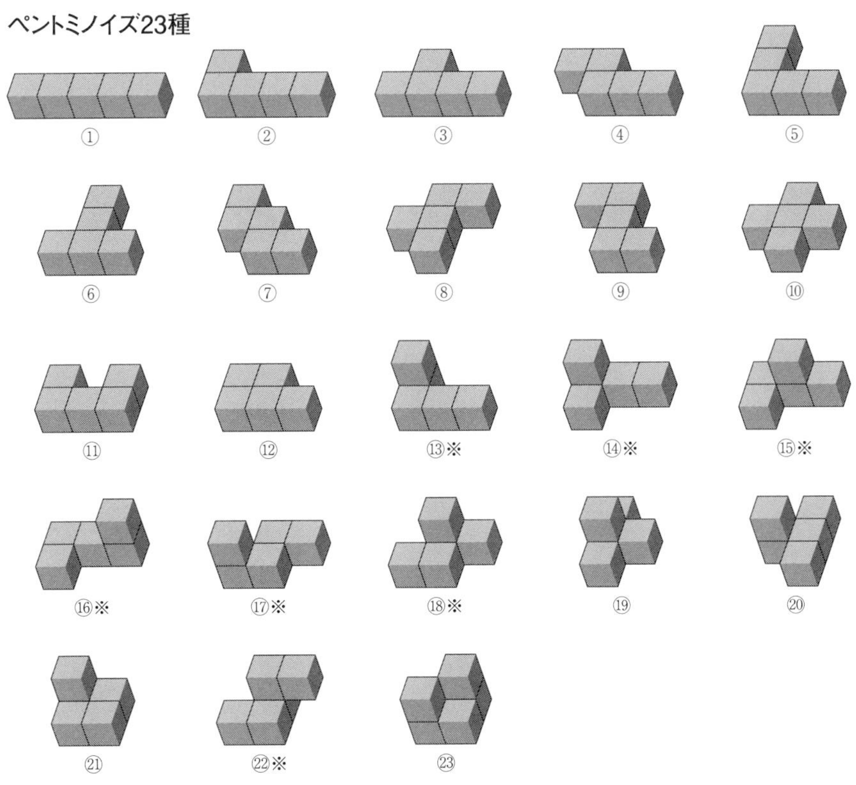

図 15-8

第16回　第4学年

魔方陣

1. 魔方陣

「魔方陣」は子どもの好きなパズルである。これを算数授業の発展教材として扱う先生も多い。

「魔方陣の研究」に関する書籍はたくさんある。例えば，平山諦氏の『方陣の話』には，「方陣の歴史」について，次のような説明がある。

「数1，2，3，……を正方形にならべ，縦，横，斜めの和が一定になるようにすることを，方陣という。英・独・仏では魔方陣というが，本書では中国と日本の習慣にしたがって，単に方陣ということにする。方陣はまた方陳とも書くことがある。

方陣は，人類最初の算数の問題の1つである。しかも今日でも，われわれの手ぢかに未解決の問題がたくさんある。本書を二，三時間勉強すると，この第一線の様子がわかることに興味があると信ずる。

西洋では古代エジプト時代に，東洋では堯の時代に方陣があった。年代で言えば，どちらも3000年あるいは4000年も大昔のころであった。

東西の方陣の歴史に迷信が結びついていることはおもしろい。中国では，帝の時代に，兎が水を治めたとき（紀元前2278）神亀が右上（**図16-1**）のような模様を背にして表れたという伝説がある。

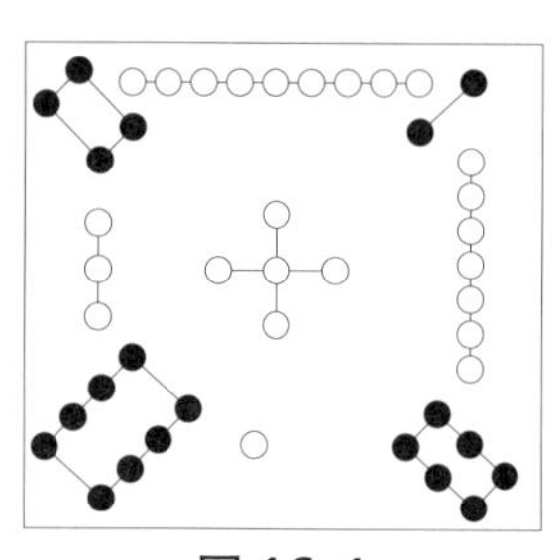

図16-1

これは右（**図16-2**）のような方陣となる。

縦・横・斜めのどれも15になるもので，だれでも知っているものである。これがなぜ迷信に関係があるかというと，この方陣の四隅（2，4，8，6）がすべて偶数であり，四維（1，3，9，7）がすべて奇数であって，中央の5は易で大切な数であるから，ふしぎに思ったのである。

4	9	2
3	5	7
8	1	6

図16-2

西洋で有名な方陣は，ドイツのアルブレヒト＝デューラー（1471－1528）のかいた，『ゆううつ』と題する銅版画である（**図16-3**）。ものさし，コンパス，テンビン，球，正多面体などが雑然とおかれた室に，一人の若人が憂いに打ち沈んでいた。とつぜん天使があらわれ，壁に四次の魔方陣を掲げると，はたして東の空が白み，建設に燃ゆる若人の意気をはげます情景をかいたものである。この銅版画をか

16	3	2	13
5	10	11	8
9	6	7	12
4	15	14	1

図16-3

いた年は1514年で方陣の最下行にあらわれている。このころのヨーロッパはようやく文化の開けいくときであった。……」(P.1, 2)

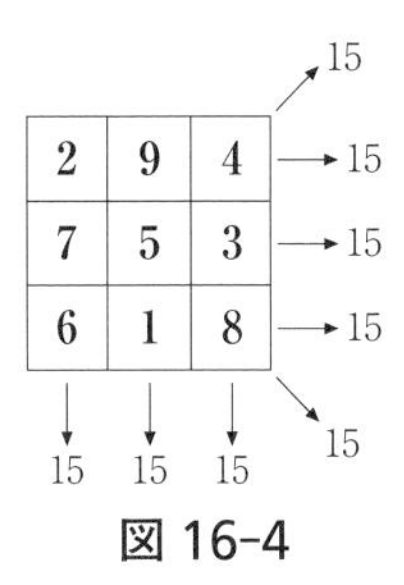

図 16-4

さて，はじめに戻って，3×3の正方形状のマス目に1から9までの数を1つずつ入れて縦・横・斜めの数の合計を同じにさせる方法は，この1通りしかない（**図 15-4**）。子どもに考えさせると，違った回答だと言って発表はするものの，回転してみたり，裏返してみれば同じになっている。このような場合を「同じ」と見なすことも約束しなければならない。

私が若かったころ，この解答の数の場所を覚える言い回しを教わったのがいまでも忘れない。次のようなものであった。

数の並びを左上から横に見て，「憎し（2, 9, 4）と思うな，七五三（7, 5, 3），六一（6, 1）坊主に蜂（8）が刺す」。

2. 第4学年が解く

小学校4年生がこれを解くときには，試行錯誤とは別に，次のように考えて説明できればよい。

1から9までの数の和は，45となる。

1+2+3+4+5+6+7+8+9=45

この和を求める方法も工夫を期待したい。

つまり，**図 16-5** のように10になるペアを考えれば10が4つと真ん中の5で，合わせると45となることが言えればいい。

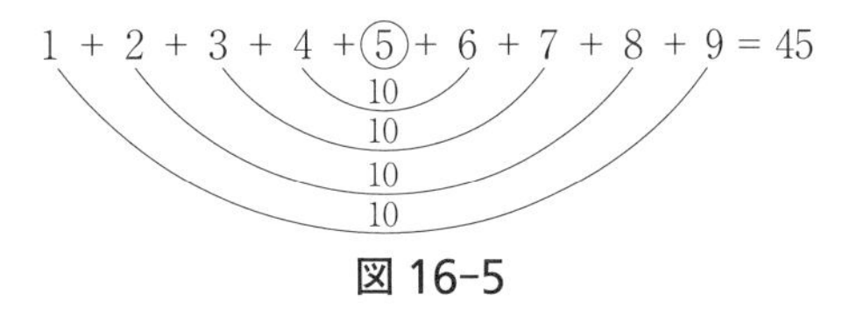

図 16-5

そして，45を3列に分けるのだから，45÷3=15となって，1列の数が15となるように考えればよいことに気付く。

先の計算の工夫を生かせば，10を作るペアができることを利用して，真ん中に5を置き，その相向かいにこのペアを置いていく（**図 16-6**）。若干の試行錯誤があってのち，回答が見つかることになる。

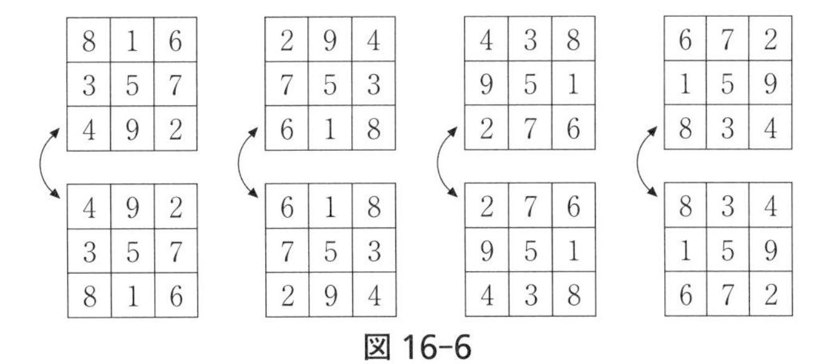

図 16-6

先にも述べたが，回転したり，裏返したりして同じことを確認するのも大切な活動である。

3. 新型魔方陣

さて，こんな経験のある子に対して，少々謎めいた魔方陣を提供する。

この問題では，「あらかじめ，先生がマス目の中に三つの数を入れてしまいましょう」と言って，**図 16-7** のように「4，9，6」の数を入れてしまう。

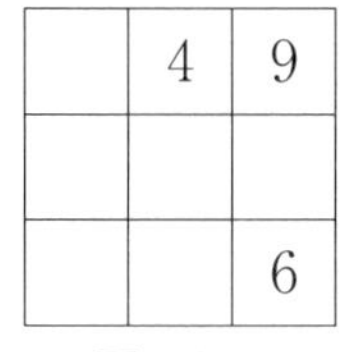

図 16-7

これで，子どもに考えさせる。すでに数が入っていて，空所が少なく簡単そうに思えるので，さっそく挑戦してみるものの，なかなかできない。

「真ん中の数を知りたい」

「1 列の合計は何ですか」

「もしかして，1 から 9 までではなくてもいいのですか」

こんな質問が登場する。

そして，筋道立てて考えることになる。

仮に，真ん中を「ア」として見るように言う。すると見えないものが見えてくる。

「左上の角を「A」とすれば，どんな式ができるかな。上の横と斜めの数の計算を式に表してみましょう」と投げかける。

「A＋4＋9＝A＋ア＋6」となる（**図 16-8**）。

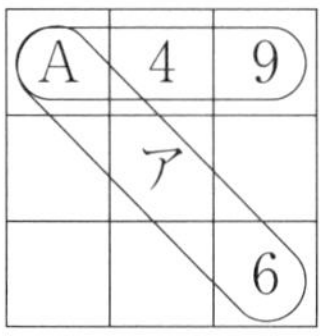

図 16-8

この式をよく見させる。A がかどで重なっていたことに気付けば，これは等式から考えてもいいので，次のような式ができる。

4＋9＝ア＋6

これで，アが「13－6＝7」と判明。

これがわかれば，同じようにして，左下を B として考えられる（**図 16-9**）。

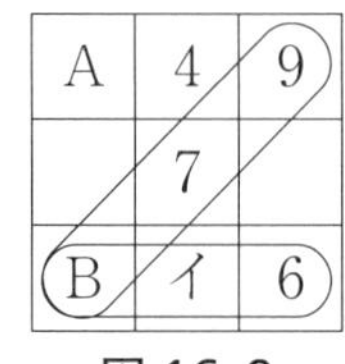

図 16-9

B＋7＋9＝B＋イ＋6

だから，イは，16－6＝10 となる。

ここでなんと 2 桁の数が登場する。

これで，真ん中の縦一列が 21 だとわかったので，あとは順にひき算をすれば**図 16-10** のようになることがわかる。

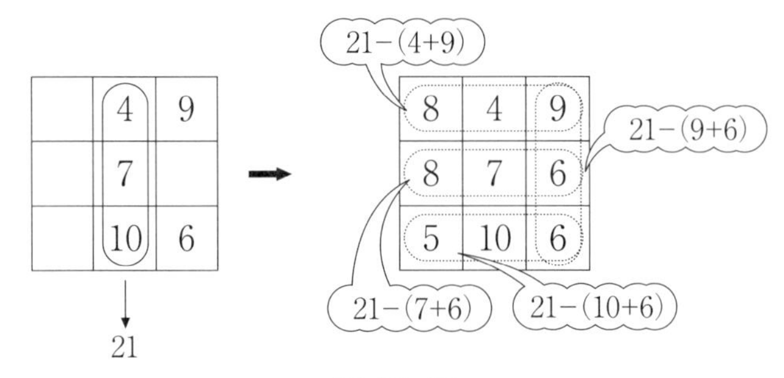

図 16-10

この魔方陣は，2桁が使われたり，同じ数が2か所に登場したりと，発想の転換をしなければならないのである。

子どもにとって論理的思考を要求されるものとなる。

4. 星陣

「星陣」というのがある。星形の一直線上の先端と辺の交点に置かれた数値の和が一定になっている。

これは1からはじまる連続数で作ることは不可能で，最も小さい数となるように作ることが望ましい。

以下「五星陣」「六星陣」「七星陣」「八星陣」「九星陣」などを，先に紹介した『方陣の話』から引用紹介する。

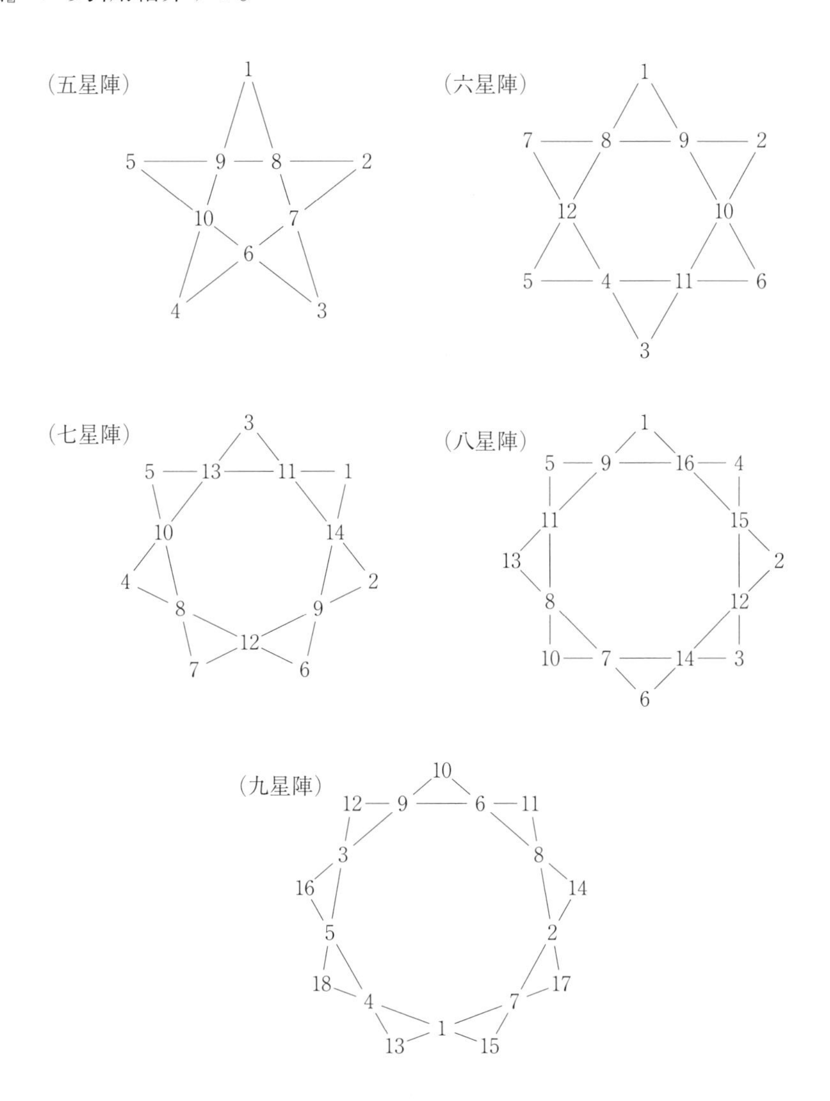

第 17 回

第 4 学年

マッチ棒で問題づくり

1. 問題の発展的見方・考え方

平成 20 年版小学校学習指導要領の目標解説には，「算数的活動の楽しさや数理的処理のよさに気付く」ことに関して，五つの授業改善策が提案されている。改善策の五つ目に「解決した問題からの新しい問題づくりなどの発展的活動」（傍線は筆者）というのがあげられている。（解説書 P.21）

これは，わが国の子どもが，算数について，IEA（国際教育到達度評価学会）の調査の結果，「算数は楽しい」「算数はおもしろい」「算数は素晴らしい」と感じるような授業改善が望まれることの対策としてあげられているものの 1 つである。

また，こうした算数的活動については，「児童は本質的に活動性に富むものであり，活動を楽しむものであるともいわれている。そうした児童の本性に根ざす算数的活動を積極的に取り入れることによって，楽しい算数の授業を創造することが大切である。」とも述べられている。

この「『問題づくり』などの発展的活動」とは何か。ここではこれについて述べる。

2.「変わり方」の問題から

4 年生の「変わり方」などの活動によく登場する「マッチ棒の数」について具体例として取り上げよう。

平成 15 年度教育課程実施状況調査（国立教育政策研究所）の問題にもこれがあった。

「マッチ棒を使って，次の図のように正方形を並べた形を作ります。」

このような問題からはじまって，はじめは，太郎さんが図を見て，その図から数え方の工夫を式で表す問題。

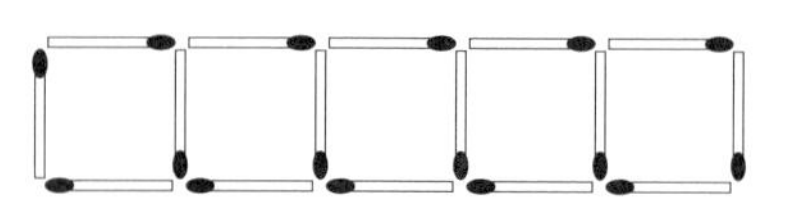

次には，花子さんが，「1＋3×5」として解いたと想定し，その式からこの数え方の工夫はどれかを考え，その図から選択する問題。（図は略）

そして最後には，「正方形が 100 個ならべられたらマッチ棒はいくつになるか」を問う問題へと続く。

この一連の考え方が「発展的」にあたるものの 1 つと考えられる。

当然，このように子ども自身が自らの考えを進めていくところに意義がある。

3. 「解き方」いろいろ

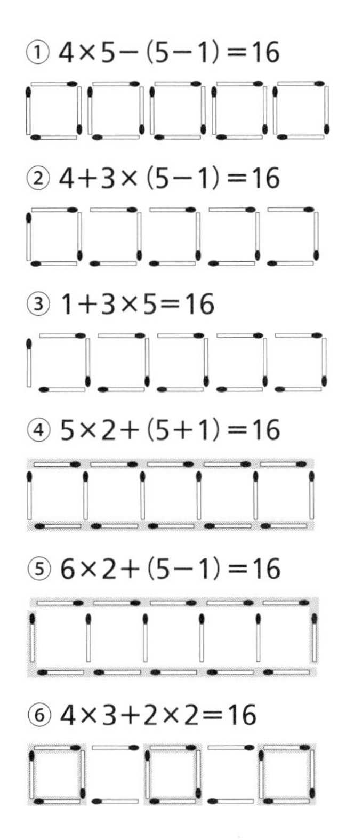

子どもは，次のように非常に多様な解き方を考えるものである。

図から判断して，その数え方の工夫を探れる。

①は，4本の辺をもつ正方形が五個なのでそれを使い，重複する辺の数を引くという考え方。

②は，はじめに4本で正方形を作り，後は3本を「コ」の字をつなげていくように考えている。

③は，はじめに1本を置き，後は「コ」の字をつなげていく考え方である。

④は上の横棒と下の横棒をはじめに数え，後は中の縦棒を数えるというもの。

⑤は，④に似ていて，まず外側の棒を数え，後は中の縦棒を数えるもの。

⑥は，これに限っては正方形の数が奇数個の場合にのみ使える考え方である。左から1・3・5番目の正方形を先に作り，その間を2本ずつでブリッジのようにつなぐといった方法である。

4. 問題づくり

今度は，この問題を基にして子ども自身が「問題を作る」という活動をしたらいったいどんな問題が登場するのかと考えてみたい。

そんな体験が子ども自身に発展的に考える力をつけていくと考えられるのである。

(1) 数値を変える問題

これは，先に紹介した教育課程実施状況調査のごとくに，マッチ棒で作った正方形の数を増やしてみるといった問題である。

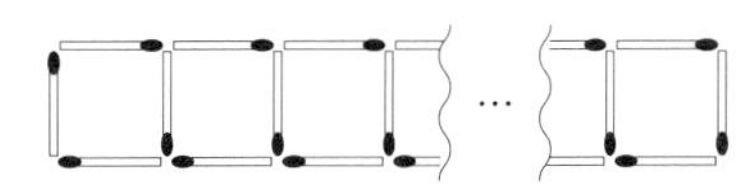

正方形が100個などと変える場合は，その子が一般化を意識しているとも見ることができる。小学生の場合には「n個」の場合にどんな式で表現したらいいかを知らないので，100個の場合でも同じようにできると考えているとすれば，それはすでに一般化の素地が見られるということになる。

(2) 事物を変える問題

「マッチ棒」といった具体物を「ようじ」とか「鉛筆」などという事物に変える。ここでは，「同じ長さ」のものであることが改めて確認されることになる。とくに「鉛筆」などという場合には，まだ削っていない同じ長さのものであることを言わないと正方形にはならない。つまらない問題づくりであると決めつけずに，そこに付随

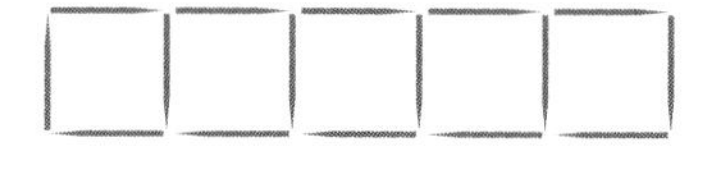

する問題点を明確にしていくことが肝要である。場合によっては，単位の問題や，連続量か不連続量なのかといったことが考察の対象となることがある。

(3) 図形を変える問題

「正方形」を「正三角形」や「正六角形」「長方形」などという別の形に変える問題である。**図 17-1** のようになる。これは子どもにとって興味ある問題となる場合が多い。

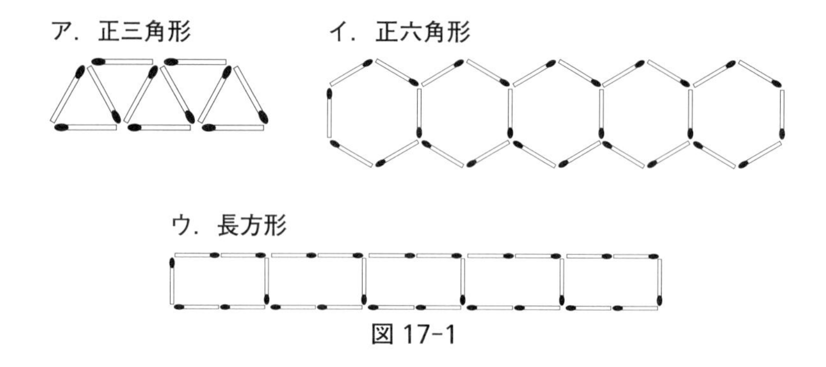

図 17-1

そして作った問題を解いてみると，また新たに考えるべき問題が起こる。

この場合であれば，イの正六角形と，ウの長方形では，解き方の式が「1＋5×5」とまったく同じになってしまう。「なぜだろう」と考える。以前受け持った子の中に，「これは，正六角形の上下をつぶしてみれば長方形と同じ形になるので，同じになるのは当たり前です」と理由を述べた子がいた。みんなが納得する場面であった（**図 17-2**）。

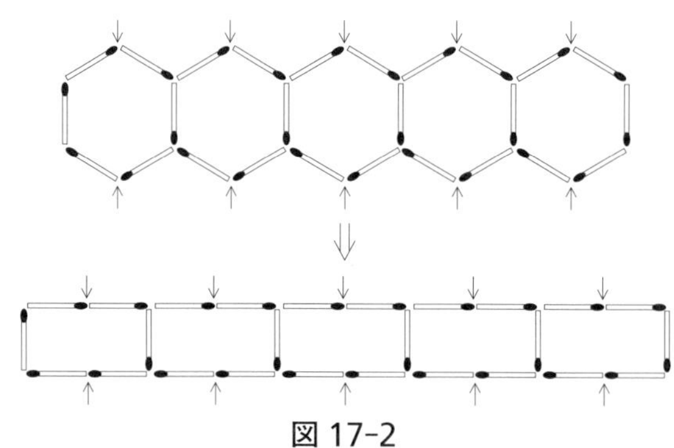

図 17-2

(4) 類推する問題（その1）

はじめの問題は，平面に置かれた図形の問題である。これを立体的に考える。例えば**図 17-3** のように「立方体」をつなげていくといった問題である。

非常にむずかしいように感じるが，ここまで関わった子ならば，こんな問題はいままで登場したものと同じ構造をもっていると判断できるだろう。

はじめに4本の固定した縦の正方形を考えて，そこに8本の塊がつながっていると解釈できれば，問題は解ける。「4＋8×5」といった式に表現できる（**図 17–4**）。

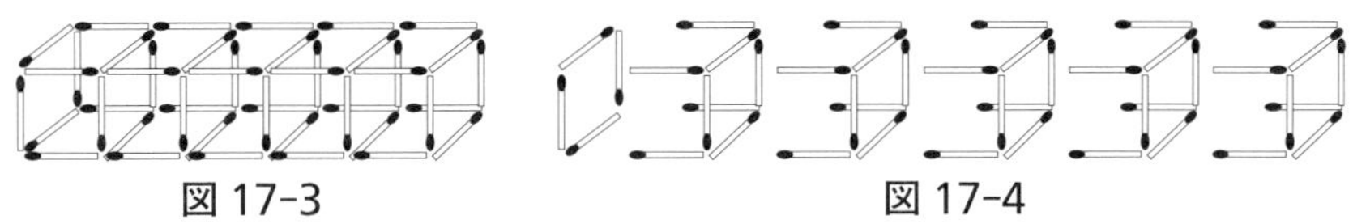

図 17–3　　図 17–4

⑸ 類推する問題（その2）

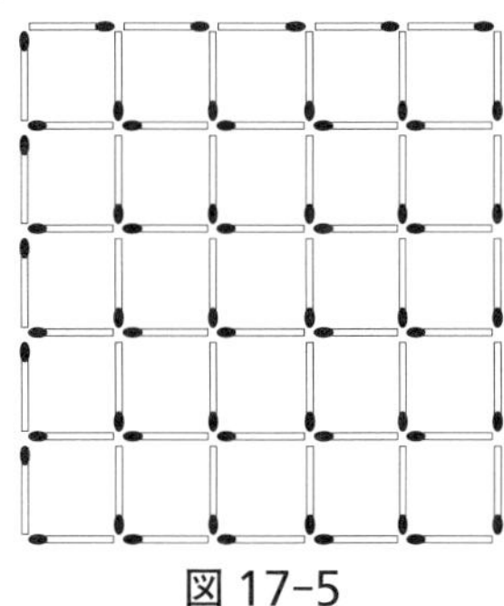

図 17–5

はじめの問題は正方形が直線状につながって伸びていったが，これを平面に広がっていくように考えたらどうか。例えば縦に5個，横にも5個となるような場合はどうか（**図 17–5**）。

これを解くには，はじめの問題の「解き方」いろいろの④が使える。横棒の数と縦棒の数を分けて考えればいい。つまり，横棒は5×(5＋1) で，縦棒も同じなので，5×(5＋1)×2＝60（本）となる。一般式で言うならば，正方形の数をnとすれば，2n×(n＋1) となる。

⑹ 逆の問題

問題の条件と解答の部分を逆に考えるものである。こんな問題が作るのは，相当に問題構造がわかっていなければできない。例えば，

a「マッチ棒を使って，正方形をつなげていきます。マッチ棒が25本では，正方形がいくつできますか」

これは，まず25から1をひき，それを3で割っていくので，これが割り切れなくてはならない。問題構造をしっかり把握してこそできると言える。

もう1つ別の問題ができる。

b「マッチ棒を使って，同じ正多角形をつなげていきます。マッチ棒が25本で，ちょうど6個つながりました。どのような正多角形だったのでしょう」

これは，全体の本数と正多角形の個数から，正多角形の辺の数を求める問題である。この場合は，(25－1)÷6＝4 となって，この正多角形は正方形だとわかる。

aは，A×B＝C から，C÷B＝A となる問題であり，**b**は，C÷A＝B となる問題である。

⑺ 構造が同じで場面の異なる問題

問題の骨組み（構造）は同じで，その場面が異なる問題である。例えば次のような問題。

「本を買い集めました。はじめに1冊持っていました。その月から毎月3冊ずつ増えていきました。5カ月後には何冊の本が集まったでしょう」

これは式を考えれば「マッチ棒の問題」と同じであることがわかる。「1＋3×5」と

なるからである。

(8) 複合された問題

例えば次のような問題である。

「マッチ棒を使って，正方形を五つ横につなげていきます。これをもっと続けて，正方形が５個増えるとマッチ棒は全部で何本になりますか」

一見すると「1+3×5」の２倍だと思うが，つなぎの部分に重複するところがあるので気を付けなければならない。正方形が（5×2）個と考えれば間違いが減る。２段階の思考の問題となっている。「1+3×（5×2）」である。

5. 発展的「問題づくり」の奨励

このような問題づくりを通して，子ども自身がいつも１つの問題を解決して，そこにとどまらずに，「もしも数を増やしたらどうなるのだろう」とか「もしも図形を変えたらどうなるのだろう」「逆にしても大丈夫だろうか」などと考えることができるようになれば，まさしく算数的活動がなされていると言ってよいだろう。

５年生のある子が，「分数×整数」の学習を終えたとき，その感想に「かけ算では，$\frac{B}{A}\times C$ のときに，Ｃを分子にかければいいのならば，わり算でも，$\frac{B}{A}\div C$ のときに，Ｃで分子を割ればいいのかな」と書いた。

$\frac{B}{A}\times C=\frac{B\times C}{A}$ ならば $\frac{B}{A}\div C=\frac{B\div C}{A}$

とやっていいのか？

これは，次の時間に「分数÷整数」を考えるときに，みんなで考えるべき非常にいい問題となった。算数の世界から次の世界が見えてくる瞬間である。

第 18 回

第４学年

Ｌ字形の面積

1. Ｌ字形の面積

４年生の「面積」学習の活用問題として「Ｌ字形」の面積問題がある。

この問題を活用したおもしろい問題が，2013 年 12 月に発表された 2012 年「生徒の学習到達度調査」OECD–PISA（Programme for International Student Assessment）の問題にあった。

このPISA 調査の目的は，義務教育終了段階の 15 歳の生徒が，それまでに身に付けてきた知識や技能を，生活の様々な場面で直面する課題にどの程度活用できるかを測ることにある。

この問題の１つに「マンションの購入」問題があった。

これは小学生でも考えられる問題である。ただ，それには，「Ｌ字形の面積」の授業が教室でどのように行われたかによるところ大である。

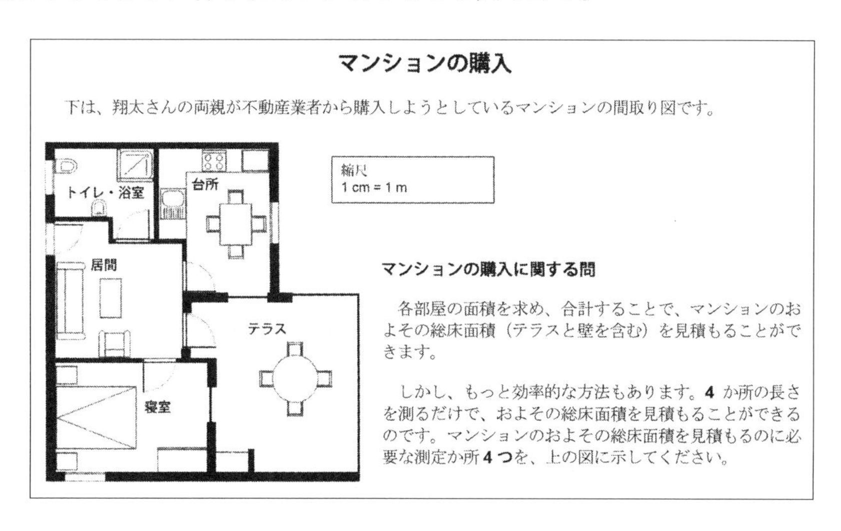
マンションの購入

下は、翔太さんの両親が不動産業者から購入しようとしているマンションの間取り図です。

マンションの購入に関する問

各部屋の面積を求め、合計することで、マンションのおよその総床面積（テラスと壁を含む）を見積もることができます。

しかし、もっと効率的な方法もあります。**4** か所の長さを測るだけで、およその総床面積を見積もることができるのです。マンションのおよその総床面積を見積もるのに必要な測定か所 **4 つ**を、上の図に示してください。

この問題では，Ｌ字形をしたマンションの総床面積を求めることが目的になっている。したがって，まずは，この形が「長方形が組み合わさった形」として見ることができることが大事である。これは一般の授業の中でよく確認されている。

次に，そのためにはどの辺の長さが必要かを見いだすところがポイントになる。

しかし，一般の授業では，長方形の組み合わせ方のほうに力点が置かれ，そのための辺の位置にはあまり力点が置かれていない気がする。

いろいろな方法があるが，よく教科書に載っている三つの方法の中では，**図 18-1** のように，どれも 4 か所の辺の長さが必要となる。しかも，縦に 2 か所，横に 2 か所となっている。

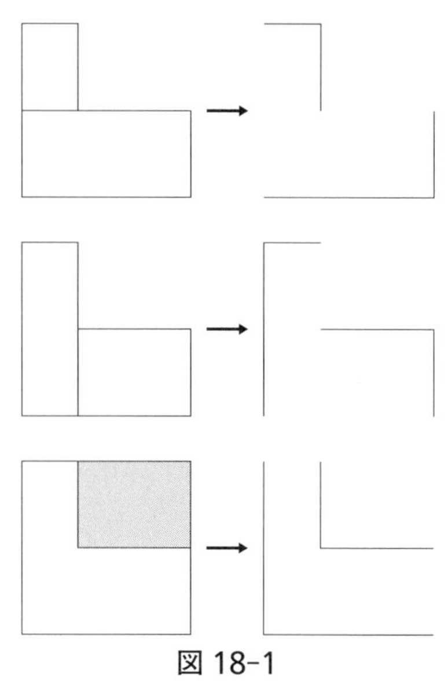

図 18-1

このことを基に考えることができれば，PISA 調査問題は難なく解けるはずである。

日常の事象の中に応用できる問題が紹介されていると見れば，これからの授業に役立つものとして受け入れられるのではないだろうか。

2. さらなる発展

この「L 字形の面積」問題は，4 年生の子どもにとって，長方形の面積学習の発展である。

しかし，この問題は，考えようによっては様々な発展が考えられるので，対象学年を超えて教師の教材研究になる。

(1) 二等分問題

「次の L 字形の面積（**図 18-2**）を，たった 1 本の直線によって二等分するにはどのようにしたらよいか」

これには，次のような方法がある。

①計算して求める（長方形・三角形・台形などの面積を使う）方法
②計算しないで相殺する方法
③対称性を利用した長方形二等分の方法

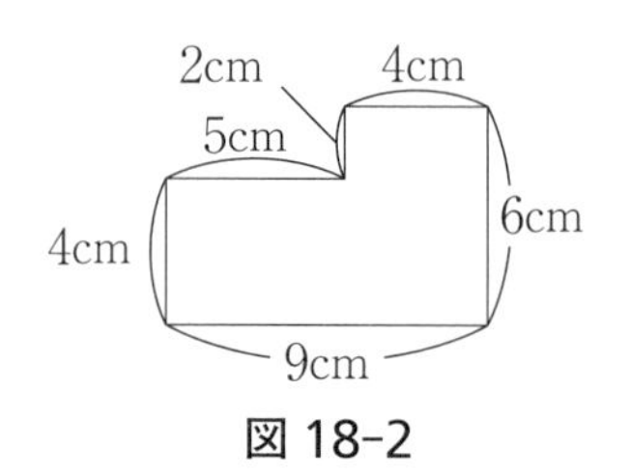

図 18-2

①計算して求める方法

まず，前述のような方法で全体の面積を求める。44 ㎠であることがわかる。

a．一方を長方形にして
面積 22 ㎠とする考え

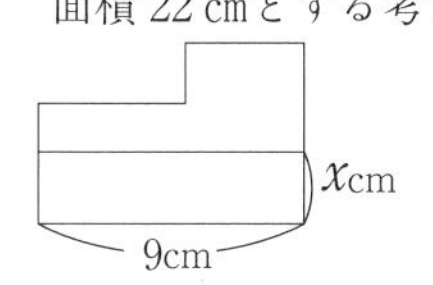

$x \times 9 = 22$
$x = 22 \div 9 \fallingdotseq 2.4$

b．一方を三角形にして
面積 22 ㎠とする考え

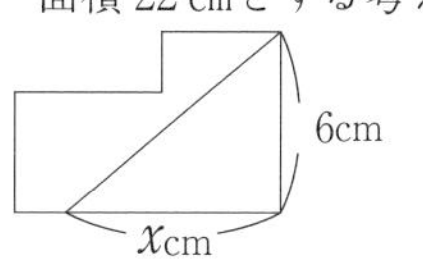

$x \times 6 \div 2 = 22$
$x = 22 \times 2 \div 6 \fallingdotseq 7.3$

c．一方を台形にして
面積 22 ㎠とする考え

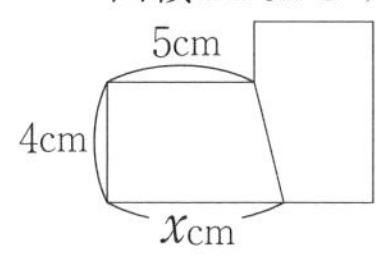

$(5+x) \times 4 \div 2 = 22$
$x = 22 \times 2 \div 4 - 5 = 6$

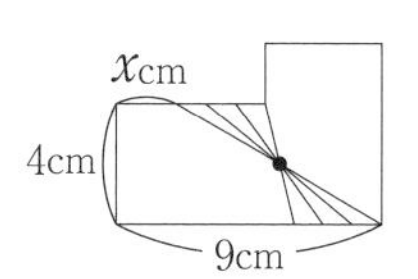

$(x+9) \times 4 \div 2 = 22$
$x = 22 \times 2 \div 4 - 9 = 2$

②計算しないで相殺する方法

上に凸になっている部分が，ちょうど（4 ㎝，2 ㎝）となっているので，これと同じ形を下の長方形から相殺する（**図 18–3**）。そして，残り部分の長方形の対角線で切る（**図 18–4**）。

この考えをさらに使って，この小さな長方形２つ分を相殺することもできる。

さらに，三つ分を相殺しようとすれば重複するところができるが，この重複部分の長方形を対角線で切れば全体が二等分できる（**図 18–5**）。

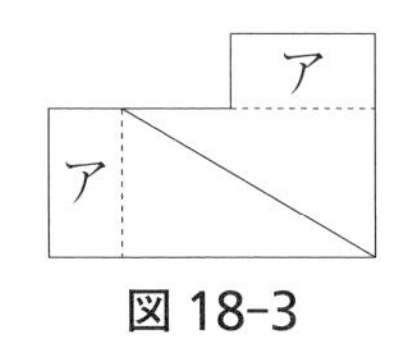

図 18–3

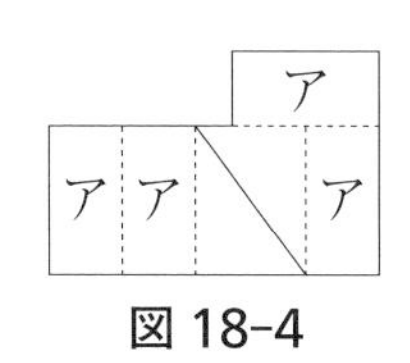

図 18–4

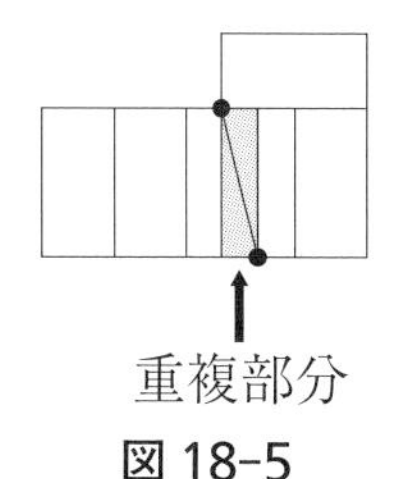

図 18–5

③対称性を利用した長方形二等分の方法

長方形を二等分するだけならば，中心の点を通る直線を引けば簡単に二等分できる。点対称な図形になる。これを利用すればいい（**図 18–6**）。

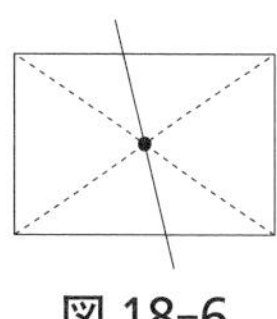

図 18–6

L字形は，長方形の組み合わせであるから，一方の長方形の中心と同時に，もう一方の長方形の中心を通る直線を引けば，それは $\frac{1}{2}$ 同士になるので，全体も二等分されるということがわかろう。

これには次のように，3 種類の方法がある。

（上下それぞれ二等分）

（左右それぞれ二等分）

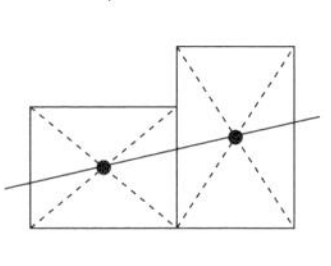

（不要なところを入れて二等分すれば，二等分したもの同士を引くことになるので，全体も二等分）

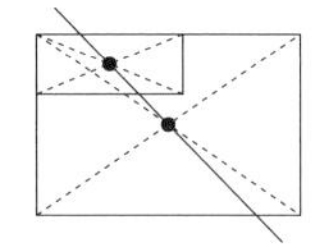

⑵ 再度，PISA「マンションの購入」問題

さて，もう一度冒頭の「マンションの購入」の問題に話を戻す。この問題では総床面積を求めるために必要な 4 か所の辺を見つけることが目的であった。

そこで，少し発想を変えて，**「はたしてＬ字形の面積を求めるためには 4 か所の長さが必要なのだろうか」「3 か所ではだめなのだろうか」**と考えてみる。

するとまた，別のアイデアが思い浮かぶ。

それは，前述の二等分問題からの発想である。

二等分した面積がわかれば，その 2 倍が全体の面積である。

このことを使って，「対称性を使って長方形を二等分する方法」を使えば，一方が「台形」となることに気付く。

となれば，『台形の面積を求めるには「上底(a)」と「下底(b)」と「高さ(h)」の 3 か所がわかればいい』ということが使える。

図 18-7 のように，台形の面積の 2 倍を総床面積として，結果，3 か所測ればいいということがわかった。

以上のことは，即，4 年生には出題できないが，「計算しないで面積を二等分する方法」ならばできるし，また，いろいろな計算を駆使して考える問題としてならば 5 年生になってやることも可能だ。

「マンションの購入」問題を改訂して，最低何か所測れば面積を求められるかなどといった問題も 6 年生の応用問題としておもしろいかもしれない。

教材研究の例として，紹介するものである。

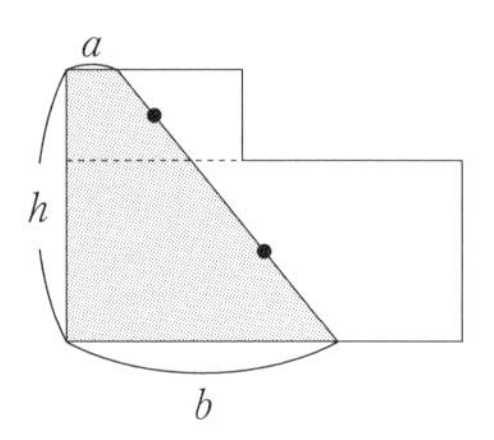

$$\frac{(a+b)\times h}{2}\times 2$$
$$=(a+b)\times h$$

図 18-7

第19回　第4学年

図形感覚を磨く

1.「尋常小学算術」から

戦前の算数教科書に「尋常小学算術」というのがあった。編纂者は塩野直道，文部省の図書監修官であった。塩野直道の「数理思想」の考えが反映されたもので，「緑表紙」教科書として有名である。

この教科書の「第四学年児童用（下)」のP.30に次のような問題が載っている。

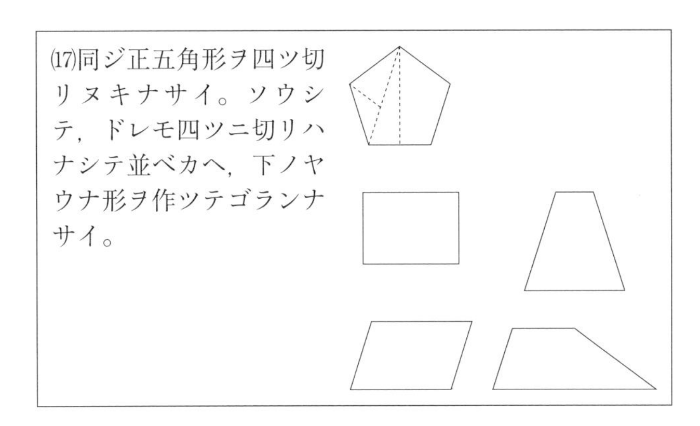
⒄同ジ正五角形ヲ四ツ切リヌキナサイ。ソウシテ，ドレモ四ツニ切リハナシテ並ベカヘ，下ノヤウナ形ヲ作ツテゴランナサイ。

この問題に着目してみたい。正五角形の「知恵の板」と考えてもいいものである。

この問題，やってみるとなかなか手ごわい。1つの二等辺三角形を裏返すというところにヒントがある。実際にやってみるとよくわかる。

これを授業でやってみるときには，印刷して配布すればよい。

また，この教科書には，大変に優れた解説がなされている「教師用書」があるので，その解説を引用する。

なお，この教科書で使われている「矩形（くけい）」とは「長方形」のことであり，「梯形（ていけい）」とは「台形」のことである。現在は使われていない用語である。「矩」は「直角」を意味し，「梯」は「はしご」を意味している。

子どもたちが実際にこれをやっていると，自然に「全部使わなくてもできるよ」という声があがる。

この教師用書にあるように，全部使わないで基本的な図形もできるので，これを取り上げてやることは大事なことがわかる。

十七番
正五角形を切って，並べかへ，矩形・平行四辺形・梯形を作らせるのである。
五角形の切り方は，児童用書の点線で示してある。それによって，「イヘ」は，正五角形を二等分する線であること，「ロト」は，「ロニ」を結ぶ直線の一部分であることを判断させるがよい。

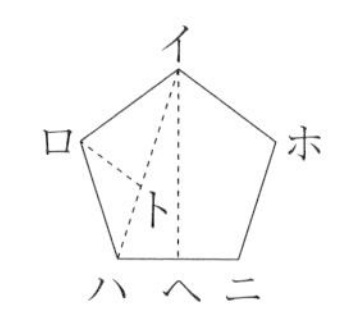

各図形を作る並べ方は，次の通りである。
児童用書の四つの図は，元の五角形から作ったものの図であるから，辺の長さ，角の大きさ等を調べることによって，並べ方は容易にわかるのであるが，最初は，ただ矩形・平行四辺形・梯形を作ることを自由に考へさせるがよい。出来ない児童には適当な注意を与へるがよい。この際，梯形の上の方のは，正五角形を三つに切ったもの，下の方のは二つに切ったものを並べかへたのであることに注意させるがよい。

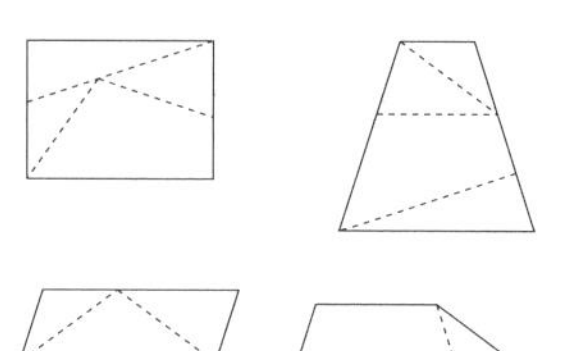

尚，上の四つの紙片中三つを用ひると，次のやうな矩形・平行四辺形・梯形・三角形が出来る。これも考へさせるがよい。

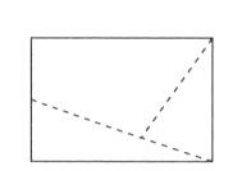
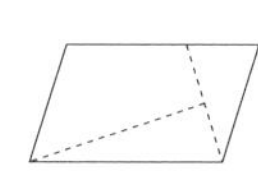
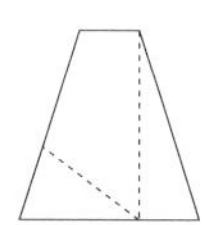
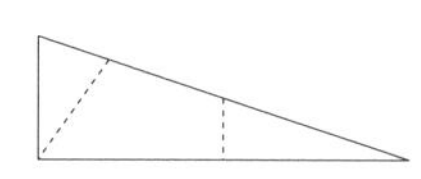

2.「知恵の板」で図形感覚を磨く

前述した正五角形の紙片を使って様々な別の形を構成していく活動は，まさしくハンズオン・マス（体験的な算数活動）といってよい。
「知恵の板」と言えば**「タングラム」**が世に有名な代表的知恵の板であり，「タングラム」すなわち「知恵の板」としている文献もあるほどである。
だが，ここでは一般に基本的図形をうまく切り分け，その切り分けたものを使って別の形を再構成していくものを「知恵の板」としてとらえる。
「タングラム」はあまりにも有名なので，ここでは別の「知恵の板」を紹介したい。「タングラム」に非常に似ているものに**「清少納言知恵の板」**というのがある。日本独特のものである。
これは正方形を右の図のように切り分けたものであるが，見方を変えて，長方形を次のように切ったものととらえてもよい（**図 19-1**）。
このような「知恵の板」を扱って別の形を作っていく活動

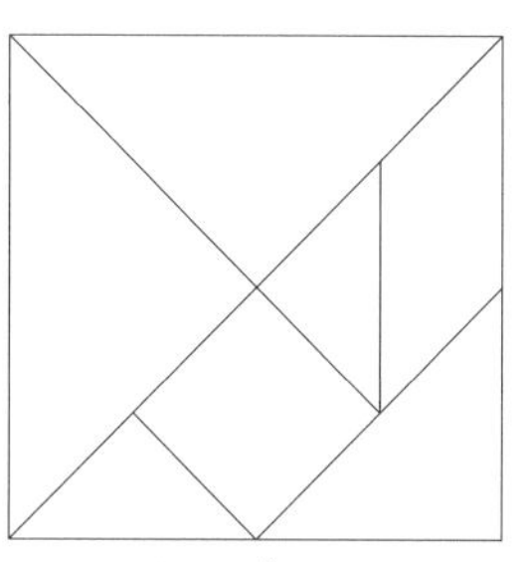
タングラム

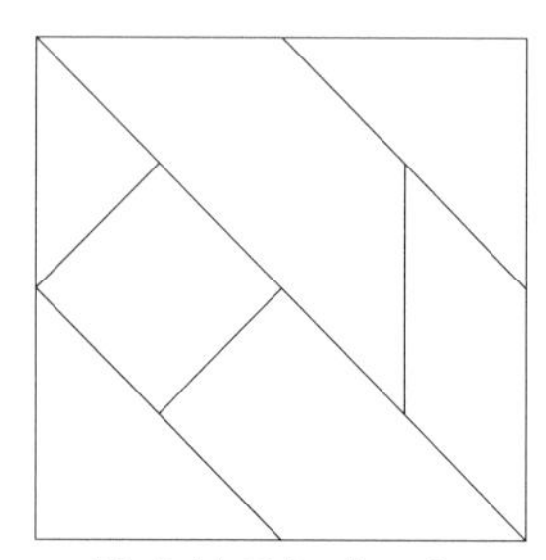
清少納言知恵の板

は，自然に辺の長さや，角の大きさを意識してくっつけていくので，知らず知らずのうちに図形感覚を磨くものになっている。最近は，教科書の裏ページに厚紙を使った「知恵の板」が綴じ込みになっていて，自ら それを切って活動できるようになっている。

この「清少納言知恵の板」は，日本の古い時代を反映して，日本的なシルエットが問題として，いくつも用意されている。次のような例である（あんどん・三番叟（さんばそう）・八角鏡・鍵）。

このような形については，子どもに工夫させるのがよい。現代っ子はまた，別の形を想像するにちがいない。

いま紹介した形は両者とも「正方形」が基の形となっている。

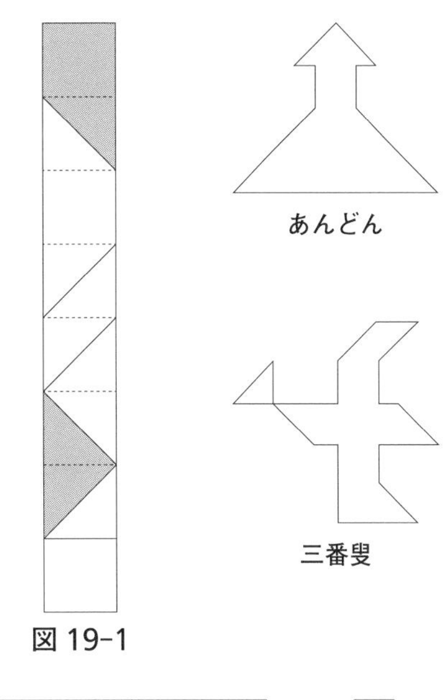

図 19-1

そこで次は，元の形が「長方形」となっているものを紹介する。**「ラッキーパズル」**と称するもので，現在でも玩具店で売られている。

長方形を幾何学的に切り分けたもので，縦と横の長さの比が，5：4になっている。図のように切り分けると全部で7枚の紙片に分けられる。

これで，楽しいオリジナルの絵柄を作れば，子ども同士で作り合うといった活動的な授業が展開できるはずである。

ほかにも，授業に使える「知恵の板」があるので，作り方だけ紹介しておく（次頁参照）。

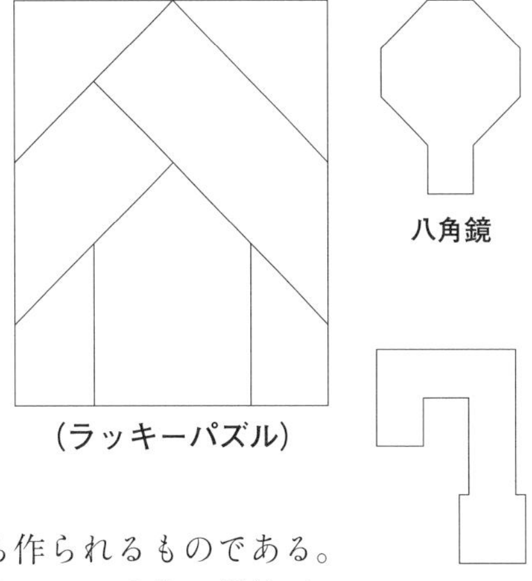

（ラッキーパズル）

1つは，**「ブロークンハート」**。円と正方形から作られるものである。自分でしっかりと厚紙に作図して，活動ができる。この9枚の紙片で，ハートを作るところからはじめるとおもしろい。でき上がると，以後ハートにいつも切れ目が見えてしまうようになる。

もう1つは，元の形が卵型である。**「コロンブスの卵」**などと称されるものである。これは，元の形を作図するのがむずかしいが，シルエットにする形が鳥などであれば，卵から鳥が登場するといった洒落となる。

このような「知恵の板」で遊ぶ活動は，子どもの図形センスを磨き，オリジナルの作品づくりをすれば，高度な創造力の育成にもつながる。高学年になって，平行四辺形や，円などの面積を求める活動で，一部を切って別の場所に移したり，立体の展開図などを考える際にも同じように図形の移動を行ったりするが，そんな場面に抵抗なく行えるようになるであろう。

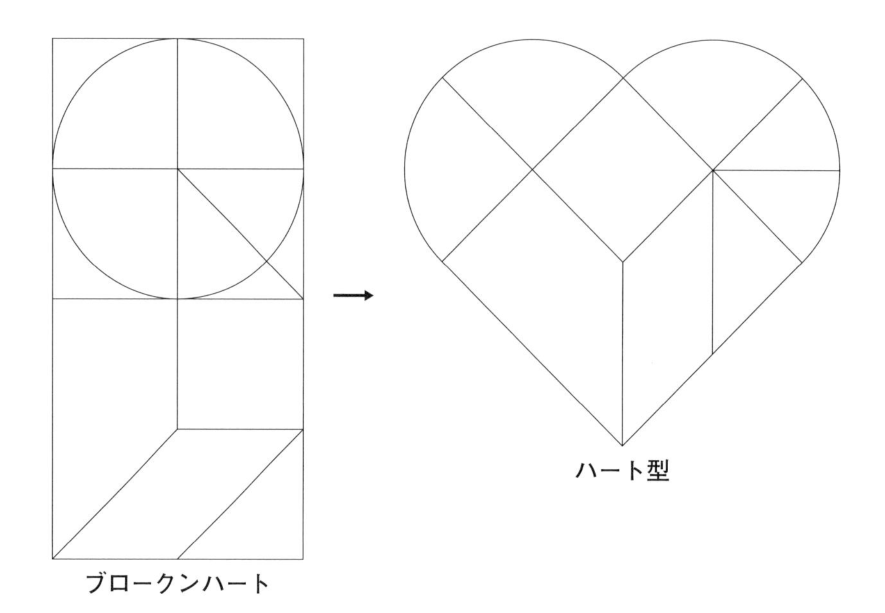
ブロークンハート　ハート型

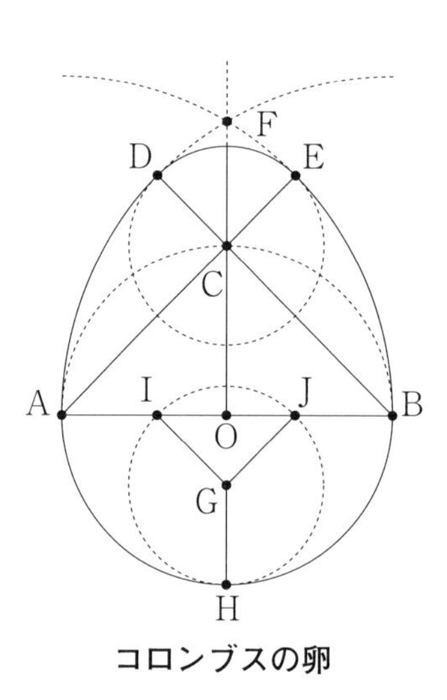

コロンブスの卵

第20回

第4学年

電卓

1. 電卓を使って

電卓を算数の授業に使うことには違和感をもっている人が多いが，計算の答えをそれで求めてしまおうというのでなく，もっと教材を楽しいものにするとか，子どもが問題意識をもつような教材開発といった視点で「電卓」が使えるということに関して述べる。

2. 電卓の扱いの変遷

2013年11月28付の朝日新聞の教育関係欄に「授業で電卓，教師に抵抗感」という見出しの記事が載った。私もインタビューされたのでその内容も載っている。その内容を紹介しよう。

「面倒な分数の計算も瞬時にこなしてくれる教材用電卓。学習指導要領の改訂により，1992年度から小学校高学年の算数の教科書に電卓が登場したのを機に開発された。

カシオ計算機（本社・東京都渋谷区）は当時，それまでになかった分数やわり算の余りを計算できる教材用電卓を開発。学校向けに売り出したところ，最初の10年間は毎年約10万台が売れたという。

ところが，今日に至るまで，教育現場で電卓の使用はあまり広まらなかった。青山学院大の坪田教授は『授業で電卓を使うことに抵抗感を感じる教師が多かった』とみるが，『計算練習で電卓を使うのは論外だが活用や応用場面では大いに使うべきだ』と話す。

例えば，数のきまりを見つける時や式の立て方を考える時，電卓を使えば，計算の労力は最小限にして，考えることに時間を使える。統計や円周率などの学習で数値が大きく複雑になっても，電卓があれば挑戦しやすい。

米国など海外では，授業で電卓が使われる場面も多いという。坪田教授は『思考力重視の算数・数学教育を進めるためには，電卓がもっと使われていい。効果的に使うための教師の工夫も必要です』と話す」

これは，授業の中で電卓が使われることが少なくなったことの指摘であった。米国などの授業では，ことあるごとに電卓などは自由に使われているように思う。私の見た中・高等学校では，関数電卓などはみんながよく使っていた。

3. 学習指導要領では

平成元（1989）年版小学校学習指導要領では，次のような記載がある。

「統計的に考察したり表現したりする際に大きな数を取り扱う場面や小数の乗法及び除法で計算の負担を軽減し指導の効果を高めるため，そろばんや電卓等を第5学年以降において適宜用いさせるようにすること。その際，概算などによって，計算の結果の見積りをしたりする場面を適切に設けることも留意すること。」

それ以前の学習指導要領では，計算などの指導に関連して，その負担を軽減するため，「そろばん，計算機」を第5学年以降において用いることは「差支えない」という表現であった。

ところがこの学習指導要領では，それが一歩前進させられた形となっている。「適宜用いる」というのは，教科書のどこかに必ず使う場面を設定するというような意味である。電卓を用いることで生み出される時間を，物事を考えるための時間に充てるようにという意味も含まれていた。

そのための場面も指導書には例示されていた。

「今回新しく第6学年に加わった体積などの取扱いにおいても活用する場面が生まれるので，事例の開発，指導の工夫など今後の積極的な対応が期待される」とある。（小学校指導書，算数編，平成元年6月，文部省，P.188参照）

それが，平成10年版学習指導要領では，次のようになっている。

「問題解決の過程において，桁数の大きい数の計算を扱ったり，複雑な計算をしたりする場面などで，そろばんや電卓などを第4学年以降において適宜用いるようにすること。その際，計算の結果の見積りをしたり，計算の確かめをしたりする場面を適切に設けるようにすること。」（小学校学習指導要領解説，算数編，文部省，P.177 ～ 178参照）

ところが，平成20年版学習指導要領では，「電卓」の記述がなくなってしまったのである。唯一，一番最後の「指導計画の作成と内容の取扱い」の2-(5)に「数量や図形についての感覚を豊かにしたり，表やグラフを用いて表現する力を高めたりするなどのため，必要な場面においてコンピュータなどを適切に活用すること。」と載っているだけである。

授業現場に対して，次のような電卓の取扱いの変遷過程がよくわかるのではないかと思う。

第5学年以降で「使っても差し支えない」
⇒第5学年以降で「適宜使うこと」
⇒第4学年以降で「適宜使うこと」
⇒（記述なし）

4. 電卓の扱いについて

1991年の第24回日本数学教育学会論文発表会の要項に「算数教育における電卓の活用に関する研究」（直芳子）がある。

ここに算数科における**電卓使用のねらい**が分析されているのであげてみたい。

①統計的に考察したり，表現する力を伸ばす。
②様々な場合について検討し，帰納的な考え方や類推的な考え方を使って，きまりを見つける力を伸ばす。
③見積りの必要性を感じ，見積もる力を伸ばす。
④数の不思議さやおもしろさを味わい，数に親しむ。
⑤数についての理解を深める。
⑥実際のデータを使うことによって，問題をリアルにし興味を高め，身の回りの事象を算数の問題としてとらえようとする態度を養う。
⑦解決に必要なデータを収集したり選択したりする力を伸ばす。

電卓を使うことの長所・短所に関わって，昭和58年に報告された「算数教育における電卓」（代表：片桐重男）も興味深いのであげておく。

〈電卓使用の利点〉
1. 学習に興味・関心が高まり，ひとりひとりが自分の学習に集中できる。下位の子どもほど，これが顕著である。
2. 個別指導の時間が十分とれる。
3. 児童が自分の誤りをすぐ見つけ出し，ただちに修正し，それによって正しく理解していける。
4. 学習時間が節約になる。
5. 式だけ立てればよく，楽になる。

〈電卓使用の問題点〉
1. 上位の子どもはキーを打ち損じないかと心配している。
2. ( ) があるなど複雑な式のときの使い方が子どもにわからない。
3. 押し間違えると，最初からやり直さなくてはならない。又見直しができない。
4. なれるまで，キーを押すのに時間がかかる。
5. 計算力が落ちる心配が残る。
6. 千万の位までしかないので不便。
7. 電池が少なくなると計算機が間違えることがある。

なかには，おもしろい指摘もあるが，これは一般的に皆が考えていたものだと思う。

5. 電卓の使用方法

私は電卓の使用方法について，次のように考える。

まず大きく２つの見方が考えられる。

１つは，「計算のための道具」としての見方。もう１つは，「学習のための教具」としてである。後者はきまりを発見するとき，問題解決の場などに使われる。これをさらに具体的に分類して，次の四つの使用方法を提案する。

(1)　計算の確かめをする場合 (2)　問題解決立式後の計算の場合 (3)　電卓の機能を生かした問題設定の場合 (4)　数感覚を磨く場合

(1)　計算の確かめをする場合

これは何らかの計算を自らのノートの上に筆算し，その結果を電卓を使って再度確かめようとするものである。

計算原理を学習したあと，その計算がある程度自分でできるようになるためには，いくつかのドリルが必要である。したがって教科書に載っている計算問題などは練習させる。このときに答えの確かめとして，電卓を持たせて，自分自身で再度計算してみる場を作ってやれば，子どもはかなり興味をもって自主的にやる。「分数の計算」や「余りのあるわり算」が電卓でも可能なので，十分に使うことができる。

最近の世に出回っているスマートフォンなどで，その電卓機能を使えば，式のまま入力すると，きちんと乗除先行で計算もしてくれるようになった。

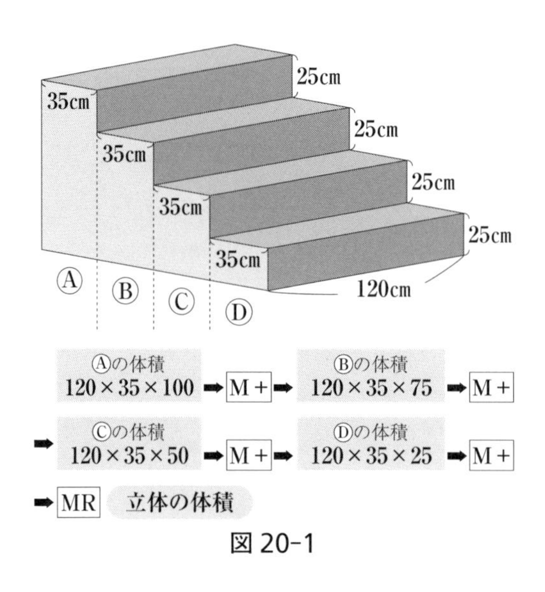

図 20-1

(2) 問題解決立式後の計算の場合

先に紹介した文部省指導書（現在の「解説書」はかつて「指導書」と呼んでいた）では，「立体の体積・表面積」の問題などが典型的な例となる。現在では，**図 20-1** のような問題解決に使えるであろう。直方体を組み合わせた階段のような立体である。

階段状になっている立体を部分に分けて体積を求め，「メモリーキー」を使って計算する。

(3) 問題設定の場合

電卓を使って何らかの操作をさせる。その操作の結果を見て，そこに算数的な問いが生まれる。そんな場合は，子どもが夢中になって考えはじめる。

一例を示せば**図 20-2** のような問題である。

問題

電卓の 1 のキーから順に右回りに，一周だけ3桁ずつのたし算をします。

次に，また 1 のキーからはじめて，左回りに同じように一周だけたし算をします。

2つの計算の答えを比べてみましょう。

123+369+987+741
= 100×(1+3+9+7)+10×(2+6+8+4)+1×(3+9+7+1)
= 147+789+963+321

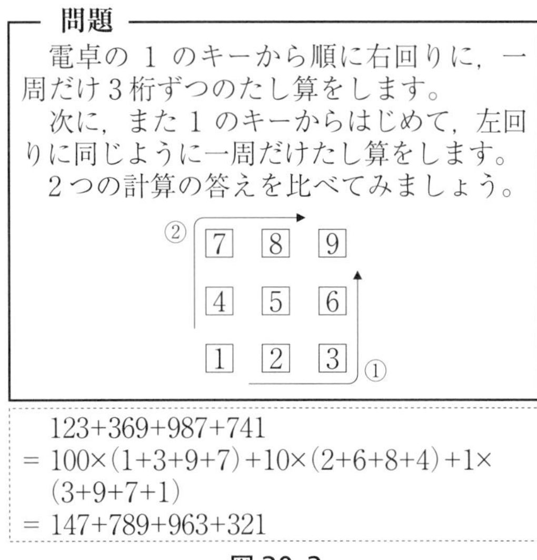

図 20-2

(4) 数感覚を磨く場合

これも電卓を1つの教具として使う場合である。**図 20-3** の例は，演算記号と数字の記号を使って，指定された数を作り出すものである。そこには，数の合成や分解に関連した子どもの「数感覚」が駆使される。

問題

電卓の ＋ − × ÷ ＝ と 5 のキーだけを使って，表示板に17を表示させましょう。

① 素直にキーを一度ずつ操作する方法
(例) (5+5)÷5+5+5+5＝17
② キーを連続して打つ方法
(例) (55+5)÷5+5＝17
③ 定数計算を利用する方法
(例) 5÷5++＝＝＝＝………＝17

図 20-3

第21回

第４学年

変わり方ときまり発見

1. 変わり方

４年生くらいから，関数的な見方・考え方を育成する内容が登場する。伴って変わる２つの数量の関係について調べていく内容である。一方が変わると，それに伴って他方も変わるという関係である。

このとき，子どもの目の付けどころは，１つには変化していく数量のきまりである。もう１つは対応する数量のきまりである。

きまりを発見していくという立場からすれば，この２つは同等に大切なことである。しかし，１番目，２番目，……と順に変化していく数量の場合，簡単に数えられる範囲であれば，未知の部分を，この変化のきまりから推し量ることができる。けれども，これが100番目ともなれば，もうこの変化のきまりから推し量ることはむずかしくなる。そこで，今度は対応していく数量の関係に着目して，そのきまりを考えざるを得なくなる。

こんな見方・考え方を体験させることが大きな目標になる。

2.「ピザ」を切る問題

(1) 導入の方法

図21-1のように，まずノートに円を描く。これを食べ物の「ピザ」に見立てる。この「ピザ」をナイフで切るという想定である。

本来はこのように聞きたいところだが，はじめは子どもに，「３回切ってごらん」とだけ言う。

この問いかけは**条件が不足**しているので，様々な切り方ができる（**図21-2**）。

ひとまず，その様々な様子を紹介し，これでは個数が一致しないことを確認し，みんなが同じになるように，「３回切って，最も多く分けられるようにすると，いったいいくつの部分に分けられるのだろう」と聞き直す。１つひとつの大きさは問わない。ナイフ（直線）は端から端まで引くことにする。

三本の直線を引いたら，円の中は最多いくつの部分に分かれるでしょう。

図21-1

すると，**図21-3**のように，意外にも７個に分けられることがわかる。

そして，次に，突然ではあるが，「10回切ったらどうなるか」と問う。

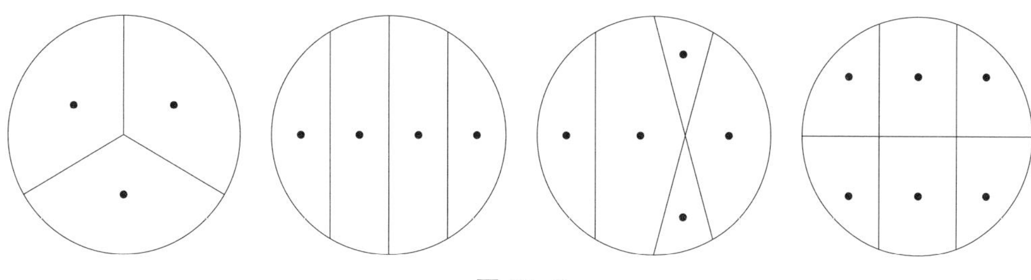

図 21-2

子どもは，さっそく，大きめの「ピザ」を描いて線を引きはじめる。

やがて「まっ黒になっちゃうよ」「よくわからないなあ」「2度数えると違っちゃうよ」「36個じゃないか」「いや，40個だよ」……といったつぶやきが聞こえてくる。

とにかくよくわからなくなってしまうことだけはみんなの一致した意見である。では，どうしたらいいか。

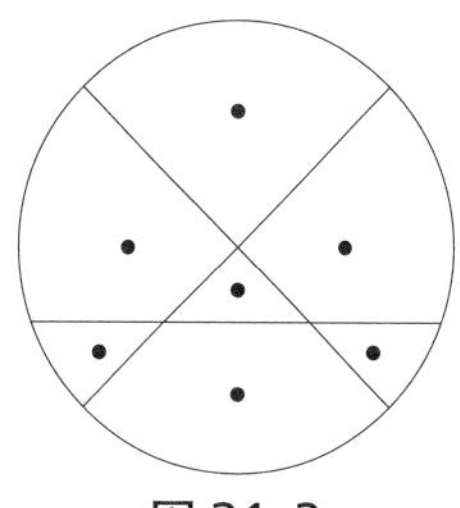

図 21-3

(2) きまりを見つける

こんなとき，よく考える子の中には「もっとはっきりしているところを並べてみたらどうか」といった意見が登場する。

つまり，「1回切ったら2個になることははっきりしている」「じゃあ，2回だって，4個になることは，やらなくたってわかるよ」といった具合である。さらに「○回切ったら，1個だ」といいことを言う子もいる。

これらの意見を黒板に上手に書くことにする。つまり，**表 21-1** のように並べて書くのである。

表 21-1

直線	0	1	2	3	(4)	……	10
部分	1	2	4	7	(11)	……	?

+1 +2 +3 +4

すると，「4回切ったときがわかる」という声も聞かれる。表のきまりを見いだすからである。

増え方に注目して，11個になるはずだ」というのである。

そこで，これに挑戦してみる。

案の定，11個になった（**図 21-4**）。

「部分の数」に着目するならば，増え方が｛1，2，3，4，……｝となっていることに気付くというわけである。

そこで，このパターンで考えれば，なんとか「10回切ったときを考えられるかもしれない」と思うようになる。

ちなみに，「5回切った場合」は，（**図 21-5**）のようになる。

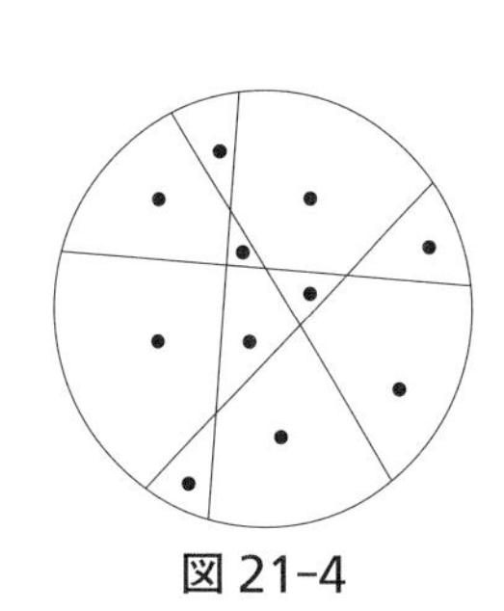

図 21-4

普通は，この関係を文字や□などを使った式に表して一般化するのであるが，小学生ならば，10番目のもの，つまり，作業を通じてきまりを見つけるのではなく，「1つひとつ順に数えていくことが困難である場合を求めることができる」ということで，象徴的な意味で，一般化していることととらえてもよいと考える。

「10番目を知るためにどうするか」と考えるところが大切な活動となる。

この問題では実際に10本の線を引くことはむずかしいので10本の線を引いた場合という設定で子どもに投げかける。「きまりを見つけていかなければならない」という意識を引き出すには十分な数と考えられるからである。

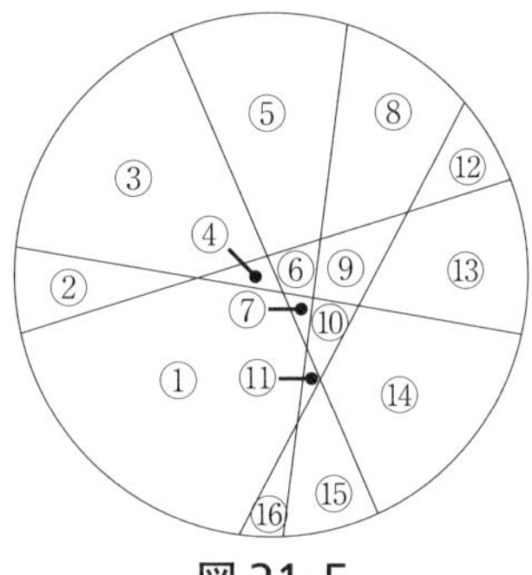

図 21-5

(3)「表」を作る意図

ここでは，円の中に直線を引くことによって，部分がいくつに分けられるかということを問題にした。

一般には，はじめに1本の直線の場合はどうであるか，次に2本ではどうか，3本ではどうかと考えていき，いくつか考えたのちに，10本の場合はどうかと問題にする。

しかし，ここではそうではなく，これらのことが，「直線が10本のときに部分がいくつに分かれるか」という問題意識があって，そのことの解決のために，特殊ないくつかの場合を考えてみるという意識をもたせたい。子どもは，とうていすべての線に交差する10本の直線を紙上の円の中に引くことはできないので，いくつかの特殊な場合を基にして考えなければならなくなる。このことの説明を子どもの言葉で表出させたいと考えるからである。

(4) 問題の構造を図で感得する

この一連の流れで考えると，**はっきりわかっているところの1つずつのきまりが，次も成り立つだろうということが前提**になっているだけである。つまり「**帰納的に考え**」てきまりを見いだし，先を予測するといった考え方である。したがって，「10回切ったとき」の予測は確かとは言い難いものがある。なかにはそれをついてくる子どももいる。

そこで，線を引く引き方に着目し，線と線の交点が必ず2本の交わりになっているようにしていることに注意を促す。この交点に3本以上の線が交わらないように引くことがポイントである。

そのように引くことを考えると，**図21-6**のように，仮に線を曲げて平行になるように引いていけば，次の線を2本の線が交わるように引けることがわかる。先までそのパターンでいけそうである。

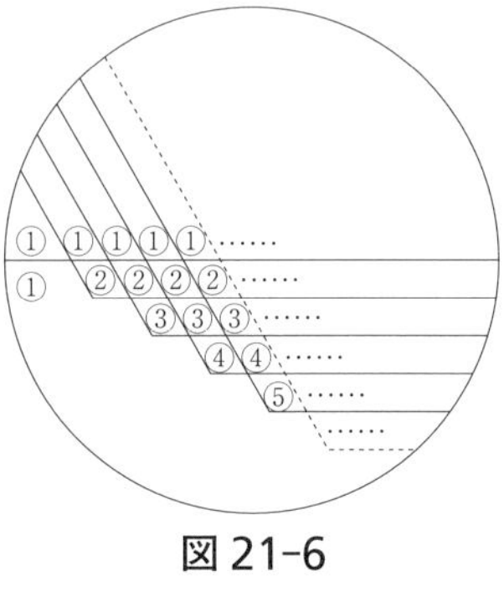

図 21-6

このことを認めるならば，はじめに部分が1個あり，次の線によって，部分が1個増える。そして，2本目の線を引けば部分が2個増える。さらに，3本目の線を引けば，部分が3個増えることになる。このパターンで続くならば，これは式で表せることになる。

1＋｛1＋2＋3＋4＋……＋10｝
＝1＋｛(1＋10)×10÷2｝
＝1＋55
＝56

となって，全部で56個の部分になることがわかる。

この，｛ ｝の中の計算は，**「ガウスの計算」**として有名である。

1から10までを逆に並べて，縦に見れば，11が10個分あることがすぐにわかる。したがって，11の10倍を計算して2で割ればよい（**図21-7**）。

$$\begin{array}{r} 1+2+3+4+5+6+7+8+9+10 \\ +)\ 10+9+8+7+6+5+4+3+2+1 \\ \hline 11+11+11+11+11+11+11+11+11+11 \end{array}$$

⬇

11×10÷2＝55

図21-7

実は，この計算は「台形の面積公式」と同じなのであるが，それは第24回「面積の比較」で解説する。

3. 学習指導要領では

平成20年版小学校学習指導要領解説には，数量の関係を調べることについて，次のようなことが書かれている。参考までに引用しておく。

「数量や図形に関する問題を解決するときに，求めるものは，他のどんなものと関係があるか，何が決まれば他のものが決まってくるかというように，求めるものと他のものとを関係付けてみる見方が大切である。

そして，2つの変化する数量の間にある関係を明確にすることが必要である。そのためには，対応する値の組を幾つも求め，順序よく表などに整理したり，グラフを用いて表したりして関係を調べる活動を指導する。」（学習指導要領解説算数編，文科省，P.135）

ただし，この引用部分の最後は，平成10年度版では，「順序良く表などに整理して，共通な決まりを見つけだしていくとよい。こうした活動により，関数の考えを次第に身に付け，生かしていけるようにする。」となっている。

このことを実現する授業では，こうしたことに基づき，子どもの興味ある素材を用意して，その問題について何と何が関係する量なのか，そこにはどんな関係があるのかといったことに注意が向くところをねらいたい。

第 22 回

第 4 学年

立体の展開図

1. 立体の展開図

第 4 学年では，「立方体・直方体」について扱う。それぞれの構成要素（頂点・辺・面の数や形，その関係など）について考察する。そして，工作用紙などを使ってその形を作ったり分解したりする活動を行うために，「展開図」についても学習する。

とくに「立方体」は，6 つの面が合同ですべて正方形であるために，展開図が考えやすい。どの教科書でも，いろいろな展開図を考える活動が載っている。

立方体の展開図は，全部で 11 種類ある（**図 22-1**）。

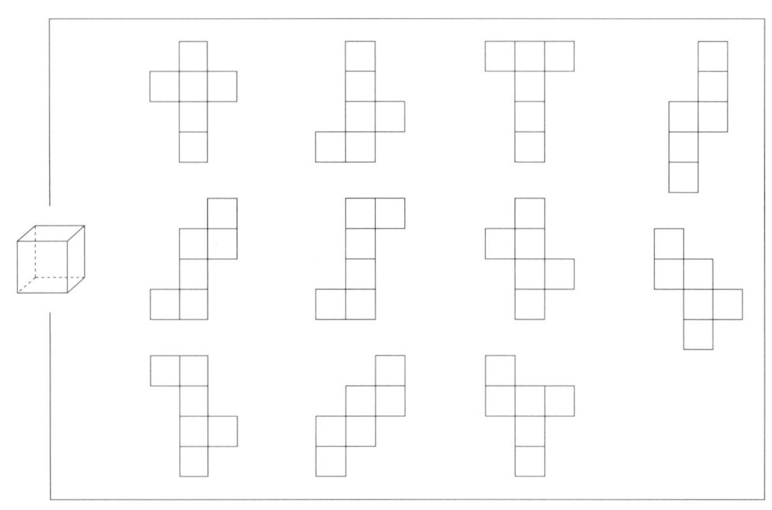

図 22-1

2. 封筒から作る正四面体

さて，立方体の展開図については，基礎・基本の内容である。

そこで，少々違った立体の展開図について考えてみたい。発展の内容である。

まずは，A4 判の封筒を使って立体を作る。作り方は，「長方形の紙から『正三角形』を折り取る」方法である。『平成 20 年版小学校学習指導要領解説算数編』の P.109 に載っている（**図 22-2**）。

解説では，これを折り紙で作るのだが，この作り方を覚えて素材を封筒にする。

すると，封筒は紙が二重になっているので，正面まん中に正三角形ができると，同時に裏側にも合同な正三角形ができる。そして，両サイドの半分の直角三角形は表から裏側につながって逆三角形となっている。これが両サイドにできるので，封筒には合計4個の正三角形ができることになる。

④ 折り紙の頂点と印の点を結ぶ。

〔折り紙から正三角形を構成〕

①〔折り目を付ける〕

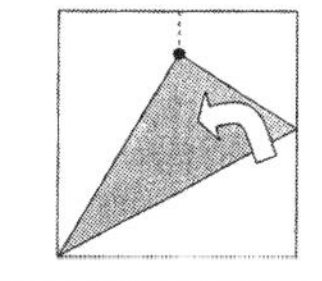

②③〔右下の頂点を折り目の上に重ねて，そこに印を付ける〕

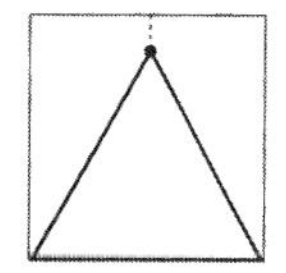

④〔折り紙の頂点と印の点を結ぶ〕

図 22-2

この封筒は，上が口になっているので，ここから空気を入れれば，あっという間に立体ができ上がる。その立体は，正三角形の面が4個で囲まれているので「正四面体」である（**図 22-3**）。

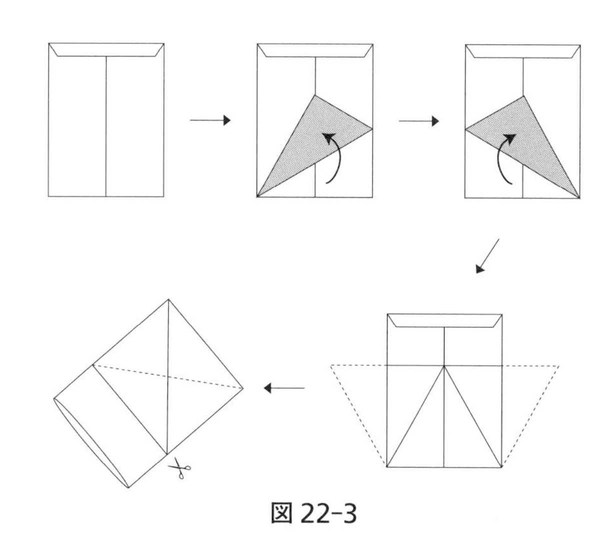

図 22-3

小学校の子どもに，あえてこの立体の名前を教える必要はないが，実際に作る活動は簡単である。でき上がったら，いらない部分は切り取ってセロハンテープで口をふさぐことにする。先の**立方体は，正方形だけで囲まれた立体**であり，**正四面体は正三角形だけで囲まれた立体**である。

3. 四面体を切り取ると

さて，さらなる発展を考えてみたい。

この「正四面体」を，辺の中点を通るような平面で切っていくと，中からどんな形が登場するか。

子どもの予想は様々である。

①立方体が登場する。

②同じ「正四面体」の小さいのが登場する。

③もっと別な立体が登場する。
といった具合である。なかなか想像しにくい。

そこで，先の封筒で作った「正四面体」の模型を使って，これを切っていくことにする。

このとき，この正四面体は中が空洞になっているので，正確に切っていけば，ばらばらになって立体が登場しない。そこで，少々工夫して，辺のまん中を少しばかり（実際には1cmほど）残して切ることにする（**図 22-4**）。そうすれば各面がつながってでき上がる。

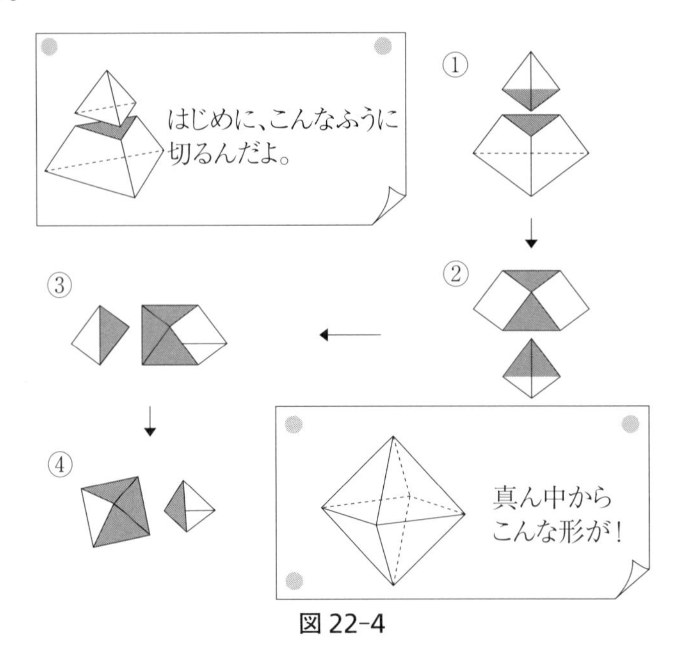

図 22-4

4. 正八面体の構成は

この立体は，もともとの4個の面がそのまま正三角形として残っており，しかも，新たな断面（実際には穴となって登場する）が，これまた正三角形になって4個作られることになる。したがって，この形は，「正八面体」ということだ。

この形は，立方体に似ているところがたくさんある。頂点・辺・面の数を調べてみよう。**表 22-1** のようになる。この際，立方体をあえて「正六面体」と言っておく。

辺の数は同じであり，頂点と面の数は逆になっていることが一目瞭然である。

これは，何か関係がありそうだと直感することになる。

表 22-1

	頂点	辺	面
正六面体	8	12	6
正八面体	6	12	8

5. 正八面体の展開図

では，この「正八面体」の展開図を考えてみよう。これはかなりの探究となる。6

年生くらいならば何人か挑戦するかもしれない。文殊（もんじゅ）の知恵で何人かで協力すれば，かなり早い段階で数え上げることができるにちがいない。

実際にやるときには，新たに工作用紙で正三角形を８枚セロハンテープでとめながら作り，それを展開していく方法がよい。

実際，子どもが作ったものを紹介しよう（**図 22-5**）。

図 22-5

これができ上がると，あちこちから不思議議の声が上がる。

「あっ，11 種類だ」

「立方体のときと同じだ」

「何か関係があるのかなあ」

こんな声である。

実際のところ，この不思議心はとても大切な疑問であり，これを解明していければ数学的には非常におもしろいのだが，小学生には少々むずかしい。

「双対性（そうついせい）」という考え方が必要である。

図 22-6 のように，立方体（正六面体）の中に正八面体がすっぽりと入る。このとき，正八面体の頂点が立方体（正六面体）の面の中央に接する。一方の立体の中に接する他方の立体という関係は，この逆でも成り立つ。

互いの面の数と頂点の数が同じであったことを思い出したい。

したがって，面と頂点が一対一に対応している。

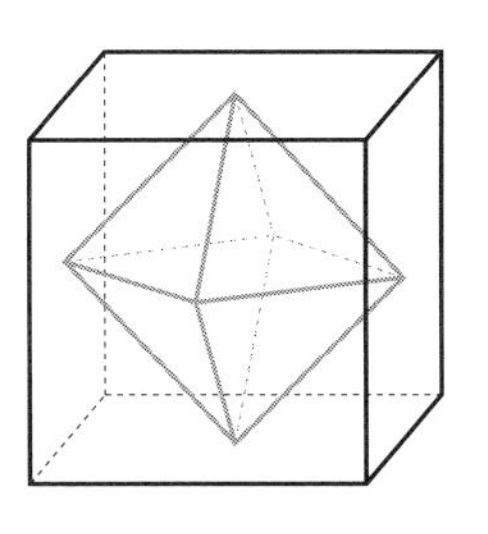

正六面体－正八面体

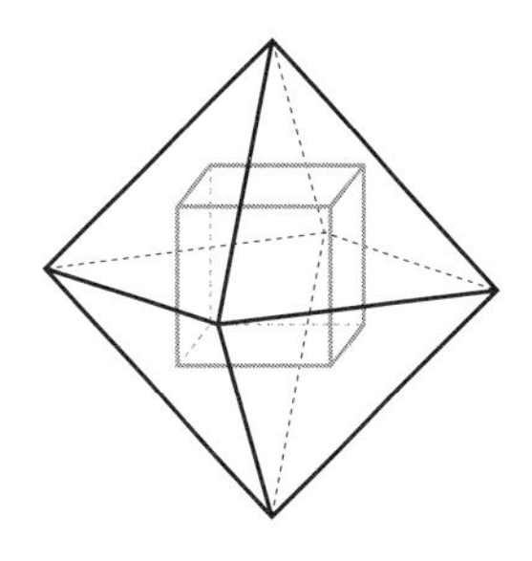

正八面体－正六面体

図 22-6

実は，辺も「ねじれの位置」になって対応している。

このことから，次のように説明できる。

立方体は７本の辺を切れば展開図ができるのだが，正八面体はこれと対応する７本の辺を残せば展開図ができる。

だから，展開図は同じ数だけできるのである。

この簡単な説明では少々理解しにくいかもしれないが，このような双対性によって，両者の展開図の種類が同じになるということは，とてもおもしろく興味の尽きないことである。

このことの一例を**図 22-7** として示しておく。

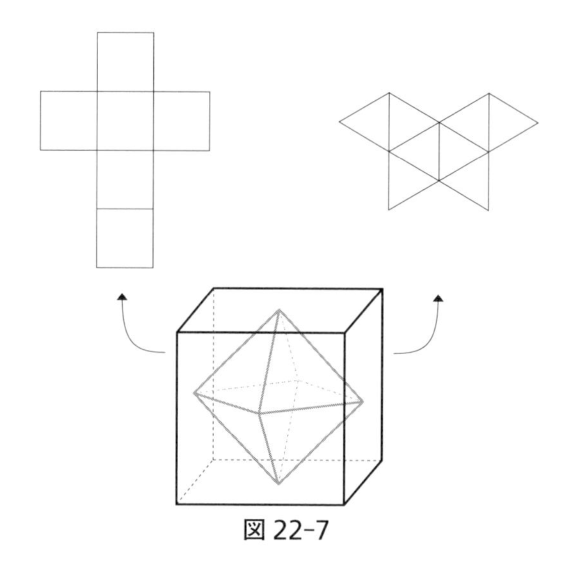

図 22-7

第23回　　第4学年

全国学力・学習状況調査問題から

1. 全国学力・学習状況調査問題から

本年度の「全国学力・学習状況調査」(2014年4月22日実施) の算数B問題の中に，論理的説明を要求するおもしろいものがあった。

なぜおもしろいかというと，授業レベルで子どもの好奇心を喚起するのに参考になると考えるからである。

私は新聞のインタビューに「授業のやり方次第で正答率は大きく分かれるだろう」「『ハンズオン・マス』(体験的な算数活動) になっているかどうかが，正答へのカギになる」とコメントした (産経新聞，2014年4月23日付)。

このことを具体的問題で示してみたい。もちろん問題はペーパーで出題されるのだから，しっかり読まないとできないが，実際にこの教材を授業として構成するならば，子どもの素直な疑問を喚起するように扱うことが肝要である。

算数B問題1である。

(1) 不思議心を喚起する導入

まずは問題場面の提示から。

さとしさんたちは，次の問題について考えています。

問題　□の中にいろいろな数を入れて，「37×□」の計算をしましょう。

一般の授業では，この「問題」の部分だけが紙に書かれて黒板に貼られるところである。

子どもの気をひくことができる上手な先生は，黒板に「37×□」の式だけを書くだろう。

そして，やおら□の中に1を入れて，「はい，太郎くん。答えはいくつかな」と聞く。

これは簡単な問いなので，すぐに答えられる。「37です」と。

間をおかず，次に「□の中が2だったら？」と聞く。

子どもはすぐにノートに筆算をする。「74です」とこれまたすぐに答えが返ってくる。

すかさず，「では，□が3だったら……」と聞く。これまた，筆算をした子が「111です」と答えてくれるだろう。この計算は，3年生のときにやったものだからほぼみんなできるにちがいない。

もしも，この時点で「おやっ」とつぶやく子がいれば，それは非常に好奇心旺盛な子である。

さとしさんは，まず，□の中に「１」，「２」，「３」を入れて筆算で計算しました。

　３７　　　３７　　　３７
×　1　　×　2　　×　3
　３７　　　７４　　１１１

37×３の積は**111**となって，
同じ数字が３つ並びます。
さとし

B 問題は，そのことを（さとしさん）の言葉として吹き出しで示している。「同じ数字が３つ並びます」という言葉である。

そして，問題は，次への探究を示す。

本来は，この探究を子ども自身が発想するように促したいところである。ただ別の数値を入れるのではない。「次にまた同じ数字が並ぶときがあるのかを知りたい」という気持ちをもって別の数値を□に入れることが重要なのである。「やれ」と言われてやる受け身ではなく，自らがやりたくて動きだすところに価値がある。

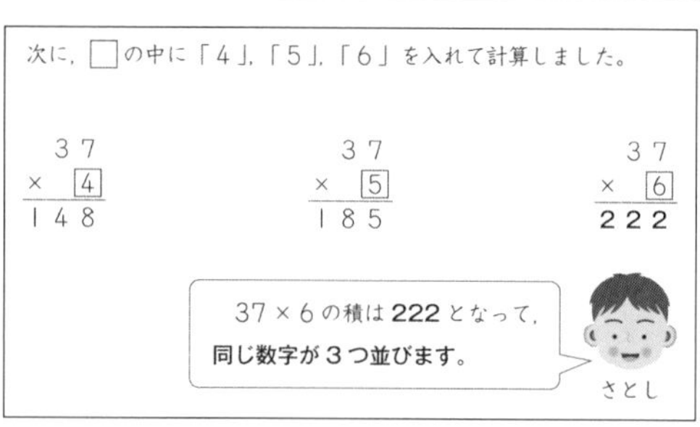

このB 問題はそうした態度の育成を暗に示している。

普通の学級であれば，２つ目の（さとしさん）の言葉（下）で「おやっ」「同じ数字が続くぞ」「111 の次は 222 になっている」「じゃあ，333 も出てくるはずだ」……などといった声が登場するにちがいない。

(1)　さらに，□の中に「７」，「８」，「９」を入れて計算し，積に同じ数字が並ぶかどうかを調べます。

積に同じ数字が並ぶ計算を，下の **1** から **3** までの中から１つ選んで，その番号を書きましょう。

1　３７ × 7　　**2**　３７ × 8　　**3**　３７ × 9

B 問題はさらに続く。

これはペーパーテストなので仕方がないのだが，授業では，この発展的考えを子どもが発想するようにしたいものである。

「7，8，9 を□の中に入れてみよう」「たぶん，9 を入れれば，333 になるかもしれない」と予想が立てられるようでありたい。予想が立つということは，その時点で何らかの類推的思考が働いている。

「2 回とも 3 の倍数のときに同じ数字が並んだのだから，今度も 3 の倍数の 9 のときに同じ数字が並びそうだ」と。

そして，実際にやると，みごと「333」となる。

そこで，「なぜ」という疑問が生まれるのである。ここが算数的思考の最も大切なところだ。

「なぜ」という疑問が生じて，はじめて本気にそのわけを考えられる。

説明がつけば，何にもまして満足感が生まれるのである。

(2)　「なぜ」の説明

さて，B 問題は，この「なぜ」の説明を要求する。

と，同時に説明の仕方も示唆する。

授業レベルのはじめの段階では，説明の仕方の典型例を示すこともいたし方ないところであるが，説明の仕方がただのマネだけに終わってしまう場合もあるので要注意である。

B問題の紙面では，右のような2通りの説明の仕方が紹介されている。

さとしさんとよし子さんは，37×□の計算で，積に同じ数字が並ぶ計算があることに気付きました。そして，なぜ，かける数が6のとき，積に同じ数字が並ぶのかを考えました。

37×3＝111

37×6＝222

2人は，実際に筆算で計算しなくても，**37×3＝111** をもとにすると，37×6の積が222になることに気付き，次のように説明しました。

さとしさんの説明

37×6＝37×（3×2）
＝（37×3）×2
＝111×2
＝222

よし子さんの説明

37×6の6は3×2と考えることができます。
すると，37×6の積は37×3の2倍の大きさになります。
だから，積は111の2倍の222になります。

(2)　次に，37×24の積が888になることを説明します。
2人の説明のどちらか一方をもとにして，37×24の積が888になることを，式や言葉を使って書きましょう。

この説明の（さとしさん）は「式」で表現している。また，（よし子さん）は，「言葉」での表現だ。

そして，この問題の最も大切なところが次に登場する（下の(2)）。

このような問題の背景には，学習指導要領の改善にあたっての答申が関わっている。それは，算数科の領域構成はこれまでどおりの4領域が1年生からすべての学年に設定されたという説明の中にある。

「言葉や数，式，表，グラフなどを用いた思考力・表現力を重視するため，低学年から『数量関係』の領域を設けるようにする。」と言及されている（『小学校学習指導要領解説　算数編』P.5，傍線は引用者による）。

論理的説明が要求されているのである。とくに式表現や，言語表現の充実が要求されている。

さて，この問題で，さとしさんの式だけの説明を使うならば，右上のようになる。

$$
\begin{aligned}
37\times24&=37\times(3\times8)\\
&=(37\times3)\times8\\
&=111\times8\\
&=888
\end{aligned}
$$

このような学力テストの問題が出されているということは，日々の授業の中でも大いに論理的説明の仕方を学ぶことが重要視されていることがわかる。

また，1つの問題から発展的に場面を広げていく態度が必要になることも奨励されていることを心したいものである。

2. 発展的に考察する態度

ここでは，37×□の計算で，積に同じ数が並ぶ場合についての理由を説明していくのに，111，222，333，…となったらどうかと考えるところが発展的なところである。

このような場は，日々の算数の授業の中にいくらでもある。教師のほうでそれを意識するかどうかが問題になってくる。

別の例を紹介する。かつて文部科学省が出した指導資料の例である。

『個に応じた指導に関する指導資料―発展的な学習や補充的な学習の推進―』の4年生の「図形の敷き詰め模様」の例（**図 23-1**）である。

「この指導のねらいは，形も大きさも等しい二等辺三角形や正三角形を敷き詰める活動から，それらの図形で平面を敷き詰めることができることに気づいたり，敷き詰めた図形の中に四角形や六角形を認められたり，図形の美しさを感得したりするなど，図形についての感覚を豊かにしていくことにある。」

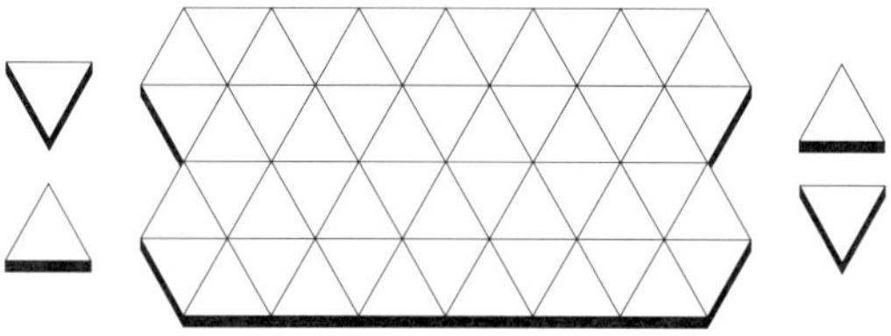

図 23-1

「敷き詰めという作業的な活動によって，そこから見つけられる図形の見方を発展的に広げる。例えば，正三角形を１点を中心に６個並べるとちょうど一周し，その形が六角形になることが発見できる。この形は辺の長さも角の大きさも等しい六角形であるという新しい知識に触れることにもなる。」

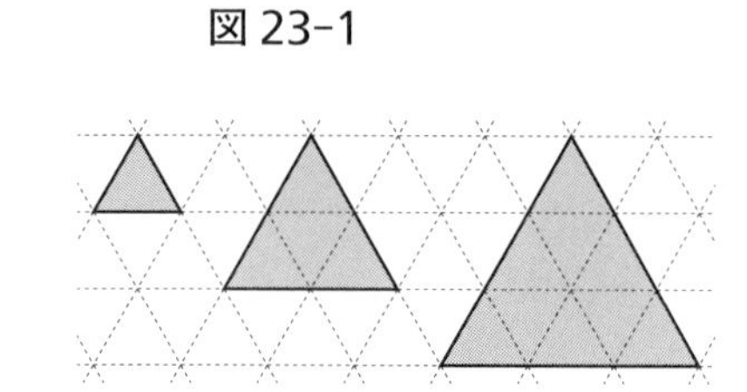

図 23-2

図 23-2 のような模様の描かれた板（厚紙など）をよく見て「いろいろなきまりを発見しましょう」と投げかければ，子どもの発見は多様なものになる。この投げかけは，答えが多様であるという意味から「オープンエンド」である。

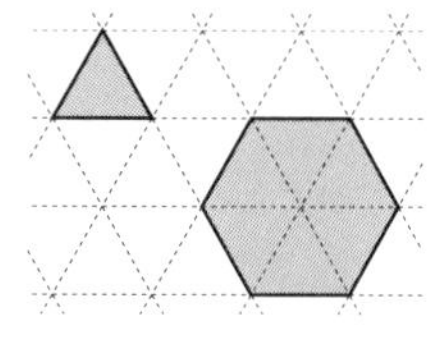

図 23-3

例えば，「全体が小さな正三角形が組み合わされたもの」と見たり，「正三角形が４個で少し大きな正三角形（２倍）ができる」とか，「もっと大きな９個分の正三角形（３倍）ができる」と見たりするであろう（**図 23-3**）。

さらに「正三角形６個で正六角形ができる」などという発見もある。

もっと発展的に考察するならば，この模様の中には，「ひし形」や「台形」なども見つけることができる（**図 23-4**）。

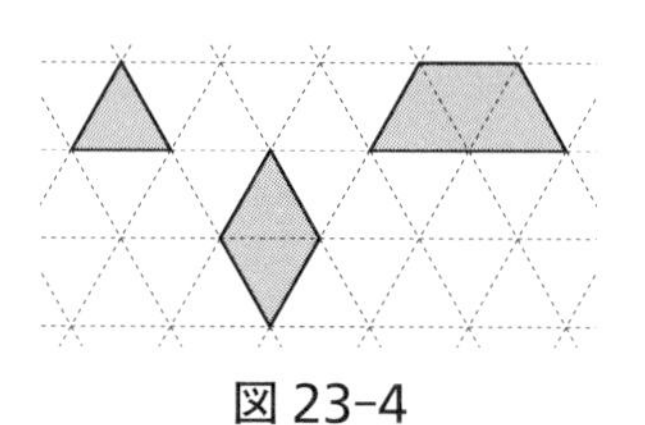

図 23-4

「○倍の正三角形」といった拡大・縮小の見方や，「正六角形」などという図形の用語はこれから先の学年で登場するのだが，子どもの興味があれば，紹介程度に教えてもいいところである。

このような扱いも「発展的な扱いによる授業」と言ってよいものである。

第 24 回

第 5 学年

面積の比較

1. どれが一番大きいか？

ブルーノ・ムナーリの『かたちの不思議 3 三角形』P.92 におもしろい図形が描かれている。**図 24-1** に示した八つの図形である。

これらの図形を比べたとき，いったい「どれが一番大きいのだろう」という疑問が生ずる。つまり，この中で，「面積の最も広いものはどれか」という問いである。あるいは「同じ大きさのものがあるだろうか」「それはどれか」といった問いも起こる。

はじめから答えを明かすのも興醒めだが，これらはどれも同じ面積なのである。1 つの正三角形 (ア) を切り分けたものを組み直して作られた形だからである。面積を変えずに部分を移動して全体の形を変形していくのは**「等積移動」**と言えるものだ。

いわば，形の合成・分解。見えないところに切れ目の線が見えればしめたもの。どこにその線があるか自ら試してみるとよい。ちなみに解答は，本稿の最後に示しておく。

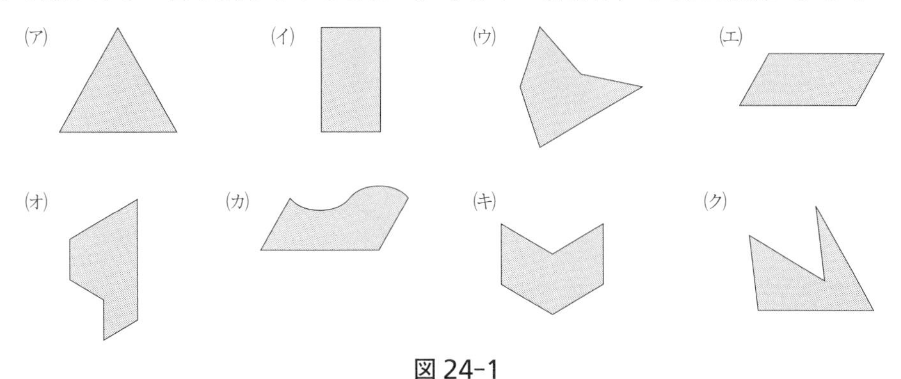

図 24-1

このような見方・考え方は，この学年で学習する「基本的な図形の面積」の素地となるものである。

例えば，平行四辺形の面積を求める公式を考える際に，**図 24-2** のように右側の一部を切り離して，左へ移動する。すると全体が長方形になる。こう考えれば，これは 4 年生で既習の求積公式「長方形の面積＝たて×横」と同じであることが納得される。

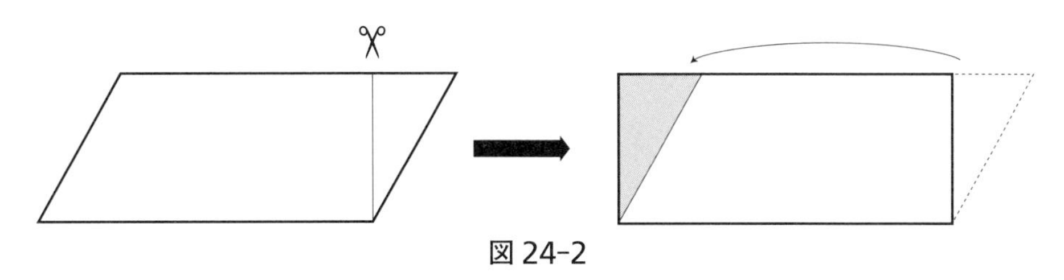

図 24-2

先の図による合成・分解は，このような見方・考え方の発見に通じるものである。

2. 台形の面積公式から

(1) 公式づくりいろいろ

『算数科授業づくりの基礎・基本』で詳しく紹介したが復習の意味で２つだけ再度紹介すれば，次のようである。

１つ目の考えは，面積を変えずに一部を切り取って別の場所に置き換えて，既習の知識を利用する台形の面積公式についてである。

台形の上半分を切り取って，左側にもっていけば，全体が平行四辺形になる（**図24-3**）。これは，**「等積移動」**の考えである。

$S=$（平行四辺形の面積）

$=$（底辺×高さ）

$=(a+b)\times(h\div2)$

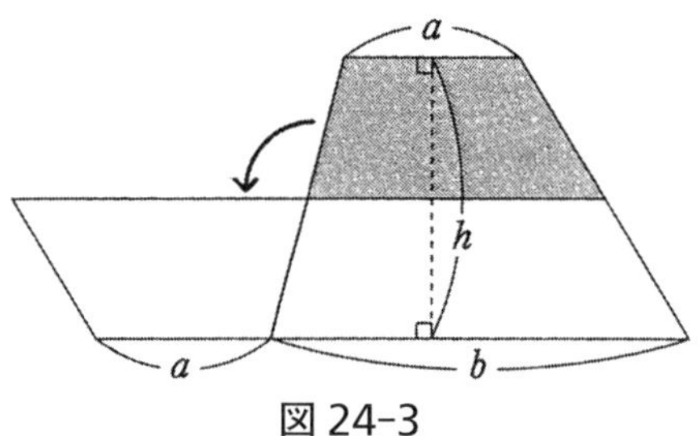

図 24-3

もう１つの考えは，三角形の**「等積変形」**を利用する方法である。

全体を対角線によって２つの三角形に分ける。頂点イを通って対角線ニロに平行な直線を引く。この直線上を頂点イが台形の下底の延長線上まで移動する。すると，台形は三角形ニイ'ハに**「等積変形」**される（**図24-4**）。

$S=$（三角形の面積）

$=(a+b)\times h\div2$

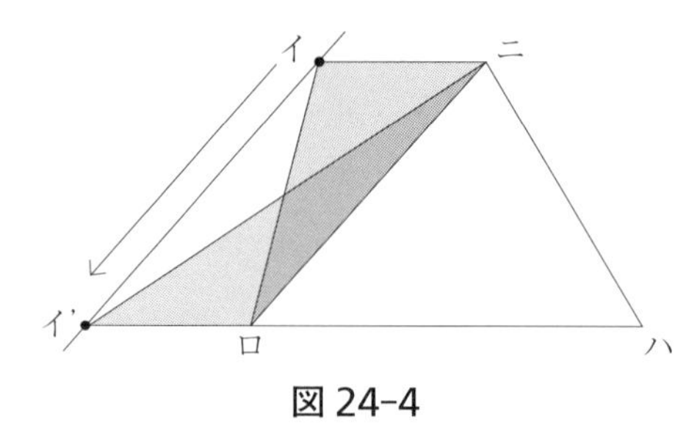

図 24-4

(2) 「ピタゴラスの定理」の証明

さて，この台形の面積公式，丸暗記するならば，ただの呪文のようなものである。そして，これはいったいどこで使うのかといった疑問も起こることがある。

しかし，意外なことにこの公式は使われている。等差数列の和を求めるときにも使える。

また，この公式を使って「ピタゴラスの定理」を証明した人もいる。

◆折り紙を使ってピタゴラスの定理を考える

この定理の証明にはたくさんの証明方法があることが知られているが，ここでは折り紙を使って，「ハンズオン・マス」の精神でやってみることにする。

まず，次のように，折り紙を折る。

①中心を通る直線で二等分する。

②直角に交わる直線を対角線とする正方形を作る（**図24-5**）。

このとき，下半分の台形アイウエを使って考える。

まず，それぞれの長さを**図24-6**のようにa，b，cとする。上底エウがa，下底アイがb，高さが（$a+b$）となるので，これを使って，公式に当てはめて面積を求める(A)。

次に，この台形の面積を別の方法で求める。

2つの合同な三角形と，cを等辺とする直角二等辺三角形の和と見るのである(B)。

AとBは面積が等しいので，この式を等号で結ぶ。

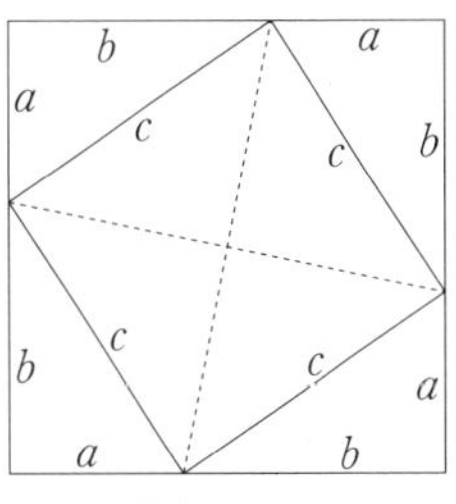

図24-5

(A)

$$(a+b)\times(a+b)\times\frac{1}{2}$$
$$=\frac{(a+b)^2}{2}$$
$$=\frac{a^2+2ab+b^2}{2}$$

(B)

$$\frac{ab}{2}\times2+\frac{c^2}{2}$$

(A)=(B)

$$\frac{a^2+2ab+b^2}{2}=\frac{2ab+c^2}{2}$$
$$a^2+b^2=c^2$$

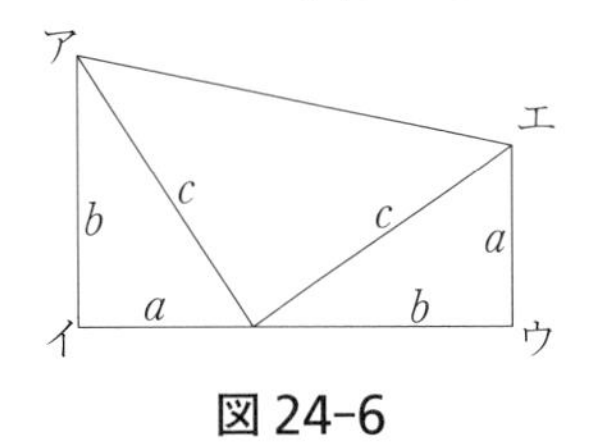

図24-6

両辺を2倍し，$2ab$をひけば，下のようにいつのまにか「$a^2+b^2=c^2$」となる。

この証明は，James A. Garfield（1831～1881）の証明として有名である。ガーフィールドは第20代アメリカ合衆国大統領であった。1876年ころ，この先生が国会議員と議論をしているときに思いついた証明であると言われている。

こんな証明は，算数・数学の好きな子が，先生の助言を聞きながら，文字式を使って説明していければとてもおもしろいものではないかと思う。台形の面積公式が役に立っているという実感がわいてくるかもしれない。

P.107の答え

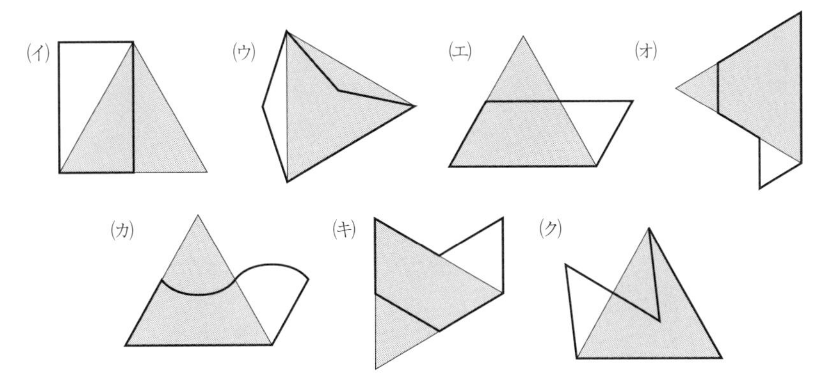

第25回　第5学年

平面や立体を切る

1. 紐（ひも）を切ると何本に分けられるか？

まずはじめに，**図25-1**のようにこんがらかった紐を想定してみる。

もとに戻らないので，これをはさみで切ってしまうことにする。

さて，この紐は何本に切り分けられるだろうか。

紐を順に手繰っていけば，何本かがわかる。しかし，それはとても手間がかかる作業になる。

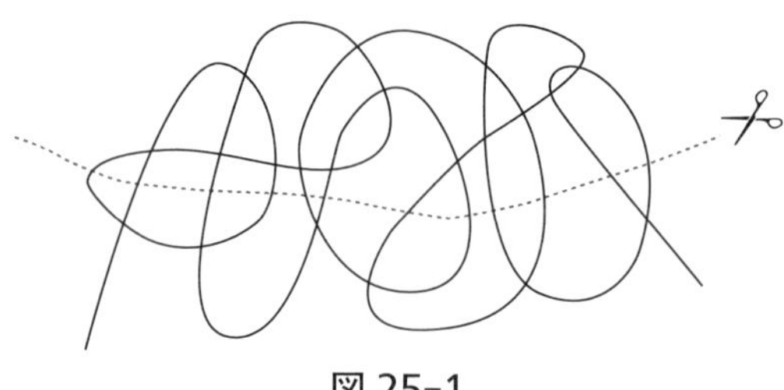

図25-1

そこで，少し違う視点でこれを解決しよう。はさみの切れ目に目を付けるのである（**図25-2**）。

もしも，はさみの切れ目が1か所であったならば，当然，紐は2本である。

切れ目が2か所であれば，紐は3本。

切れ目が3か所であれば，紐は4本。

切れ目が4か所であれば，紐は5本。

………………

このように並べてみれば，そこには「きまり」が見えてくる。

切れ目の数と，その間の紐の数の関係である。**一方がわかれば他方もわかる関係**だ。

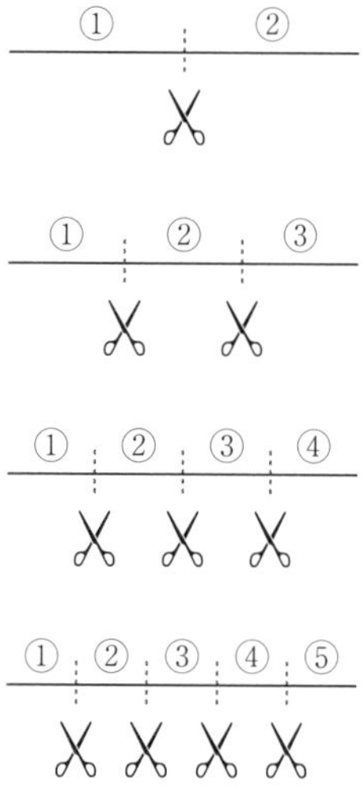

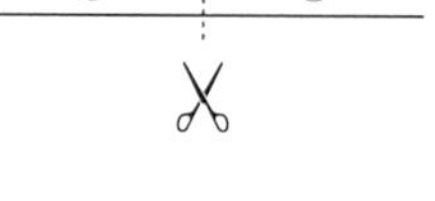

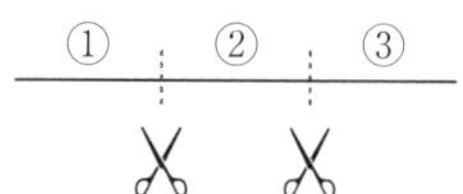

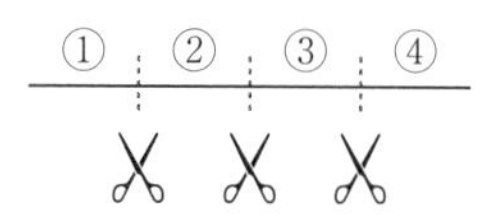

図25-2

はさみの切れ目に，間の紐を対応させれば（**図25-3**），間の紐の数が，切れ目の数よりも1だけ多いことがわかる。

これは古くから「植木算」と呼ばれているものである。式で表せば，

間の数＝切れ目の数＋1

となる。

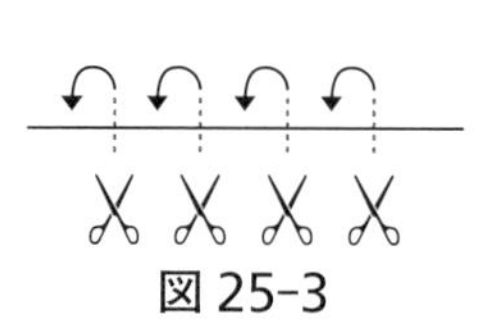

図25-3

したがって，先のこんがらかった紐を切ったら何本になるかについて

12＋1＝13（本）

図25-4

は，その切れ目の数がわかればすぐに解けることになる。切れ目の数に1をたせばいい（**図 25-4**）。

要するに，紐そのものを数えることはむずかしいので，一方の切れ目を数えれば，簡単に他方の紐の数も求められるということになる。

2. ピザを切るといくつの部分に分けられるか？

今度は，紐の代わりに「ピザ」を想定してみよう（**図 25-5**）。第21回にくわしく説明したがここに再度掲載する，一次元から三次元までの関係を考えるためである。

平らなものを包丁で切っていく。そのときに端から端まで直線で切っていく。大きさは問わない。

さて，最大いくつの部分に分けられるだろうか。

先の紐の問題を，一次元の問題と考えれば，これは二次元の平面の分割だ。1回切ると2つの部分に分かれる。

あとでのきまり発見を予想するならば，こんなときには「切らない」ということも考えておいたほうがいい。もしも切らなければ部分は1個だ。場合によっては「0回切った」と考えれば，他と対等に並べることができる。

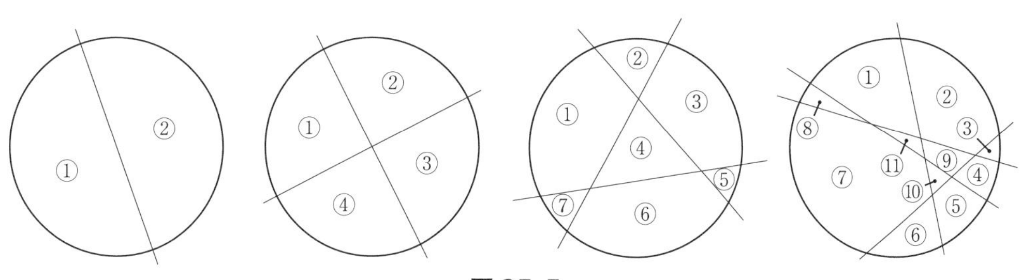

図 25-5

続いて，「2回切ったら，3回切ったら，4回切ったら，……」と考えてみよう。

部分の数と対応させたときに，何かきまりが見えてくるだろうか。

0回切ったら⇒1個
1回切ったら⇒2個
2回切ったら⇒4個
3回切ったら⇒7個
4回切ったら⇒11個
………………

どうだろう。何か数に変化のきまりが見えてきただろうか。

{1, 2, 4, 7, 11,……}

このまま眺めていてもなかなかわからない。では，数の差をとってみよう。

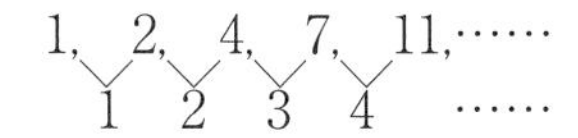

数の差は，｛1, 2, 3, 4,……｝と増えている。はじめに1個あって，次々とこのように増えていくのである。このきまりを使えば，実際にはできそうもない「10回切ったら何個に分けられるか」といった疑問にも答えられそうである。

つまり，次のような式で計算できる。

$$1+(1+2+3+4+5+6+7+8+9+10)=56$$

3. ようかんを切ったらいくつに分けられるか？

こうなると，次に考えるのは，三次元の場合である。つまり，空間を平面で切っていくと，いくつの部分に分けられるだろうか。

わかりやすくイメージするならば，「ようかん」を切るといくつに分けられるかという問題である。

これも少ない場合から順に考えてみよう。

0回切ったら⇒1個

1回切ったら⇒2個

2回切ったら⇒4個

3回切ったら⇒8個

ここまでは，イメージできるのではないだろうか（**図 25-6**）。

きまりは見えてきただろうか。

｛1, 2, 4, 8,……｝

2倍になっているようである。では4回切ったらいくつになるか，確かめてみたい。しかし，「4回切ったら」がなかなかイメージできない。そこで，四つの平面で，この空間を切っている模型を見てみよう（**図 25-6** の一番右）。

それは「正四面体」である。これは封筒などを使えば簡単に作ることができる。

この図から，四つの平面で空間を切っていることがイメージできるだろうか。

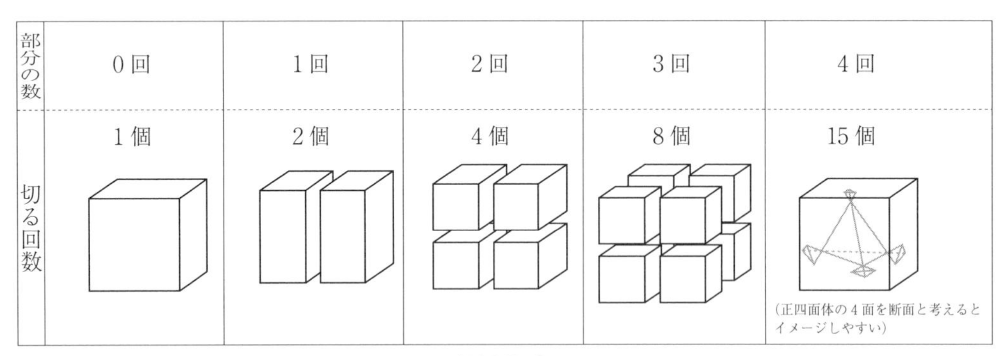

図 25-6

全部の面で囲まれた内側に，1個の空間がある。そして，各面を延長してみることから，その面の外側にそれぞれ1個ずつの空間ができる。つまり，4面あるから，外側に4個の空間ができたことになる。

さらに，四面体には6本の辺があるが，さきほどの面を延長すれば，この辺の外側にも新たな空間ができている。つまり，新しい6個の空間ができた。

そしてなお，頂点の外側にも面を延長したために新空間が登場する。4頂点の外側である。**図25-6**の一番右に，4頂点の外側にイメージできるように描いておいた。これによって，4個の空間が増えた。

空間の数を合計してみよう。全部で，15個の空間に分けられることがわかった。

0回切ったら⇒1個
1回切ったら⇒2個
2回切ったら⇒4個
3回切ったら⇒8個
4回切ったら⇒15個
………………

1＋4＋6＋4＝15
↑ 面の内側　↑ 面の外側　↑ 辺の外側　↑ 頂点の外側　↑（全体）

16ではなかった。まだきまりが見えない。

そこで，いままでやったものを全部並べてみることにする。新たなきまりを発見できるかもしれない。

どうだろうか。何か見えてきただろうか。

帰納的に発見するきまりではあるが，**紐の数とピザの数を足してみれば，次のピザの数**になっている。

また，**ピザの数とようかんの数を足してみれば，次のようかんの数**になっている（**表25-1**）。

このきまりを使えば，やってみなくても計算によって次の数がわかってこよう。

こんな「きまり発見」は，子どもの観察力を鍛え，数に対する鋭いセンスを磨くことになる。

表25-1

切る回数	紐（一次元）	ピザ（二次元）	ようかん（三次元）
0	1	1	1
1	2	2	2
2	3	4	4
3	4	7	8
4	5	11	⑮

第26回　　第5学年

輪飾りの秘密

1.「輪飾り」の秘密

(1) 2つの輪で……

折り紙を四等分して細長い紙テープを作る。

この紙テープを２本使って，七夕の輪飾りを作る。ただし，まん中の接触面をのりづけして固定してしまう。

そして，このようなものができたら，この輪飾りの中央線をはさみで切っていく。糊づけした部分も切っていく（**図 26-1**）。

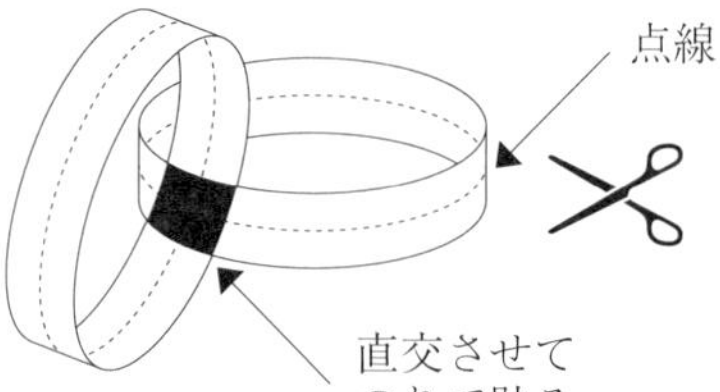

点線を切る。
直交させて
のりで貼る。

図 26-1

はたしてどのような形になるであろうか。いろいろな予想が登場する。

大きな輪ができるだろう。

四つの輪になってしまうだろう。

いや，その四つの輪はつながっているにちがいない。等々。

では，実際に切ってみよう。

なんと，大きな正方形ができてしまった（**図 26-2**）。驚きである。

図 26-2

授業の中では，例えば，立方体の展開図を考えるときがある。このときは，先生は結果を知っているのであまり驚かないが，子どもははじめての経験なので，こんな展開図ができるかと大きな驚きを感じることだろう。ここではそれと同じことが起こっているとみてよい。空間をしめていたものが，平面に開かれたということになる。

(2) 輪飾りがもっとつながったら

さて，ここでとどまっては，ただの手品のようなものになってしまう。

少し発展させて考えてみたい。

輪を３つにしてみよう（**図 26-3**）。今度は，どんな形になるであろうか。

これにも様々な予想が出てくる。

もっと大きな正方形になるだろう。

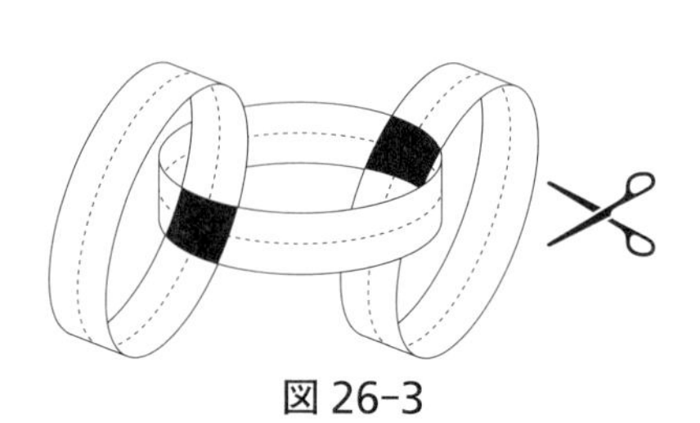

図 26-3

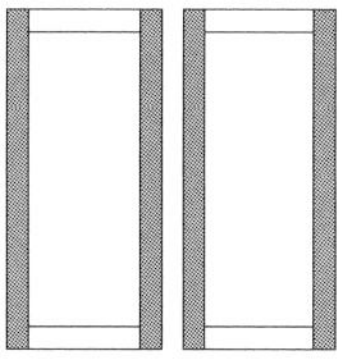

いや，今度は正六角形だ。

長方形かもしれない。等々。

子どもはわくわくしながら挑戦する。

一方から順に切っていく子と，一方の端から切って，次は他方の端から切るといった操作の違いが生じるが，結果は同じである。

図 26-4

なんと，長方形が２つ，離れて作られた。これまた予想外の形である（**図 26-4**）。

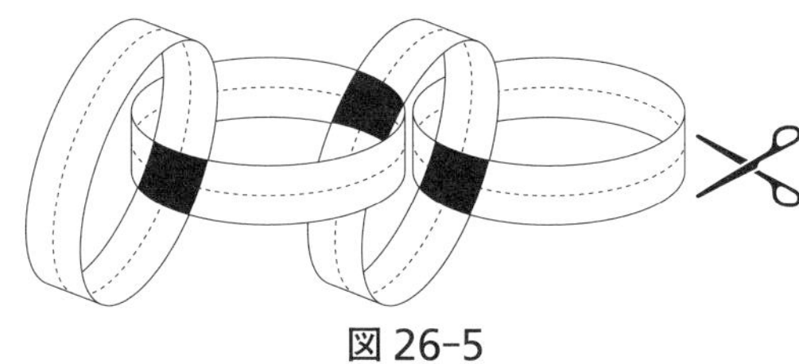

図 26-5

しかも，先の正方形の上に置いてみれば，同じ大きさになっているのである。

またまたびっくりしたところで，もう次のことを考えている子がいる。

それは，輪を４つつなげたらどうなるかという問題である（**図 26-5**）。もう子どもは自分で発展的に考える状況になっているのである。

輪を４つつなげた状態で，輪の中央線を切っていけばどうなるか。なかなか予想できない。

今度は，長方形が４つかな。

いや，正方形が４つじゃないかな。

さっきは，形が離れたので，今度も離れるかな。

いや，はじめの２つでは離れなくて，３つで離れたから，今度はつながっているのでは……。

などといった予想の声が上がる。

実際にやってみる。その結果，なんだかよくわからないが，全体がよじれながらも１つのつながった状態になっている。

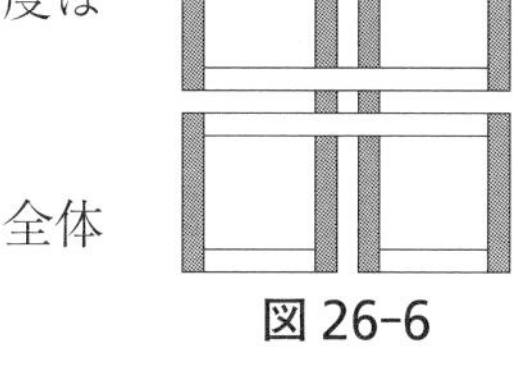

図 26-6

そこで，「紙が反発しないように，上手に机の上に置いてごらんなさい」と助言する。

試行錯誤しながらも，なんとか，机の上に置けると同時に「あっ，正方形が四つになっている」「全体の大きさははじめと同じだ」といった驚きの声が上がる。

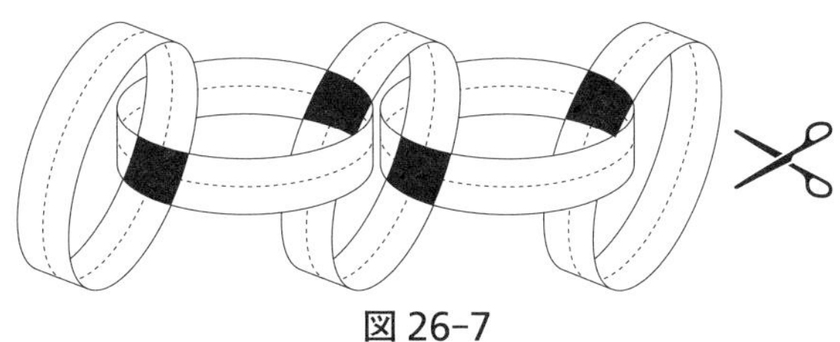

図 26-7

ねじれを起こしながらもつながった１本のテープが四つの正方形を形づくっていたのである（**図 26-6**）。

もう黙っていても，輪の５つつなげに挑戦する姿を見ることになる（**図 26-7**）。結果は，これに興味ある読者の楽しみにしておきたい。

2. 失敗した子の中に新しい視点が

(1) 糊づけがずれた

教室での作業をよく見ていると，全員が上手にやっているわけではなく，なかには少々うまくいかない子の様子も見る。

例えば糊づけ部分が垂直に交わらず，少し斜めに貼られているのを見ることがある。

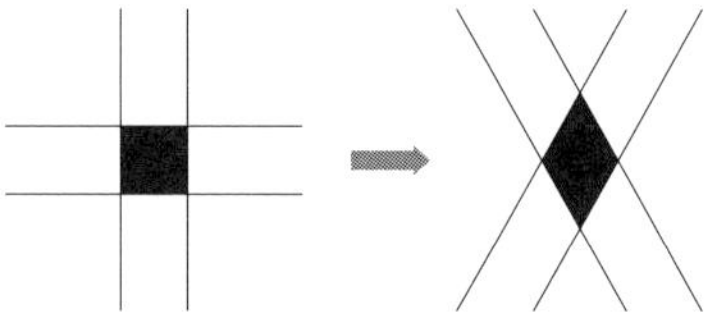

図 26-8

「やり直しなさい」と言うのでなく，「それはあとで使わせてね」と言えばよい。

もしも，糊づけ部分が**図 26-8** のようになってしまった場合には，でき上がりがどうなるであろうか。

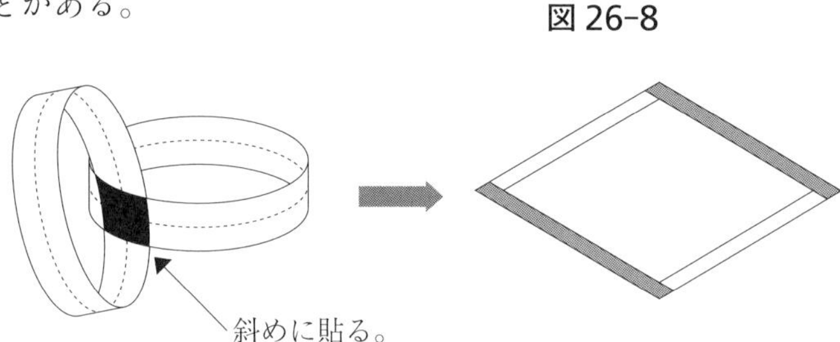

図 26-9

また，おもしろい状況が見られることになる。

中央線を切っていくと，今度は「ひし形」になってしまうのである（**図 26-9**）。

これまた，予想外の形だ。このことをきっかけに，さらなる発展も期待できる。

(2) 長方形・平行四辺形を作るには

今度は，はじめにでき上がりの形を決めたときにはどのようにして作ったらいいかということを考える。

「長方形にするには……」

「平行四辺形にするには……」

といった考えである。

でき上がりを長方形にするには，どのようにつないだ輪を切っていけばよいか。

大きい輪と，小さい輪をつなげればできそうである。

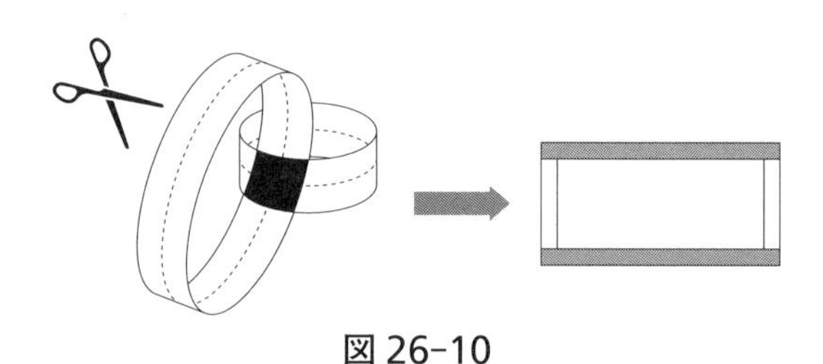

図 26-10

実際やってみれば，みごと長方形が登場する（**図 26-10**）。

では，平行四辺形にするにはどうすればいいか。

もう予想できるはずである。

「大きい輪と，小さい輪をつなげるのであるが，このときに糊づけ部分を垂直にせずに，斜めに貼る」のであ

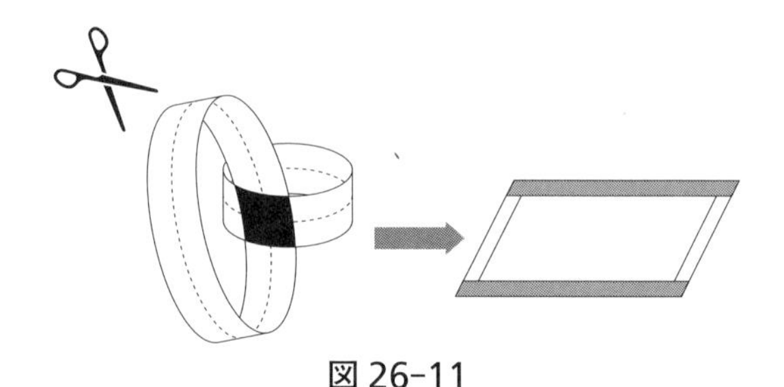

図 26-11

る。でき上がりはみごと，平行四辺形になる（**図 26-11**）。

3. 遊び心から

さて，少し楽しい輪飾りの秘密に挑戦してみよう。

「メビウスの輪」をご存じだろうか。

テープをねじって輪をつくると，表も裏もない状態ができる（**図 26-12**）。

表面とおぼしき面に沿って，鉛筆で線を引いていくと，いつのまにか表も裏もなく線が引けて，元に戻ってくる。そんな輪である。

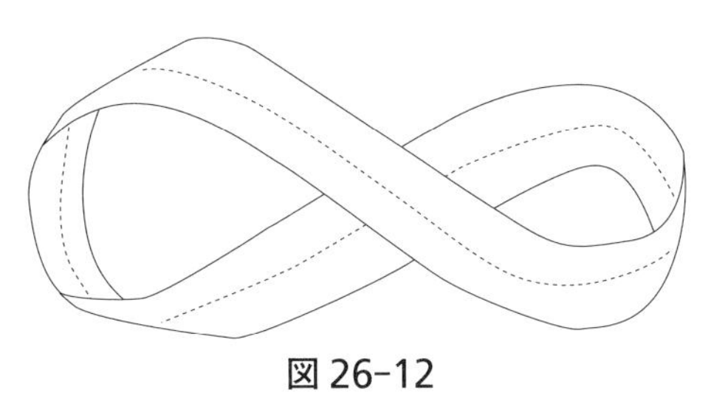

図 26-12

このメビウスの輪を２つ，さきほどの糊づけ輪飾りと同じようにして，その中央線を切っていくとどうなるか（**図 26-13**）。

今度は，結果を先に言っておく。

上手にでき上がれば，２つのハート型が互いに鎖のようにつながって登場するであろう（**図 26-14**）。

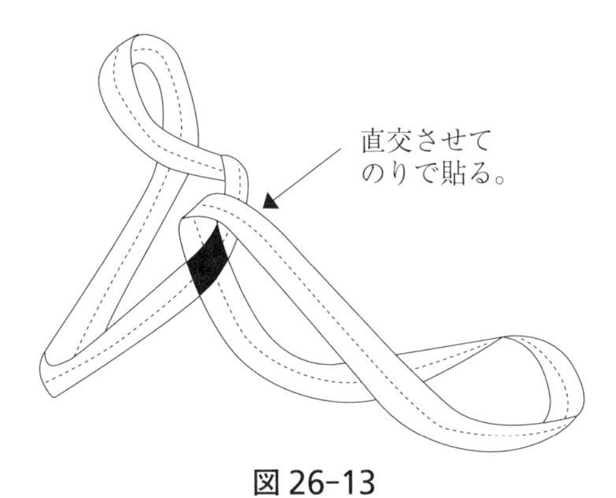

図 26-13

しかし，失敗すれば，２つのハートはバラバラになって登場してしまう（**図 26-15**）。

さあ，やってみよう。

まるで「恋占い」のようである。子どもも大人も喜々としてやりはじめる。

ねじれた紙テープなので，ハートの形といっても，そっと置けばそのように見えるということを付け加えておこう。

テープのねじり方によるということをヒントにしておく。

こんな，輪飾りの変化については，まだまだおもしろいものが考えられるので，それぞれいろいろな発展を考えたい。もちろん子ども自身が，そのように発展的に考えて動き出すことを期待しての教材づくりである。

図 26-14

図 26-15

第27回

第5学年

偶数・奇数

1. 偶数・奇数

(1) 整数の性質についての理解

平成20年版小学校学習指導要領にはこのことについて「整数は，観点を決めると偶数，奇数に類別されることを知ること」とある。

また解説書には，次のように解説されている。

「整数を2で割ると，余りは0か1になる。2で割ったときに余りが0になる整数を偶数といい，余りが1になる整数を奇数という。

このように，整数は，偶数または奇数の2種類に類別される。すべての整数の集まりは，偶数の集まりと奇数の集まりに類別されるということである。

身の回りの生活や学習の場面においても，偶数，奇数を活用できることがある。例えば，学級の児童を2つのグループに分けようとするとき，出席番号を2で割って，割り切れるかどうかという観点を決めると，すべての児童が，どちらかのグループに必ず入ることができる。」

子どもはこれまでの生活の中で「偶数・奇数」などという言葉を聞いたことがあるし，そのおぼろげな意味も承知している。しかし，そのことの詳細な説明は不十分なのである。

ちなみに「偶数ってどんな数か？」と聞けば，「2，4，6，8，……などの数」と答える子が多い。漠然としたイメージはある。

しかし，もう少し突っ込んで聞くと，説明がむずかしくなってくる。

「2とびの数です」と答える子もいる。そんな子には「では，奇数はどんな数か？」と聞く。「1，3，5，7，……のような数」と言うので，「それは，何とびかな」と問い返す。「あれっ，これも2とびだ」と，自らの説明に不備があることに気付くことになる。

このような未熟な説明をもう少し，すっきりとしたものに変えていくことが必要だ。

(2) 「余り」の数に目を付ける

整数全体を**2つのグループに分けるという意識があって**，その方法として，**「余り」の数に目を付ける**わけである。

どんな整数も2で割れば，余りはないか，1かのどちらかである。それを観点として分類できれば，2つのグループに分けられる。

3で割れば，余りはないか，1か，2かのいずれかとなる。必然的に三つのグループに分けられることになる。
　以下同様に，いくつかのグループに分けようとすれば，その分けたいグループ数で割れば，余りは「ない（0），1，2，3，……」の場合になるわけである。

2. 具体的な場面で

(1) カレンダーから

　しかし，このような知識をそのまま子どもに与えても，子どもはあまりおもしろさを感じない。
　そこで何らかの具体的な場面で，この内容を使いながら問題の解決を図っていく。
　よく教科書などに出てくるものは「カレンダー」の数値である。
「11月の1日が土曜日であれば，来月のクリスマスは何曜日か」といった問題だ。
　カレンダーの曜日は7日ごとに繰り返されるところに気付くことがポイント。
　1日の次の土曜日は，8日。さらにその次の土曜日は，15日。つまり，土曜日は，{1，8，15，…} といった数で構成され，「7で割ったとき1余る数」の集まりである。
　このように見れば，各曜日はそれぞれ7で割ったときの余りの数によって類別されることがわかる。「7余る」ということは「余らない」ということで「0余る」と見れば，他の数と同じように並べて考察しやすい。

日曜日 ⇒ 2，9，16，…
（7で割ったとき2余る数の仲間）
月曜日 ⇒ 3，10，17，…
（7で割ったとき3余る数の仲間）
火曜日 ⇒ 4，11，18，…
（7で割ったとき4余る数の仲間）
水曜日 ⇒ 5，12，19，…
（7で割ったとき5余る数の仲間）
木曜日 ⇒ 6，13，20，…
（7で割ったとき6余る数の仲間）
金曜日 ⇒ 7，14，21，…
（7で割ったとき0余る数の仲間）
土曜日 ⇒ 1，8，15，…
（7で割ったとき1余る数の仲間）

　このことがわかれば，12月25日のクリスマスは，どのように見ればいいのか。
　11月と12月に分けずに，すべて11月と見直しをかける。12月1日は，11月31日。12月2日は，11月32日，……と見ていくわけである。
　すると，12月25日は，11月（30＋25）日，すなわち，11月55日となる。この55（日）が7で割ったとき，余りいくつの数になっているかを調べればよい。
　55÷7＝7余り6
　これより，余りが6となる数の仲間，つまり，「木曜日」がクリスマスの日になることがわかった。

(2) 奇数ピラミッド

整数のカードはどの教室にもあろう。

1～20くらいまでのカードがあればよい。これを使って次のような授業をする。

まず，整数カードを**図 27-1**のように2組に分ける。一方は奇数，他方は偶数である。

まずは，「奇数のカード」のみを使うことにする。

このカードを次のようにピラミッド状に並べ直す。上から1段目は，{1}。2段目は，{3，5}。3段目は，{7，9，11}。そして4段目は，{13，15，17，19} となる。

1, 3, 5, 7, 9, 11, 13, 15, 17, 19	2, 4, 6, 8, 10, 12, 14, 16, 18, 20

図 27-1

ここまでできたら，さっそく問題である。

「このまま，この奇数ピラミッドを作っていくと，**10段目の数の合計**はいくつになるだろう」

1
3 5
7 9 11
13 15 17 19
……………………

こんな問題である。多くの子は，ノートにどんどん書いていって10段目までなんとか書いて，その合計を求めようとする。力業である。

{91, 93, 95, 97, 99, 101, 103, 105, 107, 109}

これがわかれば，あとはたすだけ。工夫したたし算を使う子もいる。端と端をたして200だ。これが5個できるから，答えは1000となる。

また別の子は，右端の数のきまりを見つけて10段目を探す。あるいは左端の数のきまりを見つけて10段目を探す。場合によってはまん中の数に着目し，1，(4)，9，(16)，……と考える子もいる。偶数段目はまん中の数がないので，仮にあったとしたらと考えてみると，1×1，2×2，3×3，4×4，…となっていると見なせることを発見したのである。

さて，この問題，最後の10段目は並ぶ数を全部書いて，それをたす以外に何かよい方法はないだろうか。

一段目から合計を求めてみよう。すると右下のような数になっていることがわかり，びっくりである。

1 ＝1×1×1
8 ＝2×2×2
27＝3×3×3
64＝4×4×4
……………………………

いわゆる「立方数」になっている。このことに気付けば，10段目は簡単に求められる。10×10×10＝1000となる。

もう力業はいらない。

次は，残った偶数カードに登場してもらおう。

この偶数カードを先の奇数カードと同じようにピラミッド状に置いたら，今度は10段目の合計はどのようになるだろう。力業ではなく，問題を解決してみよう。解答はお楽しみということにしておこう。ヒントは先の奇数ピラミッドと対応させて考えるところにある。

2
4 6
8 10 12
14 16 18 20
……………………

第28回

第5学年

水槽の水の深さ

1. 水槽を使って

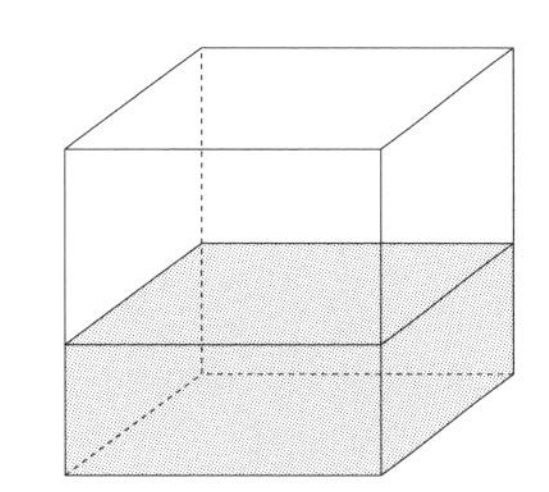
図 28-1

「水槽」を使った実験である。

縦・横・深さが10cmの立方体の水槽がある。ちょうど1000㎤なので1Lである。このような「リットルマス」はどの学校にもあるはずである。

これを使用して実験を行う。深さ4cmほど水を入れる(**図 28-1**)。

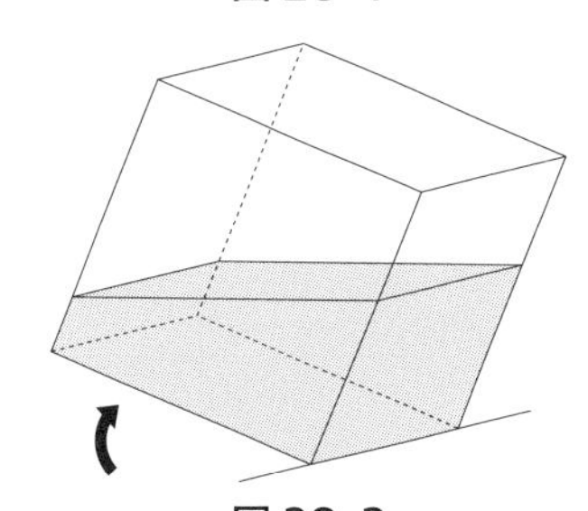
図 28-2

底面の一辺を固定して水槽をいろいろに傾けてみよう(**図 28-2**)。どんな様子が見られるだろうか。何かきまりのようなものが見つかるであろうか。

2. 和が一定のきまり発見

こんな実験をやってみると，おもしろいことに気付く。

水槽を横から見ていると，水の深さに着目できるが，この深さは右と左では変わってくる。

平らな状態で静止していれば，左右は同じ4cmであるが，少し傾ければ，変化が起こる。

表 28-1

右の深さ a cm	4	5	6	7	8
左の深さ b cm	4	3	2	1	0
$a+b$	8	8	8	8	8

例えば，右の深さが5cmのときには左の深さは3cmになる。また，右が6cmになれば左は2cmとなる。もっと別の深さでも調べれば**表 28-1** のように**表に表す**ことも可能だ。

この様子を言葉で言うならば，「左右の水の深さの合計はいつも8cmになっている」ということになる。

さらに，実験で傾ける方向を逆にしてよければ，変化は0から8までとなる。

式で表すこともできる。

右の深さを a cm，左の深さを b cmとすれば，

$a+b=8$

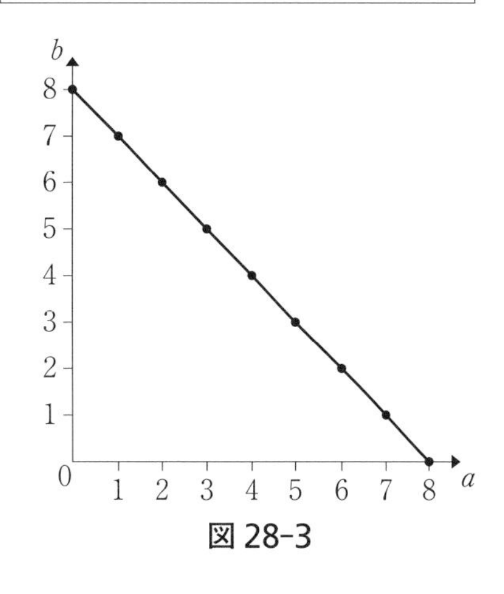

図 28-3

となる。和が一定になっていることがわかる。

もしも**グラフに表す**ならばどうだろう。**図 28-3** のような 45° に傾く右下がりの直線グラフとなる。

3. 「なぜ」を考える (1)

では,「なぜ」和が一定になるのであろうか。「台形の面積」の学習,「四角柱の体積」の学習をしているならば,このことのわけを説明できるだろう。1つ1つの学習を総合して問題の解決にあたるということになる。

まず,水の形に着目する。静止状態での形は「直方体」あるいは「四角柱」になっている(**図 28-4**)。

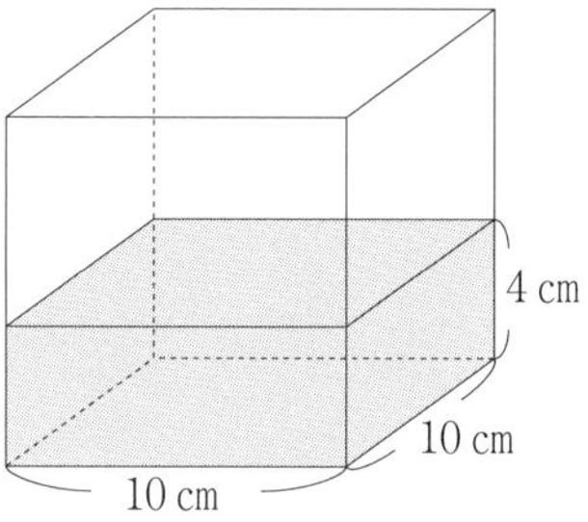

水槽に入っている水の量は変わらない。体積は,10×10×4=400(cm³)である。

図 28-4

これが傾いたときの形は,次のようである(**図 28-5**)。

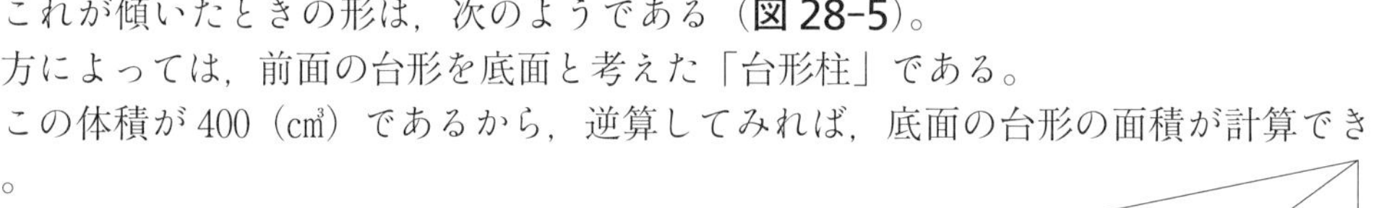

見方によっては,前面の台形を底面と考えた「台形柱」である。

この体積が 400(cm³)であるから,逆算してみれば,底面の台形の面積が計算できる。

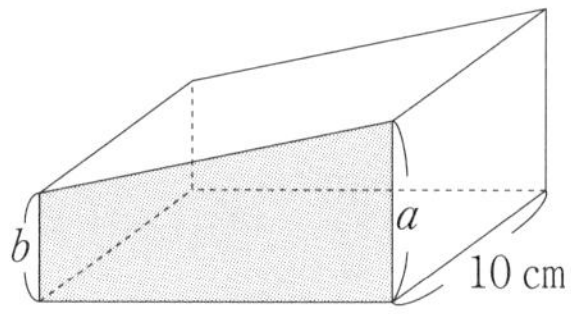

(底面積)×(高さ)=(体積)

この式から,次のようになる。

$x \times 10 = 400$

$x = 40$

図 28-5

この「40」は底面の台形の面積である。

台形の面積=(上底+下底)×高さ÷2

だから,上底を a(水槽の右の深さ),下底を b(水槽の左の深さ)とすれば,式は次のようになる。

$(a+b) \times 10 \div 2 = 40$

このことから,式は次のように変形される。

$(a+b) = 40 \times 2 \div 10$

$= 8$

以上のことから,水槽の左右の深さの和が常に 8 となって,一定であることがわかった。

4. さらなる発展

実験をさらに続けてみよう。つまり,水槽の傾きをもっと大きくしようということだ。

もっと傾けると,今度は,一方の水の深さがなくなる。**図 28-6** のように,右の深さ a は大きくなるが,左の深さはどのように考えればいいのだろう。

左側は,深さがなくなってしまうので,図のような部分を c の長さということにしてみる。

この長さは傾けるほどどんどん減っていく。実際には水の量を減らして実験をする。実験をした結果を再び表に表す（**表 28-2**）。実際の実験では，はじめの水の深さを2cm程度にするとよいだろう。

今度は，どうなっているのだろう。

よく見れば，a と c の積がおおむね一定になっている。実際の実験では，水の表面張力などが影響して細かな部分が読み取れないところもあるが，おおむね，積が一定のようである。

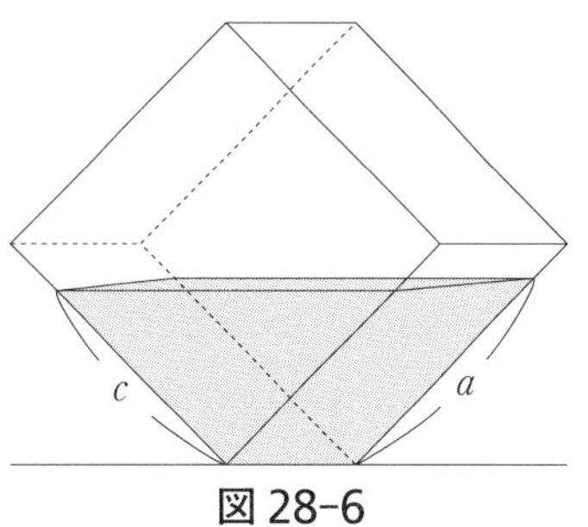

図 28-6

実験結果ではあいまいな部分もあるので，仮に「積一定」だとすれば，それが正しいかどうかは，わけを考えてみなければならない。

表 28-2

右の深さ a cm	4	5	6	7	8	9	10
左の長さ c cm	10	8	約6.5	約5.5	5	約4.5	4
$a \times c$	40	40	39	38.5	40	40.5	40

5.「なぜ」を考える（2）

先の「和一定」の場合と同様に，水の形と体積を使って考えてみよう。

水の量は変わらない。この状態の形はどうだろう。水の形は「三角柱」になっている（**図 28-7**）。

底面の形が「三角形」である。

三角柱の体積＝底面×高さ

したがって，次のような式ができる（はじめの水の深さは2cmである）。

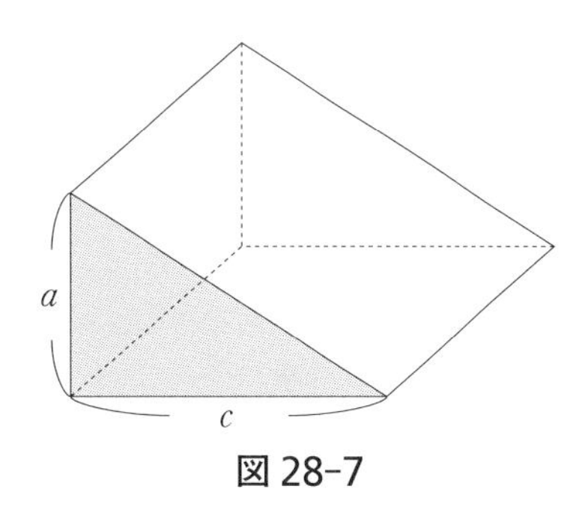

図 28-7

$200 = (a \times c \div 2) \times 10$

$(a \times c \div 2) = 200 \div 10$

$= 20$

$(a \times c) = 20 \times 2$

$= 40$

このことから，a と c の積は40で，常に一定であることがわかった。

つまり，水槽の傾きによる水の様子は，**はじめは左右の水の深さ a と b については「和一定」となっているが，一方の深さがなくなると，今度は a と c について「積一定」となっている**ことがわかった。

6. 多様なきまり

この問いは，自由に考えるならば非常に多様なきまりが見いだせる。

以下，子どもが見いだしたきまりのみ表にして示すことにする。このような視点から言えば，この問いは**オープンエンドの問題**といえるものである。

分類	番号	内　　容
和が一定	1 2	$a+b$は一定 水面の上の部分の長さの和は一定
変化	3 4 5 6 7	一方が増えた分だけ他方が減る 一方が増えると他方は減る 辺の長さが変わる 水面の横の長さが長くなる 一方が0になると他方は2倍
変域	8	限度がある，10cmを超えない
水面の形	9 10 11 12 13 14 15	水面（上）と底面（下）は長方形 水面（上）は長方形，四角形 底面の形は一定 側面は台形から三角形に変わる 横から見ると台形 水面の形が変わる 底面が小さくなる場合がある
面積	16 17 18 19 20 21	側面積は変わらない 水面の面積が変わる 水面の面積が大きくなる 水面の面積以外は変わらない 表面積が変わる 底の面積は上の面積より小さい
体積	22 23	体積は変わらない 柱体とみると（底面積）×（高さ）
その他	24 25 26 27 28 29 30 31 32	横から見ると定点がある 重さは変わらない 角度が変わる 側面の角の和は一定 水面は水平 水の形は四角柱 水の形は直方体から三角柱に変わる 水の形が変わる その他

第29回　第5学年

正多角形の内角1

1. 正多角形の内角は

5年生では『正多角形』が扱われる。定義は,「辺の長さが同じで，角の大きさも同じ多角形」である。

例えば，正五角形であれば,「五つの辺の長さが等しく，五つの角の大きさも等しい五角形」ということになる。

ところで，このときに辺の長さ，角の大きさはどのようになっているのだろう。辺の長さは正五角形の定義には関わらない。しかし，角の大きさは決まっている。五角形の内角を調べて，それを五等分しなければならない。

図のように，五角形を対角線で切れば三つの三角形ができる。したがって，1つの角の大きさは,（180×3）÷5＝108（度）ということがわかる。(**図29-1**)

これがわかれば正五角形が描けることになるが，辺の長さは自由である。もしも，決められた辺の長さの正五角形を描くならば，そう簡単ではない。

では，どうするか。一辺が5cmの正五角形を描こうとすれば，まず「5cmとって，108度」と描き，またその先端から「5cmとって，108度」と描く。これを繰り返すとやがてはじめの位置に戻ってくる（**図29-2**)。

このようにすれば，決められた辺の長さの正五角形が描ける。

しかし，どの教科書の扱いも，正五角形は円に内接させて描く方法を紹介している（**図29-3**)。

中心の角を五等分して，中心角72°を利用して描く。辺の長さは問わないままである。定義に合わない描き方になっていることを承知しなければならない。

子どもには，両者の描き方を理解してもらうといい。定義に合った描き方もぜひ体験してもらいたい。

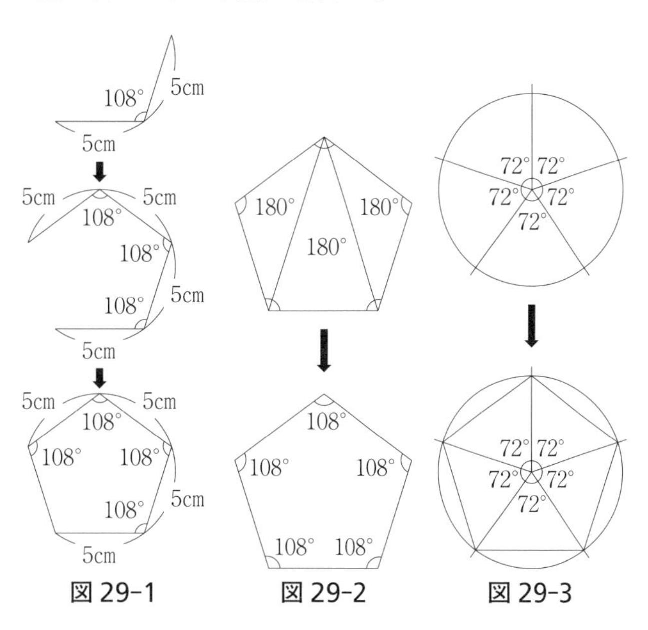

図29-1　図29-2　図29-3

2. 正五角形の活用

さて，正五角形が描けるようになったらこれを利用しておもしろい立体を作ることができる。

あっという間にでき上がる「正十二面体」である。

工作用紙のような厚紙を使う。まず，正五角形を１つていねいに作る。

これを型紙にして，１つの正五角形のまわりに一回りするようにくっつけた設計図を描く。これで６個の正五角形がつながった形ができる。これをもう一組作る。正十二面体を地球儀に例えれば，一方は北半球，他方は南半球である。接触している辺のところは軽く折り癖をつけておく。

次に，この２組を，**図 29-4** のように凹凸が交互になるようにずらして重ねる。

ここまでできたら，でっぱっている正五角形の頂点部分を互い違いになるように「輪ゴム」をかけていく。

輪ゴムははずれやすいので，セロハンテープを貼ってとめておくといい。これで出来上がり。

重ねて押さえていた手をはずせば，びっくりすること間違いなし。「あっ」という間に正十二面体が飛び上がって登場する（**図 29-5**）。

図 29-4

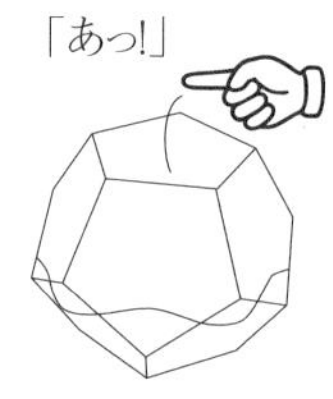

図 29-5

このアイデアは，コクセター著『幾何学入門　第二版』の 157 ページに載っている。

3. 正多面体は何種類できるか

「正多面体」は，同じ正多角形だけで囲まれた多面体である。このような形は全部で５種類ある（**図 29-6**）。

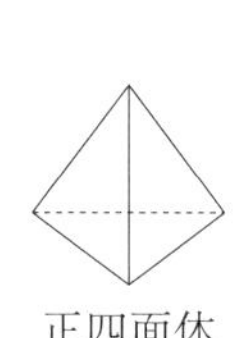
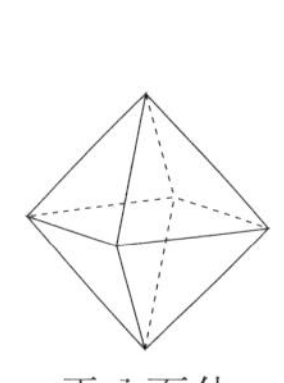
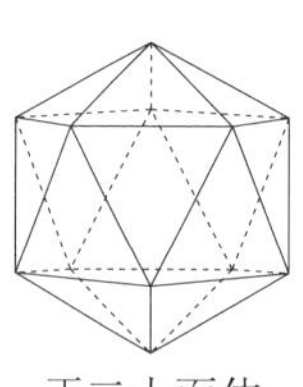
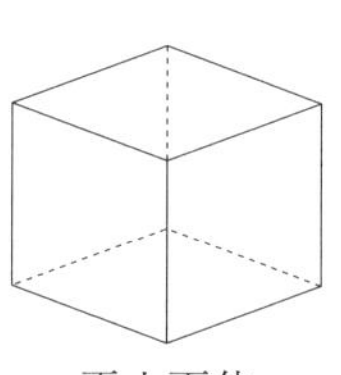
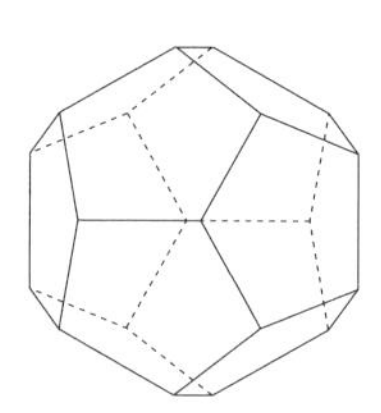

図 29-6

正三角形だけで囲まれた立体は，図のような３種類の立体である。

「正四面体」は４個の正三角形で囲まれ，「正八面体」は８個の正三角形で囲まれ，「正二十面体」は 20 個の正三角形で囲まれている。

正方形（正四角形）だけで囲まれた多面体は「正六面体（立方体）」。これは６個の正方形で囲まれている。おなじみのサイコロの形である。

そして，正五角形だけで囲まれた多面体は先の「正十二面体」。12 個の正五角形で囲まれる。

このまま，次を考えれば，正六角形で囲まれた立体なのだが，正六角形は１つの頂点に３個の形が集まると平面を敷き詰めてしまうので，平らになって立体ができない。だから，正多面体はこれらの５種類だけだということになる。

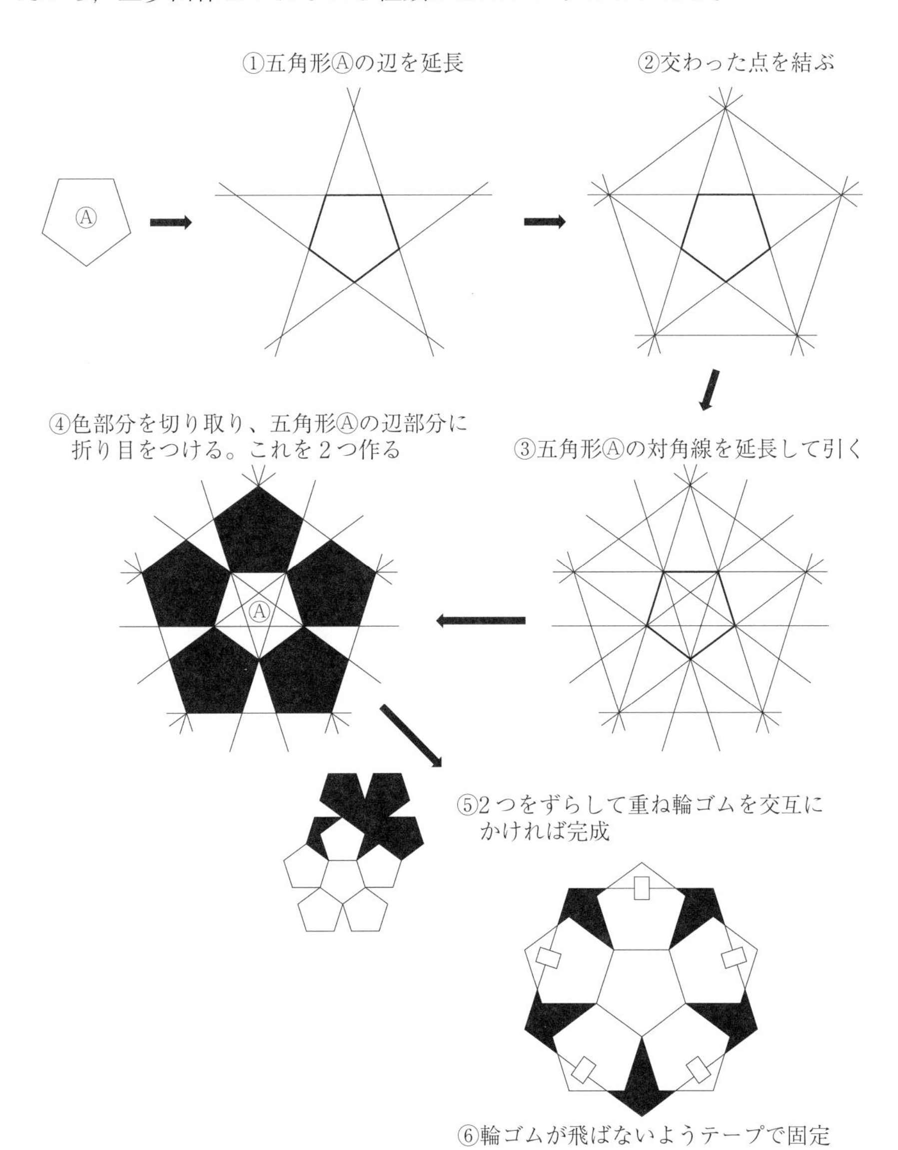

第30回 第5学年

正多角形の内角2

1. 正多角形の内角について

前回にひきつづき，「正多角形」についての発展的内容について考えてみたい。

まずは，授業の様子から。黒板に次のように書く。

正 □ 角形の，内角は ○ 度

子どもは，□や，○の中に入る数値を考えはじめる。すぐに手が挙がる。

「正三角形の，内角は60°です」

これは正しい。まだ手が挙がっている。

「正四角形（正方形）の，内角は90°です」

これも正しい。まだ手が挙がっている。

「正五角形の，内角は108°です」

子どもは，先を読みながら順序よく回答してくれる。

そこで黒板には右のような板書ができ上がっていく。

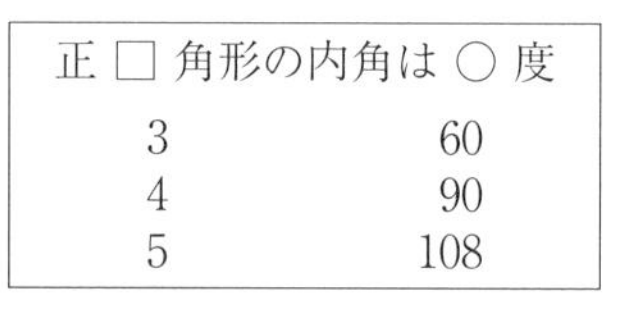

正 □ 角形の内角は	○ 度
3	60
4	90
5	108

子どもは，次の正六角形についても言いたがっているが，少々別の角度から質問をする。

「なぜ，これらの内角がわかったのですか」

すると，内角の大きさを求める式が発表される。

例えば，正五角形の場合には，手書きでおよその正五角形の図を描き，その中に対角線を引き，三角形に分ける図を示す（**図30-1**）。

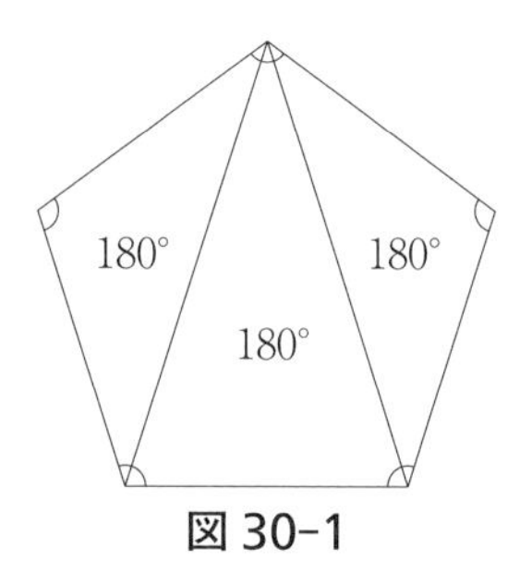

図30-1

そして，次のような式を書く。

180×(5－2)÷5＝108

この式の説明をほかの子に言わせる。

「1つの三角形の内角の和は，180°です。

そして，この正五角形は，三角形が3個に分けられていますから，内角の和は，180×3＝540（度）です。

正五角形は，5個の角の大きさが全部等しいので，これを5等分すれば，1つの角の大きさがわかります。

ですから，540÷5＝108（度）です。

これを１つの式にまとめたのが，180×(5−2)÷5＝108 です」

こんな上手な説明をしてくれる。

そこで，なお，質問をする。

「(　)の中の『5−2』の意味は何ですか」

改めて，こう聞かれると，なかなか答えられない。「対角線で分ければ，三角形が３個になるからです」と言っても答えにはなっていない。5と２の意味を聞いているからである。

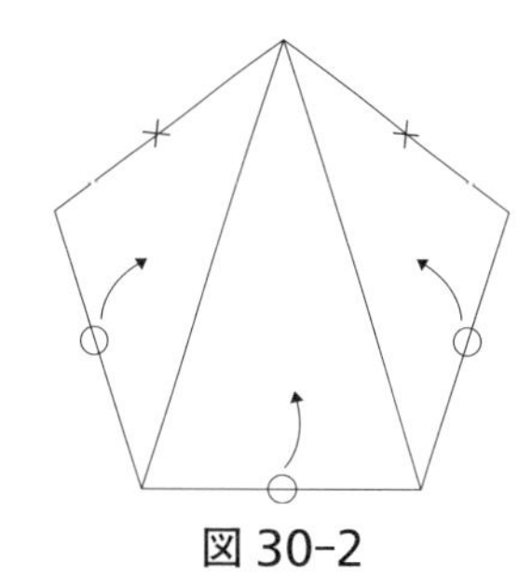

図 30-2

５と２は，**辺の数か，頂点の数かに対応付けられ**なければ，しっかりとした理解にはなっていないことになる。また，これがどんな正多角形にも言えることなのかを説明させたい。

例えば，その数を辺に対応付けるならば，辺１本に三角形１個が対応付けられると考えれば，対応できない辺が２個余るということになる（**図 30-2**）。

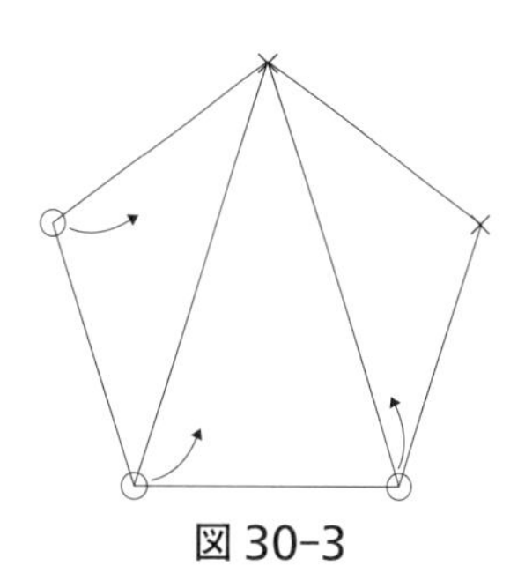

図 30-3

また，頂点と対応させようと思えば，同じように三角形１個と頂点１個を対応させると，やはり２個の頂点が余るということになる（**図 30-3**）。

こんな説明も大事なことになる。

さて，ここまでわかってきたら，はじめの文中にある□や，○の中に，どんな数が入るのかを考えさせてみたくなる。

2. 正$\frac{5}{2}$角形だったら？

黒板の文中に，次のような数値を書き込む。

正$\frac{5}{2}$角形の，内角は ○ 度

こともあろうに，□の中に，分数が入れられてしまった。

突然，教室中，わいわいがやがやと騒ぎだす。

「ええっ，そんなのないよ」

「正$\frac{5}{2}$角形なんておかしいよ」

「分数の正多角形なんか，考えられないじゃないか」

等々である。しかし，何かはじめる子もいる。

「おおっ，佐藤さんは，ノートに何か書いているよ。さっきの式で計算しているみたいだね」

などと，何かはじめている子の様子をそれとなく伝える。

すると，やおら，ほかの子もノートに何か書きはじめる。さきほどの内角を求める式を使って，計算しはじめるのである。

$180 \times (\frac{5}{2} - 2) \div \frac{5}{2} = 36$

（※この具体事例は6年生の分数計算を学習済みの子らにやったものであるから，上のような計算はできることを添えておく）

この結果を見た子らは，さらに言う。

「内角が36°の正多角形なんてないよ」

「こんなの描けないんじゃないの」

しかし，こんなときにも，さっそく手を動かしてノートに描いてみようとする子もいる。

多くの子は，**図30-4**のようなところまで描いて挫折する。

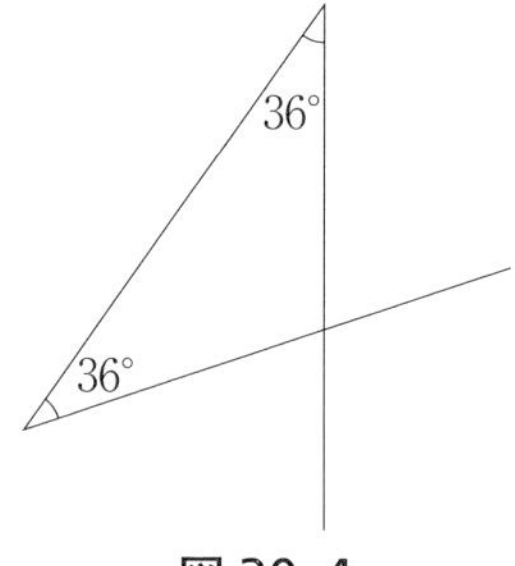

図30-4

ここで，さらに頑張って描きつづける子がいると，授業はおもしろく展開する（**図30-5**）。

「あっ，このまま描いたら，星形になっちゃった！」

だがここで，子どもらに物議を醸すことになる。

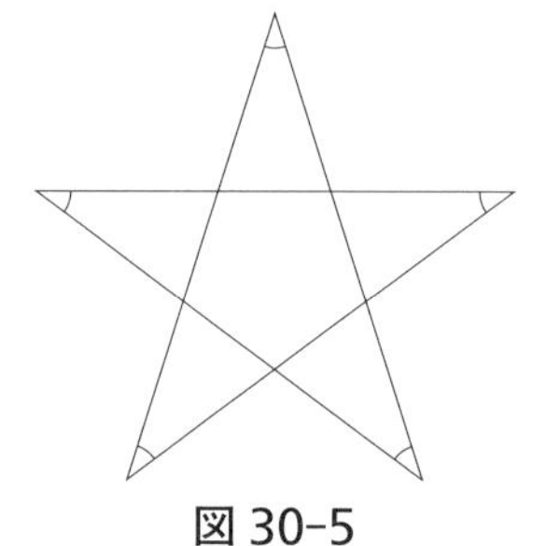
図30-5

3. 子どもらの疑問

「こんな形を正多角形というのはおかしい。だって，正多角形というのは，全部の角の大きさが同じで，全部の辺の長さも同じ多角形でしょ。これは長さが全部同じ辺で囲まれたとは言えません」

「角度は同じだよ。辺だって交わっているけれど同じになっています」

「$\frac{5}{2}$角形という意味がわからないよ」

などの意見が飛び交う。

そこで，「もしも，他の分数だったらどうか」と考えさせてみることにする。

「正$\frac{8}{3}$角形」だったらどうか。

「正$\frac{9}{4}$角形」だったらどうか。

この2つについて，同じようにできるものか。

先の計算によれば，「正$\frac{8}{3}$角形」は，内角が45°になる。

$180 \times (\frac{8}{3} - 2) \div \frac{8}{3} = 45$

図を描けば次のようになる。

また，正$\frac{9}{4}$角形ならば，内角は20°と計算できる。

これも図は右のようである（**図30-6**）。

ここまでやってみれば，いくつかのパターンが見えてくる。なかなか鋭い「きまり発見」である。

その子どもの声を使えば次のようである（**図30-7**）。

「これは分子の数が，でっぱっている角の数だ」

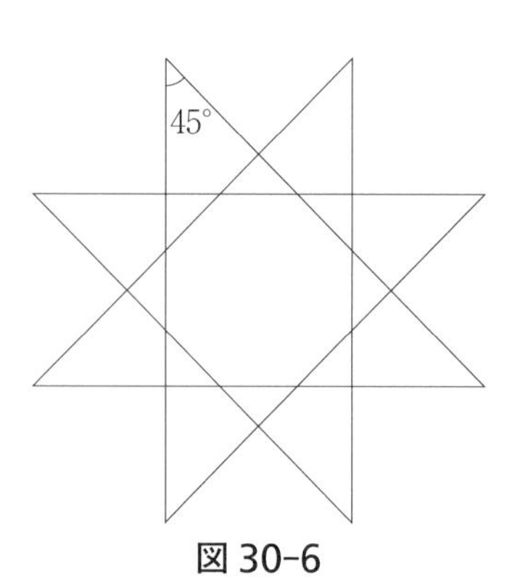

図30-6

「分母は，出発点から頂点の数を何個とばしで描いたんだ」

「例えば，$\frac{5}{2}$ならば，2個とばしで，$\frac{8}{3}$だったら，3個飛ばしだ」

このイメージを補足するならば，次のような図を示すことになる（**図 30-8**）。

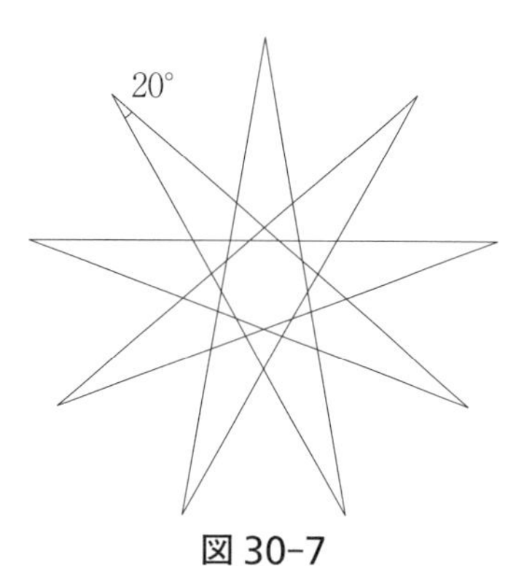

図 30-7

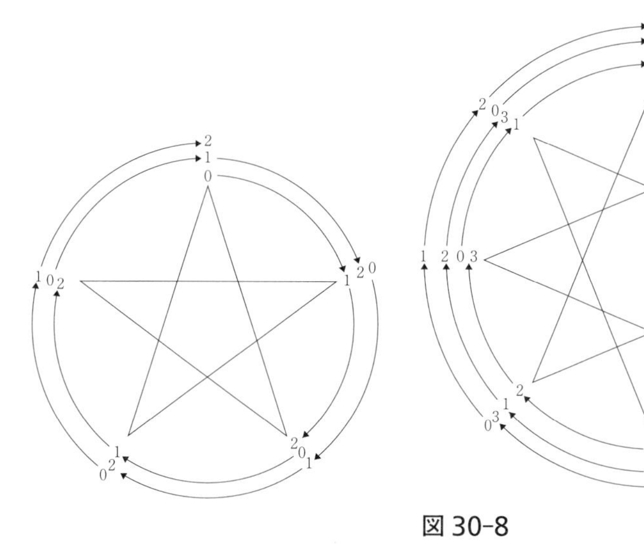

図 30-8

4. 星形正多角形

『図形と投象』のP.155には，「星形正多角形」について次のように書かれている。

「凸ではない多辺形として知られているものに星形正多辺形（星形正多角形）がある。正多辺形FGHIJの辺を延長して互いに交わらせたとき，得られる多辺形AFDGBHEICを星型多辺形，それに面分を加えたものを星型正多角形という（**図 30-9**）。もとの正多角形の頂点はF，G，などを頂点と考えず，辺AB，BC，CDなどが等しい面角∠ABC，∠BCDなどを作っていると考えれば，正多角形に匹敵する対称性をみせる。そして，見方によっては辺AB，BCなどが，図の場合，5つの頂点A，D，B，E，Cを2つ目ごとに結んで中心Oのまわりを2周するから，$\frac{5}{2}$角形と呼ぶことがある」

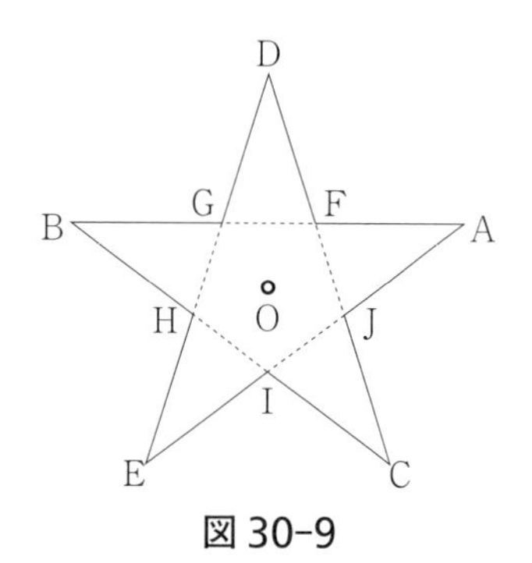

図 30-9

第31回　第5学年

ジグザグ立方体

1. ジグザグ立方体

担任をしていたころの話である。ある子どもが春休みの旅先で宇都宮の美術館に行き，おもしろいオブジェを見つけた。

堀内正和（1911 ～ 2001）作「ジグザグ立方体」（栃木県立美術館，1974 年）である。

立方体が三つ組み合わされたような立体である（**図 31-1**）。

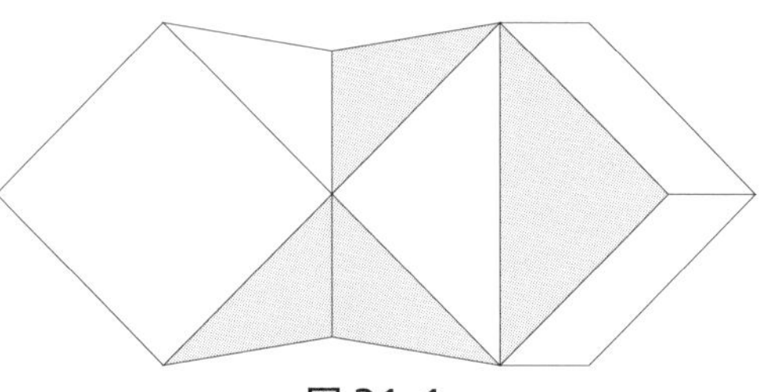
図 31-1

彼はこれに興味をもった。後日，近所の図書館に行き，本を調べた。『堀内正和の彫刻』（河出書房新社）という本を見つける。その中に，この「ジグザグ立方体」の展開図があった（**図 31-2**）。それがまた，この子の意欲をかき立てた。さっそく，これを厚紙で制作してみた。

こんな複雑な立体が意外に簡単な展開図になっているのには驚きであった。身の回りの算数的なものに関心をもちつづけていると，ふとしたきっかけに興味をくすぐるものを見つけられる。

この興味をもちつづけるならば，さらに新たな発見が続く。はたから見ているだけでなく，自ら関わりつづけるならば，より本質的なことがわかってくる。この体験そのものが大いに価値がある。

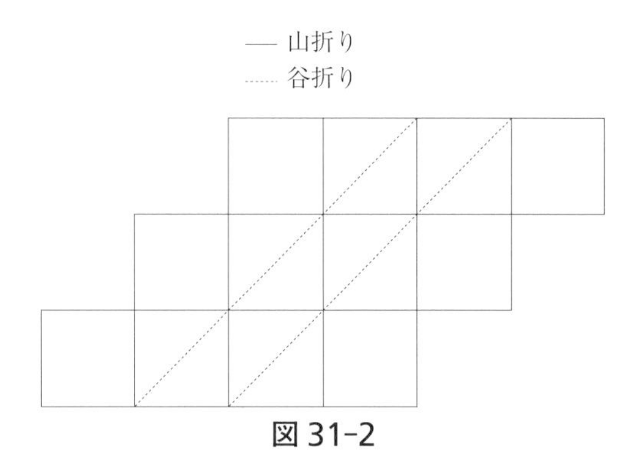

図 31-2

この展開図を見て，ただおもしろいと感じる人も多いだろうが，この展開図を発見した子どもは，そこにいたるまでの一連の体験を身に感じている。だから，また，どこかでそのようなことを発見する目をもつ。これが与えられた知識と，作り出した知識との違いである。

2. 発展（その1）

さて，この立体模型を作ってそれで終わりではつまらない。

もっと，このジグザグが繰り返されるような立体ができないものか。

とりあえず，もう１つ立方体をつなげてみたい。

展開図は，どのようなものになるか。これを多くの人に聞くと，ほぼ意見が割れる。そこで，実際やってみることにする。

正解は，(イ)であることがわかった。

もう作り方はわかったので，次々に立方体を増やしつづけることが可能だ。ついでに，１個減らした立方体２個つなげをこしらえておくといい。

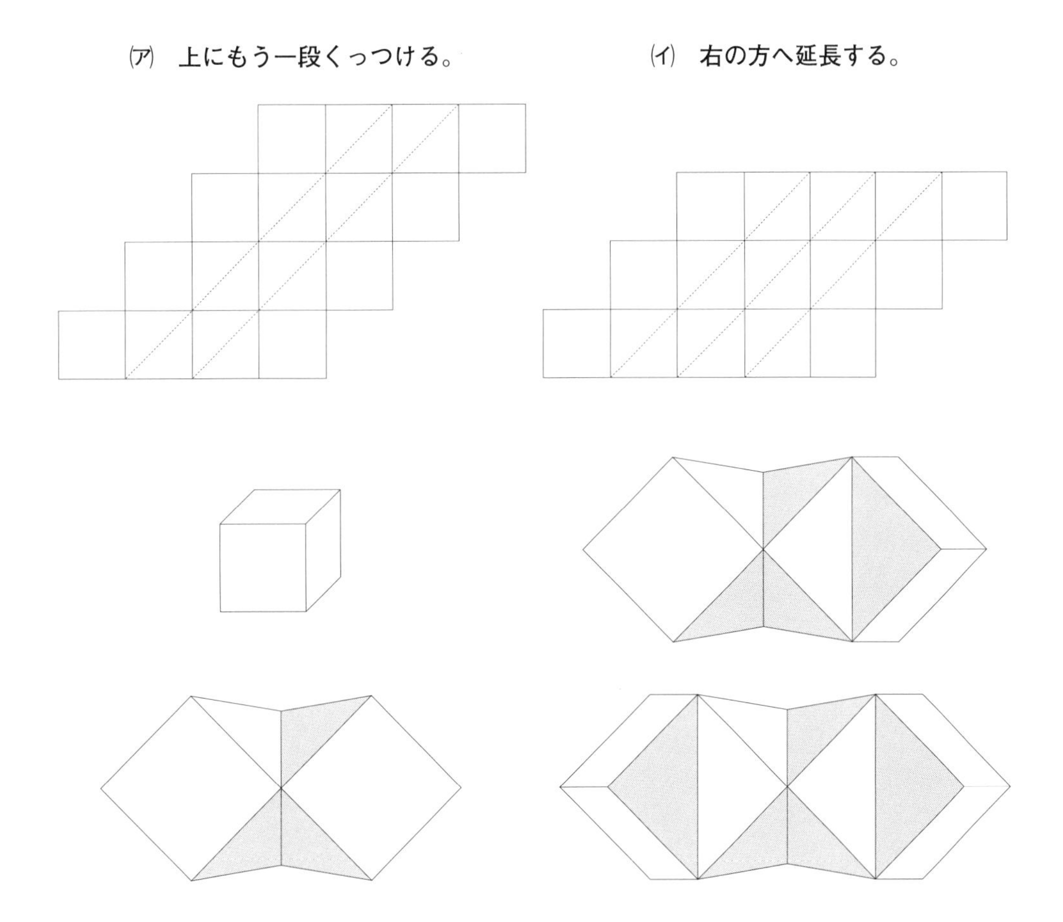

3. 発展（その2）

では，今度は，この立体の体積を求めてみよう。非常にむずかしい問題のように見える。

しかし，考えようで意外に簡単に求められるかもしれない。

端と端を除けば，間に「斜角錐」が２つずつ入っている立体だとわかるだろう。図を見てもなかなかわかりにくいが，実際のジグザグ立方体を手に取って観察してみればよくわかる。ハンズオンの威力である。

錐体の体積の求め方が必要になるが，いまはこれが中学校で行われる。しかし，以前は小学校でもやっていた内容である。

同じ底面で，高さの等しい柱体の$\frac{1}{3}$になっていることを使えばいい。この場合は「斜角錐」なのだが，体積の求め方は同じである。

立方体２個つなぎ

立方体 1 個から図のような斜角錐を切り取るので切り取り部分の体積は$\frac{1}{6}$。
つまり立方体は$\frac{5}{6}$。これが２個くっつくので体積は$\frac{5}{3}$となる。

立方体１個

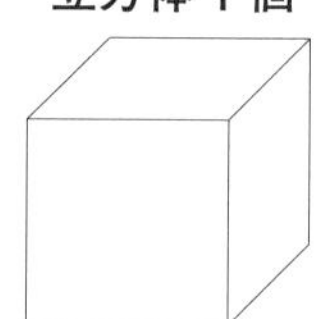

$$\left\{1-\left(\frac{1}{2}\times 1\right)\times\frac{1}{3}\right\}\times 2$$
$$=\frac{5}{6}\times 2$$
$$=\frac{5}{3}$$

が2個分

立方体３個つなぎ

$$\frac{5}{6}\times 2+1\times\sqrt{2}\times\frac{\sqrt{2}}{2}\times\frac{1}{3}\times 2$$
$$=\frac{5}{3}+\frac{2}{3}$$
$$=\frac{7}{3}$$

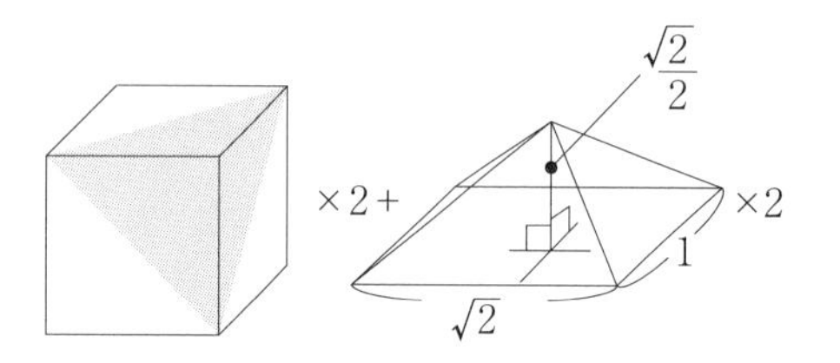

立方体４個つなぎ

$$\frac{5}{3}+\left(\frac{2}{3}\times 2\right)$$
$$=\frac{9}{3}$$
$$=3$$

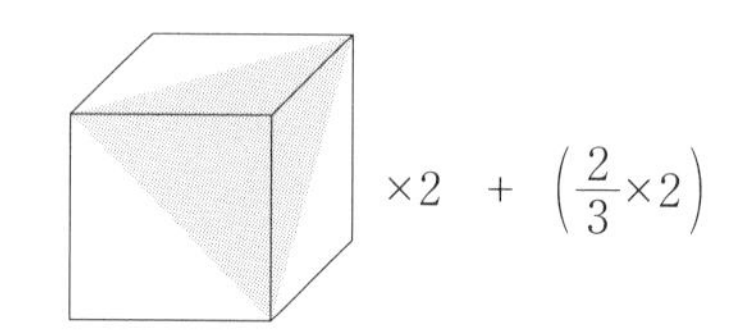

立方体の数が少ない順に求めていってみよう。数が多くなるにしたがって，何かきまりが見えるかもしれない。

立方体1個の体積を「1」と考えることにする。つまり，一辺が1単位になっていると考えるわけである。

ここまで，順に $\frac{2}{3}$ ずつ増えているということがわかった。四個つなげは，$\frac{9}{3}$ となる。つまり，3である。これは立方体3個分だ。

4個つなげた時点で，立方体が1個減ったことに気付く。

4. 発展（その3）

体積を求められたら，「表面積」はどうかと考えるところである。

しかし，これは制作過程を振り返るならば，あまりにも簡単に求められることに気付く。はじめに展開図ありきで作ったからである。

展開図がわかっていれば，その形の面積がそのまま立体の表面積となる。

立方体1個の場合 ⇒ 表面積6単位

立方体2個の場合 ⇒ 表面積9単位

立方体3個の場合 ⇒ 表面積12単位

立方体4個の場合 ⇒ 表面積15単位

これを見れば，3単位ずつ増えていることがわかる。つまり，展開図の段数分が増えていく勘定になる。

あまりおもしろい問題ではなかったが，立方体3個の場合に12単位の表面積ということは，この時点で立方体1個の場合の2倍になっているということがわかった。

このように発展のさせ方によって，いろいろな広がりが見えてくる。自らの興味を限りなく広げていく学習が大切なのである。

第32回

第6学年

九九表

1. 探究的活動

平成20年版小学校学習指導要領解説算数編には，その目標の解説部分に目標の「算数的活動の楽しさ」について解説している部分がある。

「我が国では算数が好きであるという児童の割合が国際的に見ると低いとの結果が報告されており，そうした状況は現在でも改善されているとはいえない。算数の指導においては，児童が算数は楽しい，算数はおもしろい，算数は素晴らしいと感じることができるような授業を作り出していくことが大きな課題である」

そして，その対策として五つの授業改善策が示されている。

その4番目に**「九九表に潜むきまりを発見するなどの探究的な活動」**を通して，児童が活動の楽しさに気付くことをねらいとしていると示されている。

今回は，このことを念頭において，かけ算の「九九表」を材料にし，しかも，九九表の数値の合計に焦点をあてて考察してみたい。

子どもにとって，「九九表の中に発見されるいろいろなきまり」は，**オープンエンドの問題**となり，たくさんの発見がある。このことから，九九表はまさしく「探究的な活動」を促すよい素材である。

2年生や3年生の段階ではとうてい発見できないようなことも，高学年になれば，それまでに身に付けた多くの算数の知識を基にして多様な発見が望まれることになる。

2. 九九表の合計はいくつ

(1) 横一列に注目して

九九表には81個の数が並んでいる。上から，一の段，二の段，三の段，……と続く（**表32-1**）。

少し楽しく導入するならば，「この，九九表の数と同じだけ，表の上に一円玉を重ねておけば，全部並べたときに，いったいいくらになるでしょう」と投げかけると，お金の額が問題なので，子どもは興味津々となる。

何も計算しないうちに予想させれば，様々な金額が登場する。この予想の数値が当たるかどうか決着するまで，子どもの興味は失われない。

さて，最も素直な方法は，かたっぱしから全部足していくのであるが，これでは何の工夫もない。ここで合計を求めるための工夫を促す。すると少し工夫しようとする姿が見られる。

まず，横一列を別々に計算していく。

一の段は，1から9までの数の合計だ。

1＋2＋3＋4＋5＋6＋7＋8＋9＝45

この計算自体にも工夫がある。いわゆる「ガウスの計算」である。あるいは，「台形の面積公式」も使える。

これで，一の段の合計45がわかった。

そうすれば二の段の合計はすぐわかる。それぞれの数がみんな一の段の2倍になっているので，全体も2倍になる。したがって，

二の段の合計　⇒　45×2＝90

このことがわかれば，以下の段の合計も，次のようになる。

三の段の合計　⇒　45×3＝135

………………　　………………

九の段の合計　⇒　45×9＝405

（表32–2）

この結果，

45×（1＋2＋3＋4＋5＋6＋7＋8＋9）

＝45×45

＝2025

となることがわかった。よく工夫された求め方である。

表32–1

1	2	3	4	5	6	7	8	9
2	4	6	8	10	12	14	16	18
3	6	9	12	15	18	21	24	27
4	8	12	16	20	24	28	32	36
5	10	15	20	25	30	35	40	45
6	12	18	24	30	36	42	48	54
7	14	21	28	35	42	49	56	63
8	16	24	32	40	48	56	64	72
9	18	27	36	45	54	63	72	81

　1＋2＋3＋4＋5＋6＋7＋8＋9

＋）9＋8＋7＋6＋5＋4＋3＋2＋1

　10+10+10+10+10+10+10+10+10

↓

（　1　＋　9　）×　9　÷2=45

（上底+下底）×高さ÷2

表32–2

1	2	3	4	5	6	7	8	9	→ 45
2	4	6	8	10	12	14	16	18	→ 90
3	6	9	12	15	18	21	24	27	→ 135
4	8	12	16	20	24	28	32	36	→ 180
5	10	15	20	25	30	35	40	45	→ 225
6	12	18	24	30	36	42	48	54	→ 270
7	14	21	28	35	42	49	56	63	→ 315
8	16	24	32	40	48	56	64	72	→ 360
9	18	27	36	45	54	63	72	81	→ 405

(2)　平均に着目して

さきほどの計算で注意深く見れば，横一列の平均がちょうど真ん中の数になっていることに気付く。

一の段であれば5，二の段であれば10が平均である。

したがって，平均の数を9倍すれば横一列は求められる（**表32–3**）。

一の段　⇒　5×9＝45

二の段　⇒　10×9＝90

………　　……………

九の段　⇒　45×9＝405

そのことがわかれば，今度は縦に目を付けてみよう。縦も同じように真ん中が平均となっている。

したがって，**表32–4**の下のように見直しがかけられる。

こうなると，表全体の真ん中の25が，九九表全部の数の平均だとわかるだろう。

そこまでわかれば，合計は次のような簡単な計算ですむ。

25×81＝2025

表 32-3

九九表の横一列の平均の数

5	5	5	5	5	5	5	5	5
10	10	10	10	10	10	10	10	10
15	15	15	15	15	15	15	15	15
20	20	20	20	20	20	20	20	20
25	25	25	25	25	25	25	25	25
30	30	30	30	30	30	30	30	30
35	35	35	35	35	35	35	35	35
40	40	40	40	40	40	40	40	40
45	45	45	45	45	45	45	45	45

表 32-4

上の表の縦一列の平均の数25

25	25	25	25	25	25	25	25	25
25	25	25	25	25	25	25	25	25
25	25	25	25	25	25	25	25	25
25	25	25	25	25	25	25	25	25
25	25	25	25	25	25	25	25	25
25	25	25	25	25	25	25	25	25
25	25	25	25	25	25	25	25	25
25	25	25	25	25	25	25	25	25
25	25	25	25	25	25	25	25	25

ちょっとびっくりである。

(3) かぎ型に見れば

今度は「九九表」に並ぶ数値を意外な方向から見てみることにする。かぎ型に見ていくのである（**表 32-5**）。

そして，このかぎ型の中の数値をたしてみよう。はじめは1。次のかぎの中は8。さらに次は27。その次は64となっている。

この数を見て何か気付いただろうか。

{1，8，27，64，……} という数は，同じ数を3回かけたものである。いわゆる「立方数」となっている。

こうなると，九九表全体の合計は，1から9までの立方数合計であることがわかる。

$$1^3+2^3+3^3+4^3+5^3+6^3+7^3+8^3+9^3$$
$$=1+8+27+64+125+216+343+512+729$$
$$=2025$$

表 32-5

1 ←	1	2	3	4	5	6	7	8	9
8 ←	2	4	6	8	10	12	14	16	18
27 ←	3	6	9	12	15	18	21	24	27
64 ←	4	8	12	16	20	24	28	32	36
125 ←	5	10	15	20	25	30	35	40	45
216 ←	6	12	18	24	30	36	42	48	54
343 ←	7	14	21	28	35	42	49	56	63
512 ←	8	16	24	32	40	48	56	64	72
729 ←	9	18	27	36	45	54	63	72	81

(4) 100を探せば

子どもの中には九九表の四隅に注目する子がいる。

「四隅の数の合計がちょうど100になっている」と発見するわけである。

そうなれば，すぐさま「ほかにも100になるところを見つけた」といって，ちょうど正方形を作る四つの頂点部分の数をたして100になる場所を見いだすのである。

大小の正方形。斜めに傾いた正方形。ちょうど45°に倒れた正

$1=1\times1\times1$

$8=2\times2\times2$

$27=3\times3\times3$

$64=4\times4\times4$

………………

方形など様々な正方形の四隅の数値の合計が100になっていることは驚きでもある。

このことを基に九九表の合計を求めることも可能である。

ちょうど20か所の正方形が見つかる。そして，真ん中の25だけがどこにも入らない状態となる（**表32-6**）。

つまり，九九表の合計は次のようである。

$100 \times 20 + 25 = 2025$

表32-6

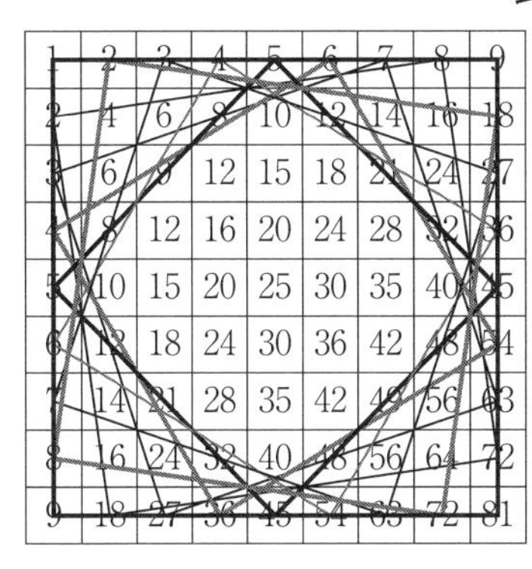

1	2	3	4	5	6	7	8	9
2	4	6	8	10	12	14	16	18
3	6	9	12	15	18	21	24	27
4	8	12	16	20	24	28	32	36
5	10	15	20	25	30	35	40	45
6	12	18	24	30	36	42	48	54
7	14	21	28	35	42	49	56	63
8	16	24	32	40	48	56	64	72
9	18	27	36	45	54	63	72	81

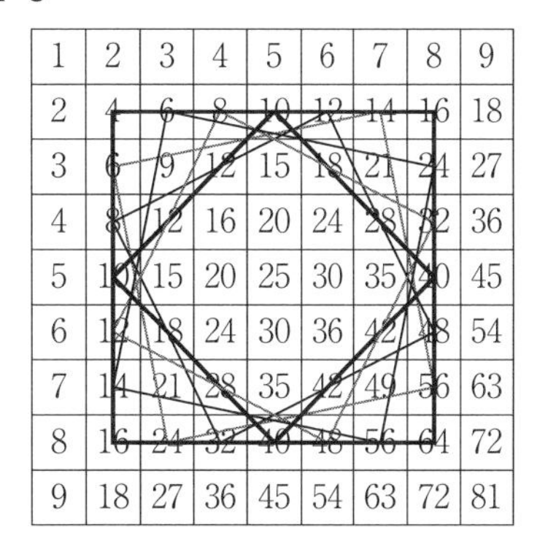

1	2	3	4	5	6	7	8	9
2	4	6	8	10	12	14	16	18
3	6	9	12	15	18	21	24	27
4	8	12	16	20	24	28	32	36
5	10	15	20	25	30	35	40	45
6	12	18	24	30	36	42	48	54
7	14	21	28	35	42	49	56	63
8	16	24	32	40	48	56	64	72
9	18	27	36	45	54	63	72	81

1	2	3	4	5	6	7	8	9
2	4	6	8	10	12	14	16	18
3	6	9	12	15	18	21	24	27
4	8	12	16	20	24	28	32	36
5	10	15	20	25	30	35	40	45
6	12	18	24	30	36	42	48	54
7	14	21	28	35	42	49	56	63
8	16	24	32	40	48	56	64	72
9	18	27	36	45	54	63	72	81

1	2	3	4	5	6	7	8	9
2	4	6	8	10	12	14	16	18
3	6	9	12	15	18	21	24	27
4	8	12	16	20	24	28	32	36
5	10	15	20	25	30	35	40	45
6	12	18	24	30	36	42	48	54
7	14	21	28	35	42	49	56	63
8	16	24	32	40	48	56	64	72
9	18	27	36	45	54	63	72	81

3. 一緒の学び

「九九表」の合計だけからも様々な見方，考え方が登場する。これを一人で発見するなどということはとうてい無理な話である。しかし，大勢の子が集まって知恵を出し合い，そのことを詳細に見ていくような探究的活動は，子どもを算数好きにさせる1つの方法となることはまちがいない。

第33回

第6学年

立方体の積み木

1. 200個の立方体積み木から

まずは授業の風景を。

「ここに200個の立方体積み木があります。この積み木を使って，大きさの違う『立方体』を作ってみようと思います」

こんな発問と同時に，実際に，教材室から持ってきた200個の立方体積み木を見せる。かなりの多さである。

「これを使って作ると，いったい，いくつくらいの立方体ができるでしょう」

「50個くらい」「40個くらい」……

それぞれ何らかの根拠があって，予想される数値を言う。これは黒板に板書しておく。

質問もある。

「たった1個でもいいのですか」

「それはほかのものと大きさが違えばかまいませんよ」

このようなやりとりから授業がはじまる。

予想を確かめるには，実際に作ってみる。代表の子どもに，前で作らせる。

黙っていても，1個の立方体から始める（**図33-1**）。当然，1個の積み木が使われた。

次の子に，2個目を作らせる。**図33-2**のように，2×2×2＝8（個）の積み木が使われる。

同様に，3人目に次のものを作らせる。子どもは，きちんと辺の長さが徐々に大きくなるように，順に作っていく。

3個目は，3×3×3＝27（個）（**図33-3**）。

同様に，次は，4×4×4＝64（個）（**図33-4**）。

突然，多くなりだした。

ここで，子どもの様子が少し変わってくる。

「あと何個の積み木があるか，計算しよう」という声も聞かれる。

ここまでで，

1＋8＋27＋64＝100（個）

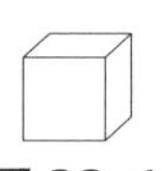

図33-1

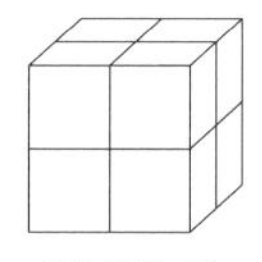

図33-2

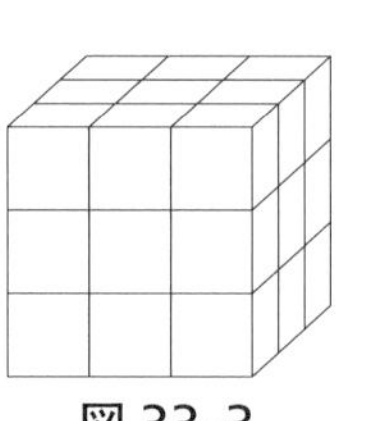

図33-3

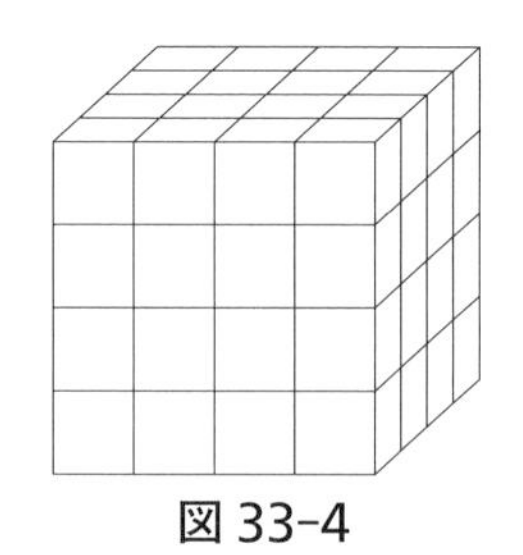

図33-4

となった。
この事実に，多くの子どもがびっくりする。
「ええっ」
「それじゃあ，あと100個しか残ってないじゃないか」という声も聞かれる。
「100個で次の大きさのものが作れるのか？」という声もある。
さっそく計算にかかる子がたくさんあらわれる。
5×5×5＝125（個）
このことに，もうみんな開いた口がふさがらない。次の一辺5の立方体ができないということがわかったからである。
200個の積み木があっても，たかだか4種類までの立方体しかできないのだ。

2. 大きさの違う立方体

ここで，実際に作ってみた立方体について再度詳しく考察してみたい。次のような表にして，立方体積み木が何個必要なのかを探るわけである（**表33-5**）。
この表を見て，また新たなきまりを発見することが可能である。一辺が4の場合まででちょうど100個の積み木が使われた。きりのいい数である。
この数に目を付ければ，
100＝10×10
という式が思い浮かぶ。
つまり，正方形が作れる数である。
このことに気付けば，ほかの場合を見つめ直すことができる。
36＝6×6
9＝3×3
このように見れば，1の場合も見直しをかけられる。
1＝1×1

表33-5

一辺	積み木の個数	累積個数
1	1(1×1×1)	1 (1×1)
2	8(2×2×2)	9 (3×3)
3	27(3×3×3)	36 (6×6)
4	64(4×4×4)	100 (10×10)
5	125(5×5×5)	225 (15×15)

表の累積数は，実は「平方数」であったことがわかる。
積み木の個数は，「立方数」であるし，使った積み木の合計（累積個数）は，「平方数」になっていた。
この平方数を，もう少し詳しく見れば，

$$
\begin{aligned}
1 &= (1) \times (1) \\
9 &= (1+2) \times (1+2) \\
36 &= (1+2+3) \times (1+2+3) \\
100 &= (1+2+3+4) \times (1+2+3+4) \\
225 &= (1+2+3+4+5) \times (1+2+3+4+5)
\end{aligned}
$$

これをさらに詳しく見れば，式は次のようである。

$$
\begin{aligned}
1 &= (1\times1\times1)\\
&= (1)\times(1)\\
9 &= (1\times1\times1)+(2\times2\times2)\\
&= (1+2)\times(1+2)\\
36 &= (1\times1\times1)+(2\times2\times2)+(3\times3\times3)\\
&= (1+2+3)\times(1+2+3)\\
100 &= (1\times1\times1)+(2\times2\times2)+(3\times3\times3)+(4\times4\times4)\\
&= (1+2+3+4)\times(1+2+3+4)\\
225 &= (1\times1\times1)+(2\times2\times2)+(3\times3\times3)+(4\times4\times4)+(5\times5\times5)\\
&= (1+2+3+4+5)\times(1+2+3+4+5)
\end{aligned}
$$

これをもう少し洗練された式に書き直せば，次のようになる。

$$
\begin{aligned}
1 &= 1^3 = (1)^2\\
9 &= 1^3+2^3 = (1+2)^2\\
36 &= 1^3+2^3+3^3 = (1+2+3)^2\\
100 &= 1^3+2^3+3^3+4^3 = (1+2+3+4)^2
\end{aligned}
$$

このことを図で表現すれば次のようになる（**図 33-6**）。

積み木を並べながら，このようなきまりを見いだせるように誘導するのもまた，子どもにとっては，新たな視点を見いだすきっかけとなるだろう。

「立方数の和」が，「自然数の和の２乗」になることは将来学ぶことになる内容ではあるが，おもしろいきまりとして心のどこかに残っているとよいと思われる。

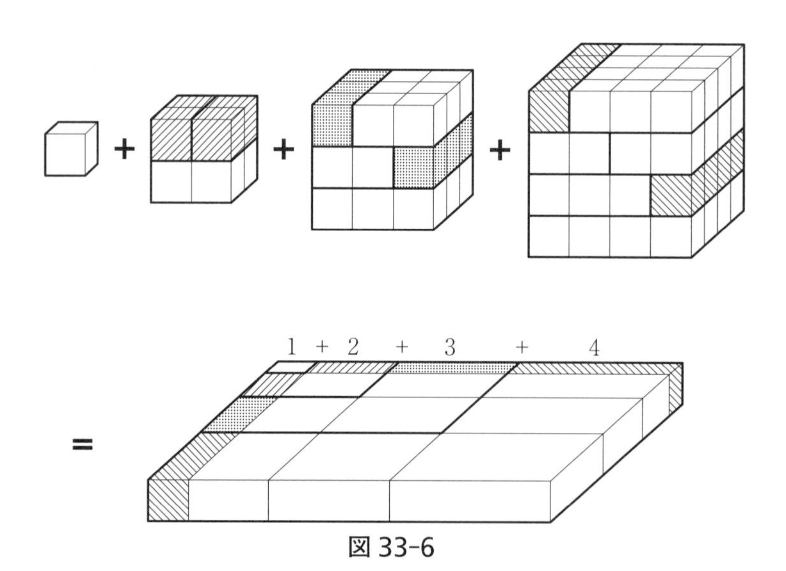

図 33-6

第34回

第6学年

不思議な図形問題

1. 1㎠はどこにいった？

まずはこんな導入から。先生と子どものやり取り。

「1㎠のマス目が，8×8の正方形があります」「面積は？」

「8×8だから，64㎠の正方形です」

「これを**図34-1**のように切って，四つの単片（ピース）に分けますよ」

「そして，四つのピースを並べ替えて，長方形を作ってみましょう」

「できましたか」

「そんなにむずかしくはないでしょう」

「ところで，この長方形の面積はいくつでしょうか」

「5×13ですから，65㎠です」（**図34-2**）

「あれっ，はじめの正方形のピースを並べ替えただけなのに，1㎠増えてしまいました。どうしたことでしょう。おかしいですね」

「よく考えてみましょう」

こんな作業を伴った導入から出発すれば，どんな子も興味を示す。

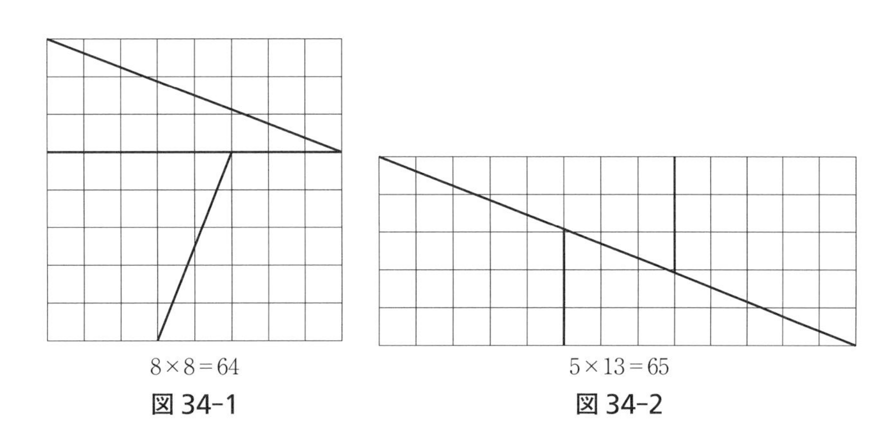

8×8＝64

図34-1

5×13＝65

図34-2

2. 比の値を使って「傾き」を考える

この図では，長方形の対角線のところで，2つの直角三角形に分かれている（**図34-3**）。

①下の直角三角形は，三角形と台形の2つのピースからできている。

右側の三角形の斜辺の傾きは，高さが3cmで，底辺が8cm。比で表せば3：8，こ

の比の値は $\frac{3}{8}$ だ。これが傾きを表す数値である。

②次に，台形の上の部分にも三角形があるので，この傾きを考えてみたい。高さが2 cm，底辺が5 cmなので，2：5で，比の値は $\frac{2}{5}$ である。

$\frac{3}{8}$ と $\frac{2}{5}$ が同じであれば，傾きがいっしょになるので，これは一直線になっているはずである。

しかし，実際は $\frac{3}{8} \neq \frac{2}{5}$ だ。通分すれば，$\frac{15}{40} \neq \frac{16}{40}$ であるから，傾きは違うことがわかる。

この違いがとても小さいので，一直線に見えてしまったのである。本当は，上下の直角三角形が1 cm²だけ重なっていたのであった。

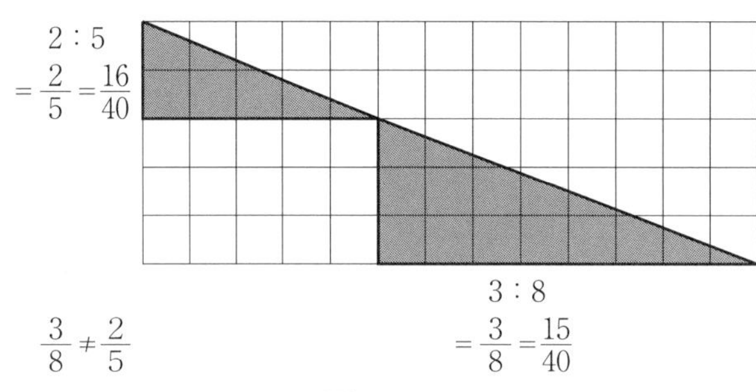

図 34-3

3. 別の正方形で考える

今度は，13×13の正方形で考えてみよう（13とする理由はのちほど述べる・**図34-4**）。

これをさっきと同じように4つのピースに分けて，並べ替え，縦8 cm，横21 cmの長方形を作ってみよう。

しかし，今度は169 cm²の正方形が，168 cm²の長方形になってしまった（**図34-5**）。1 cm²が行方不明である。どうしたことか。

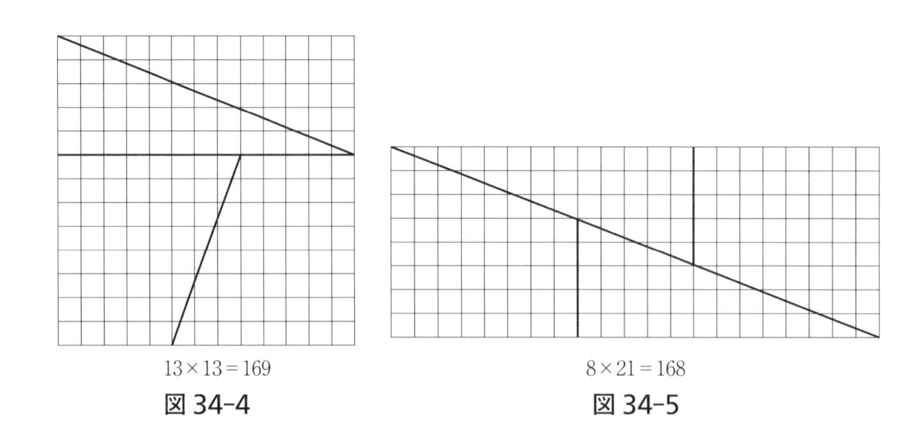

図 34-4　　図 34-5

これもさっきと同じように考えてみるといい。今度は，1㎠の穴が開いているということになる。

4. どんな場合にできるのか

ところで，ここに登場する，…，3, 5, 8, 13, 21,…のような数値にはおもしろいきまりがある。興味をもって調べてみるといい。

実は，{1, 1, 2, 3, 5, 8, 13, 21, …} のような数列は，**フィボナッチ数列**と呼ばれるもので，前２つの和が次の数を作っているのである。

ここで扱われた一辺が８㎝の正方形の面積が長方形になったとき，

$8 \times 8 = 5 \times 13 - 1$

となっている。5と13は，8の両隣の数値であった。

また，次の正方形の場合は，

$13 \times 13 = 8 \times 21 + 1$

となっている。8と21は，13の両隣の数値になっていた。

つまり，フィボナッチ数列の連続する三つの数を，A，B，Cとするならば，次のようなことが言えそうである。

$A + B = C$

$B^2 = A \times C \pm 1$

ところで，このフィボナッチ数列に登場する数値には，もっとおもしろいきまりもある。数値が大きくなれば，となり合う数値同士の比が「黄金比」になっている。

黄金比または黄金分割比は，

a：b＝b：(a＋b)

となっている比のことをいう。

計算すると，

$1 : \frac{1+\sqrt{5}}{2}$

＝1：1.6180…

例えば，正五角形の一辺と対角線の比がその１つの例である（**図 34-6**）。

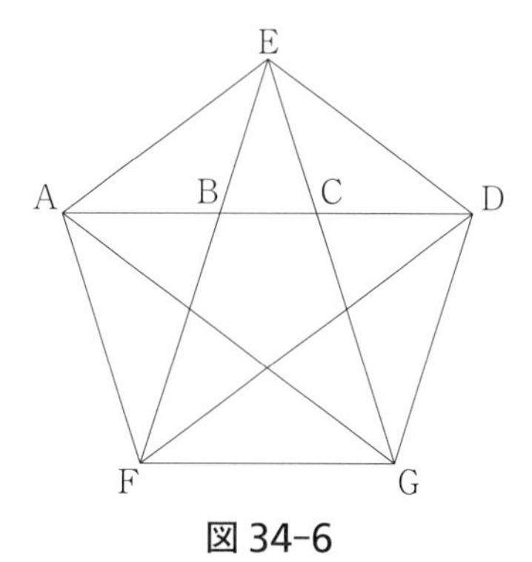

図 34-6

5. さらにゆかいなマジック

さきほど，$8 \times 8 = 64$ の正方形ができた。そして，これを崩して並べ替えた結果，見た目が，$5 \times 13 = 65$ の長方形になった。

では，この４ピースを使って，もっと違う面積の形ができないものだろうか。

次のように並べ替えると，なんと，63㎠の形

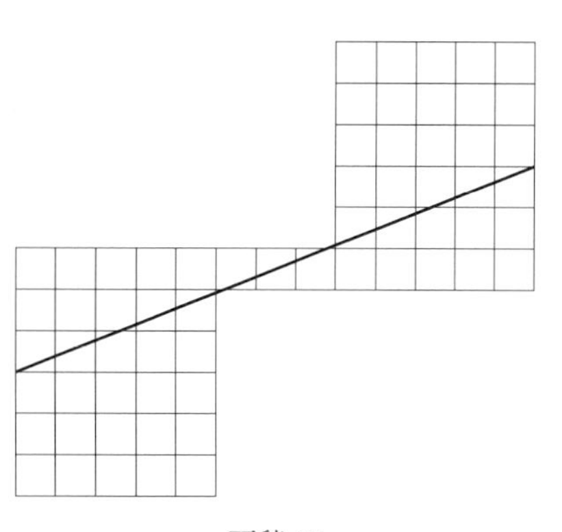
面積 63
図 34-7

ができた（これを紹介したのは，サム・ロイドの息子だということである・**図 34-7**）。

6. もしも正方形や長方形でなかったら

さきほどまでは，正方形や長方形で考えていたが，これがもっと違った形であったらどうだろう。さらなる発展である。

例を２つ示しておこう。

図 34-8，**図 34-9** のような，二等辺三角形であったらどうか。これを六つのピースに分けて並べ替えると，なんとまん中に２㎠の穴が開いてしまうのである。

もっと違う切り方で，違う並べ方を考えるならば，きっと別のゆかいな三角形ができることだろう。自ら挑戦してみることを期待したい。

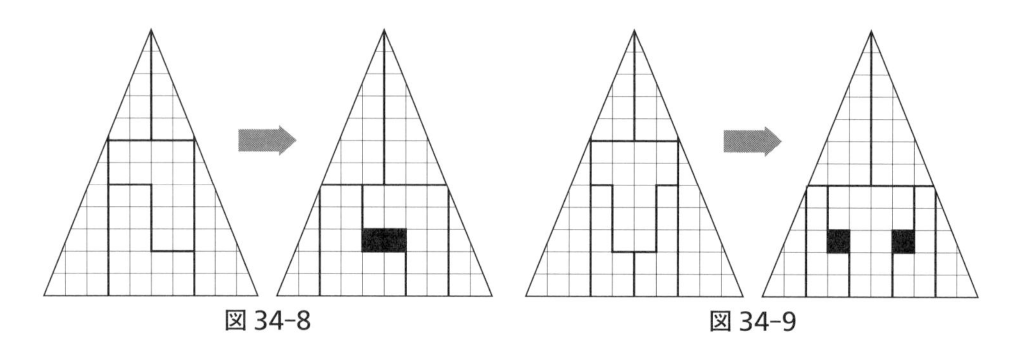

図 34-8　　図 34-9

第35回

第6学年

比例のグラフの傾き

1.「比例」のグラフの傾きを考える

5・6年生で「比例」についての学習がある。2量の関係を調べるために,「表」を作ったり,「グラフ」を描いたり,「式」で表したりする。場合によっては「変域」を調べたりもする。

まずは,教科書にある例を見てみる。

下のグラフからどんなことが読み取れるか(**図35-1**)。

小問の問いかけは,

①自動車が2時間で進む道のりを求めましょう。

②グラフを見て,電車と自動車の時速をそれぞれ求めましょう。

となっている。

グラフからデータを読み取るという学習活動である。**図35-2**のように,横軸から縦軸を読んだり,その逆であったりする。

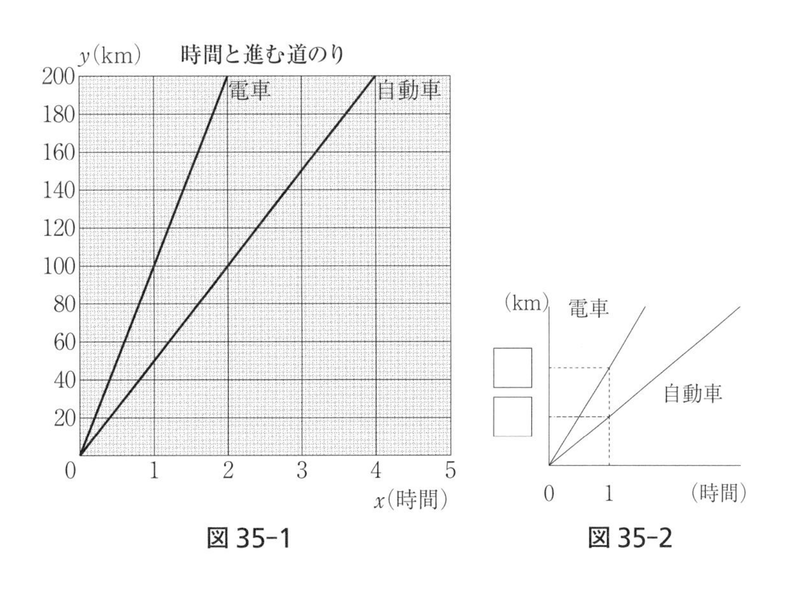

図35-1　図35-2

だがこの場合に,少し視点を変えて見たい。このグラフには2種のものについての「時間と進む道のり」が表示されている。そこで,この2種の違いに目を付けてみる視点も加わるとおもしろいのではなかろうか。

両者の関係を式で比べてみると次のようだ。

（電車）　$y=100\times x$
（自動車）$y=50\times x$
こうすると，xの前の数値（定数）が違っていることに気付く。
この数値（定数）とグラフの関係を考えてみよう。
100＞50と，数値が大きくなれば，グラフはその傾きが急になる。逆に数値が小さくなれば傾きはゆるやかになっている。（**図35-3**）

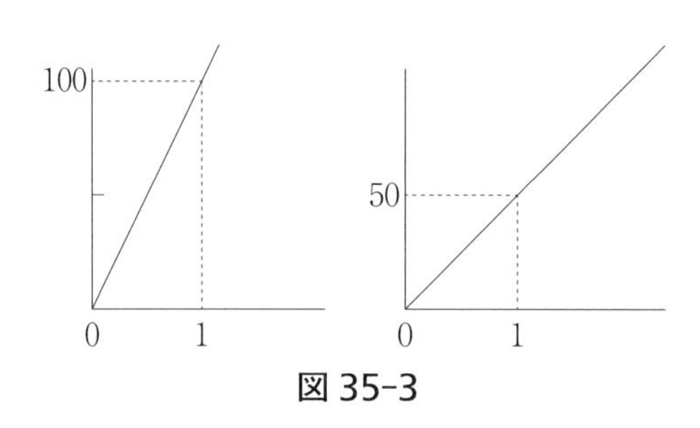

図35-3

このとき**「傾き」**とは何か。
縦の数値と，横の数値で表すことにする。**比**を使って，「縦：横」を考えれば，一方（電車）は，100：1であり，その比の値は，$\frac{100}{1}=100$となる。
また，他方（自動車）は，50：1で，その比の値は，$\frac{50}{1}=50$となる。
数値の大きい方が傾きが急であり，小さい方は傾きがゆるやかとなることがわかりやすいことになる。
比例関係にあるときには，次の表のように，対応する数値の関係を見れば，原点のところを除けば「商一定」の関係になっている（**表35-1，35-2**）。

表35-1

x	1	2	3	4	5
y	100	200	300	400	500

表35-2

x	1	2	3	4	5
y	50	100	150	200	250

このことから，商一定のグラフでは，定数が大きくなればなるほどグラフの傾きが急になることが発見できる。
これは子どもにとって発見的な見方となるだろう。

2. 他の場合では

では，「商一定」ではなくて，「積一定」や「和一定」「差一定」のグラフであったらどうだろう。何かグラフの特徴があるのだろうか。

子どもがこう考えて，自ら調べる活動をはじめれば非常に発展的な活動となるにちがいない。

（「積一定」のグラフでは）

「面積 24 ㎠の長方形」と「面積 36 ㎠の長方形」について，その縦の長さ（x）と横の長さ（y）の関係を見ていこう。

表に表せば**表 35–3，35–4** のようだ。

表 35–3　ア

x	1	2	3	4	5
y	24	12	8	6	4.8

表 35–4　イ

x	1	2	3	4	5
y	36	18	12	9	7.2

これをグラフにすれば，**図 35–4** のように「反比例」のグラフとなる。

さて，この場合のグラフは，積一定の，一定の数値が大きくなると，グラフが右上の方へ上がっていくことがわかる。

$x \times y = 24$…㋐

$x \times y = 36$…㋑

この両者をグラフで見れば，㋐より㋑の方が右上に上がっていくことがわかる。

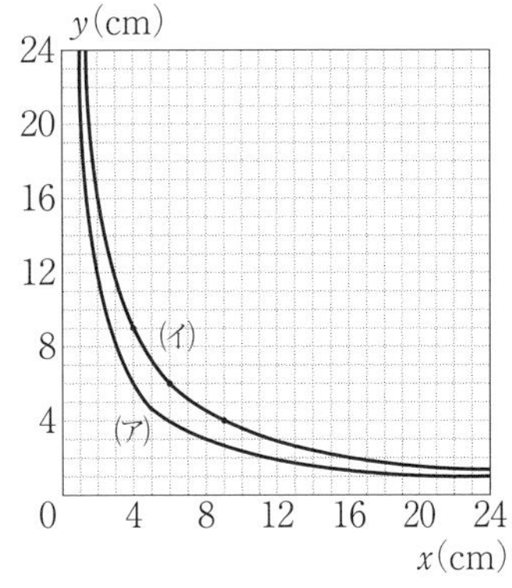

図 35–4

（「和一定」のグラフでは）

「和一定」のグラフについても調べてみよう。

具体的問題としては，「面積が 12 ㎠で高さ 4 cmの台形の上底（x）と下底（y）の長さ」㋒と，「面積が 48 ㎠で高さ 4 cmの台形の上底と下底の長さ」㋓を調べてみることにする。

変化の様子を表にしてみる（**表 35–5，表 35–6**）。

表 35–5　ウ

x	1	2	3	4	5
y	5	4	3	2	1

表 35–6　エ

x	1	2	3	4	5
y	23	22	21	20	19

これをグラフにすれば**図 35–5** のようだ。

この場合のグラフは，和一定の，一定の数値が大きくなると，グラフが右上の方へ上がっていくことがわかる。

上底を x，下底を y とすれば

$x + y = 6$…㋒

$x+y=24$…(エ)

この両者をグラフで見れば，(ウ)より(エ)の方が，−45°の傾きのまま，右上に上がっていくことがわかる。

これも子どもにとって意外な発見となるだろう。

(「差一定」のグラフでは)

最後に「差一定」の場合を考えてみよう。

具体的な問題としては「父36歳と子12歳の年齢」(オ)，「母31歳と子12歳の年齢」(カ)について考えてみる。

表にすれば次のようだ（**表35-7，35-8**）。

グラフは次のようである（**図35-6**）。

父や母の年齢をx，子の年齢をyとすれば，式は次のようになる。

$x-y=24$…(オ)

$x-y=19$…(カ)

グラフと式をよく見れば，一定の数値が大きくなれば，グラフは同じ傾きのまま右側に移動していくことがわかる。

簡単にまとめれば，和一定，差一定，積一定，商一定のグラフについては，それぞれの一定の数値によって，グラフの様子に，**図35-7**のような特徴があることがわかった。

このような見方は，あまり強調されずにいたが，見方・考え方を発展的に広げていくきっかけとなると思われる。

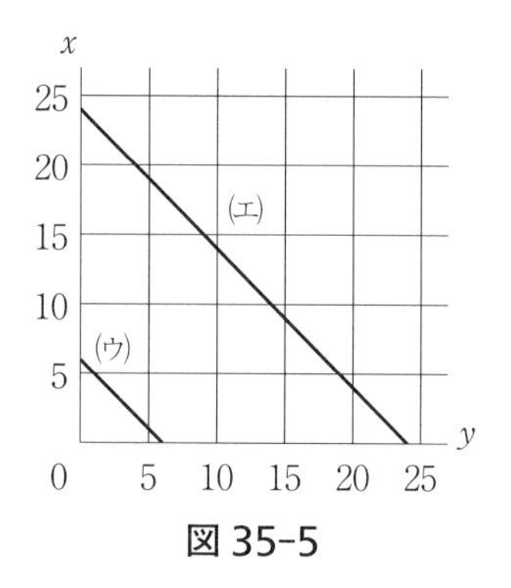

図35-5

表35-7　オ

x	36	37	38	39	40
y	12	13	14	15	16

表35-8　カ

x	31	32	33	34	35
y	12	13	14	15	16

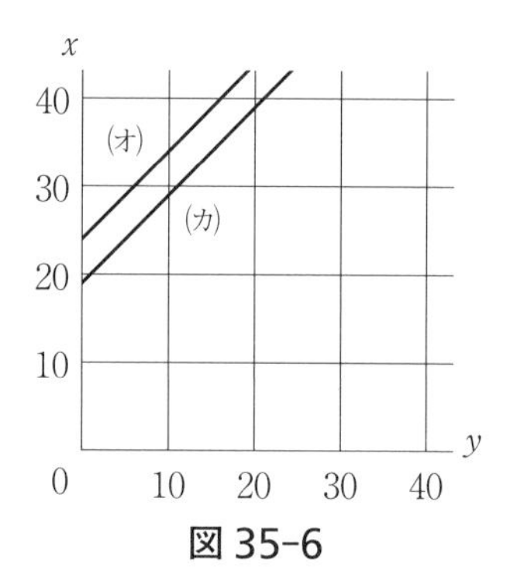

図35-6

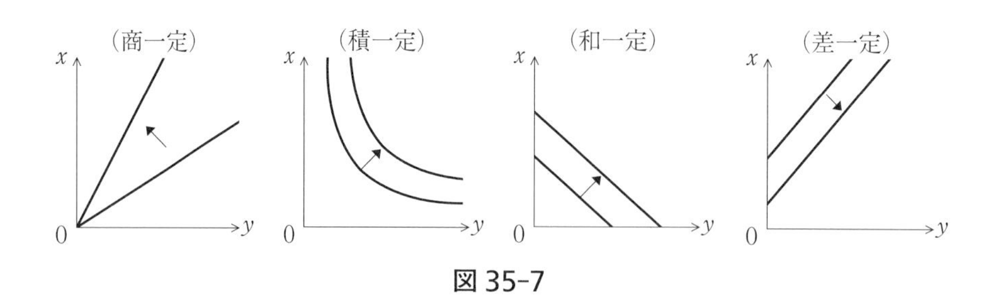

図35-7

第36回

第6学年

帰納的・演繹的に考える

1. 帰納的に考え，説明する活動・演繹的に考え説明する活動

平成20年版小学校学習指導要領の第5学年，［C図形］の「算数的活動」(1)の項目の4番目に「帰納的に考え説明する活動・演繹的に考え説明する活動」の言葉が登場する。他の項目と比較して少々異質な感じがする。しかし，これは非常に重要なところである。子どもが「考える」授業を展開しようとするならば，このことを大事にしなければならない。

詳細に引用するならば次のような例示とともに示されているところである。

> 三角形の三つの角の大きさの和が180°になることを帰納的に考え，説明する活動。四角形の四つの角の大きさの和が360°になることを演繹(えき)的に考え，説明する活動

このことの解説には次のような説明がある。

「この活動は，三角形の三つの角の大きさの和と四角形の四つの角の大きさの和を考え，説明することをねらいとしている。

帰納的に考えるとは，幾つかの具体的な例に共通する一般的な事柄を見いだすことである。ここでの活動は，いろいろな三角形を調べることを通して，三角形の三つの角の大きさの和が180°になることを考え，説明することである。

1つの三角形の三つの角の大きさの和が180°であることを調べる方法には，合同な三角形を敷き詰めたり，分度器で測ったり，三つの角の部分を寄せ集めたりするなどの方法がある。そこで，それらの方法を活用して，どんな三角形の三つの角の大きさの和も180°になることの驚きを感じさせたり，その美しさを味わわせたりしていくようにする。

演繹的に考えるとは，すでに正しいことが明らかになっている事柄を基にして別の新しい事柄が正しいことを説明していくことである。ここでの活動は，三角形の三つの角の大きさの和が180°であることを基にして，四角形の四つの角の大きさの和が360°になることを考え，説明することである。…（後略）…これらの考え方を活用して，演繹的に考え，説明しながら，筋道を立てて考えることに興味をもたせるようにするとともに，筋道を立てて考えることのよさについても気付かせていくようにする。」(PP.158～159頁，傍線は引用者)

2. ポリオミノ

さて，ここでの解説に登場するような例ではなく，別の例で子どもがこのような考えをしていくものを紹介しよう。高学年になったら，ときどき意図的に説明する活動を入れていくのがいい。

同じ大きさの正方形を，辺と辺がずれないようにつなげていく。

正方形がたった1個ならば，それしかないが，これが，2個，3個，4個，……と増えていくとどうだろう。回したり，裏返したりして合同になるものは除いていくのである。

ちょっとやってみよう。括弧の中は，名前である。ソロモン・ゴロムが名付けた。総称して「ポリオミノ」と言う。

正方形1個　⇒　1種（モノミノ）
正方形2個　⇒　1種（ドミノ）
正方形3個　⇒　2種（トロミノ）
正方形4個　⇒　5種（テトロミノ）
正方形5個　⇒　12種（ペントミノ）

以下，6個つなげは「ヘキソミノ」，7個つなげは「ヘプトミノ」，……と続く。

図は次のようである。

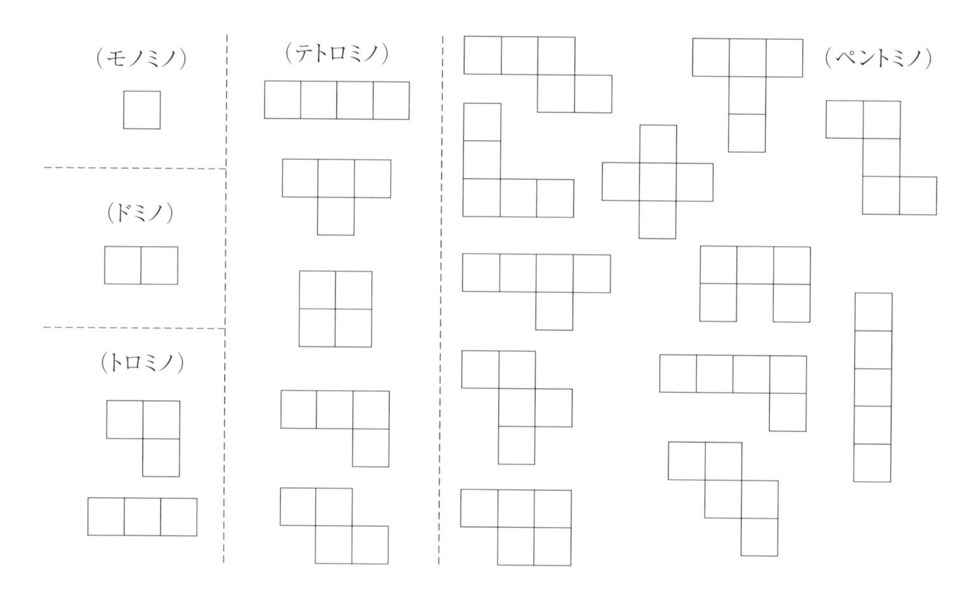

これらの図は探すだけでも楽しい。パズル遊びのようだからである。次のヘキソミノなどは35種類もあって，探すだけでも大変である。ペントミノなどはパズルとして，いろいろな素材で市販されている。

3. ポリコーノ

では，すこし発展的に考えてみたい。

今度は辺同士がつながった形ではなく，頂点同士がつながった形を設定して考えてみよう。総称して「ポリコーノ」という。

それぞれ何種類できるか予想してみるのもおもしろい。実際に厚紙や折り紙などを用意して体験的に作ってみるといい。

やってみれば次のようになっている。

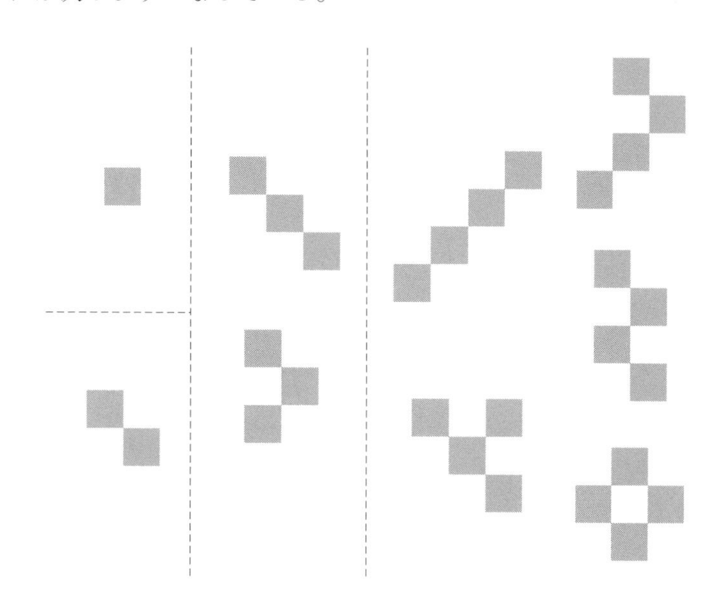

ちょっと，ここまでで整理してみよう。

正方形１個　⇒　１種（モノコーノ）

正方形２個　⇒　１種（ダイアコーノ）

正方形３個　⇒　２種（トリコーノ）

正方形４個　⇒　５種（テトラコーノ）

ここで誰もが「おやっ」と思うのではないだろうか。

さきほどの「正方形の辺つなげ」（ポリオミノ）と，この「正方形の頂点つなげ」（ポリコーノ）の種類が同じになっている。

もしかして，「ポリオミノとポリコーノの種類は同じである」と言えるのかもしれない。

いくつかの事例の中で見つけた「帰納的なきまり」である。もしも，そんなきまりが成り立つとしたら，正方形５個の頂点つなげも 12 種あるかもしれない。

やってみよう。

なんとか，12 種できた。

かなり確実性がありそうだ。しかし，ここで「なぜ」ということが筋道立てて説明できなければならない。「演繹的に考え，説明する」ことが大事なのである。

そこで，1つのアイデアとして，ポリオミノの中に，ポリコーノを書き込んでみる。

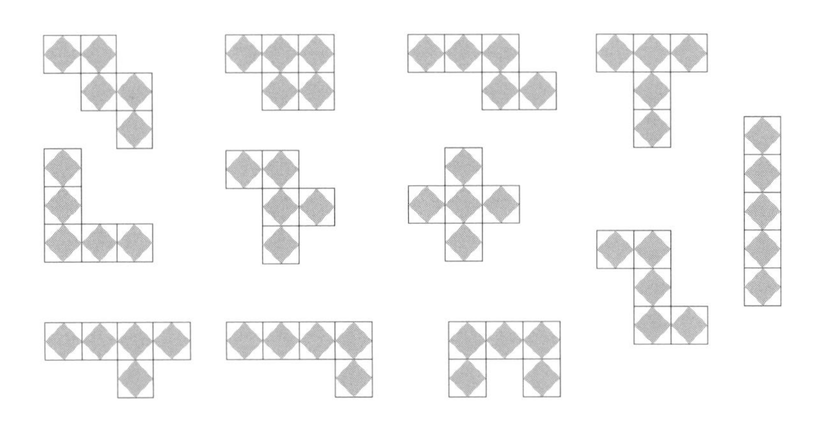

すると，頂点と辺，辺と頂点が対応していることに気付く。つまりこの対応が同じ数だけあるので，その種類が一致するということがわかる。

このような対応のことを「双対」関係があるという。

この事例，子どもたちに考えさせてみると興味がわくだろう。

第37回

第6学年

パスカルの三角形

1. パスカルの三角形

「パスカルの三角形」というのがある（**図37-1**）。

両側がすべて1で，中の数は，上の2つの数を足した数になっている。

この数は $(a+b)^n$ の展開式の $a^{n-r}b^r$ の係数を並べたものに等しく，2項係数とも呼ばれている。例えば，$n=5$ ならば

$(a+b)^5=a^5+5a^4b+10a^3b^2+10a^2b^3+5ab^4+b^5$

1
1　1
1　2　1
1　3　3　1
1　4　6　4　1
1　5　10　10　5　1
1　6　15　20　15　6　1

図37-1

この係数のうち，偶数を○，奇数を●に置き換えることにする。$n=0$ から $n=5$ までをこの規則によって表すと**図37-2**の右のような模様ができる。$n=6$ 以降も続けていくと，きれいなフラクタル模様ができる（**図37-3**）。

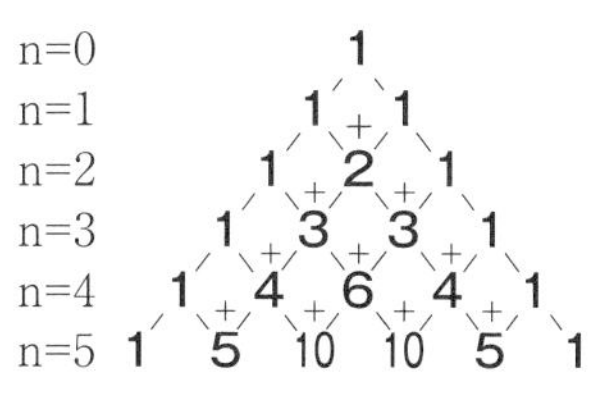

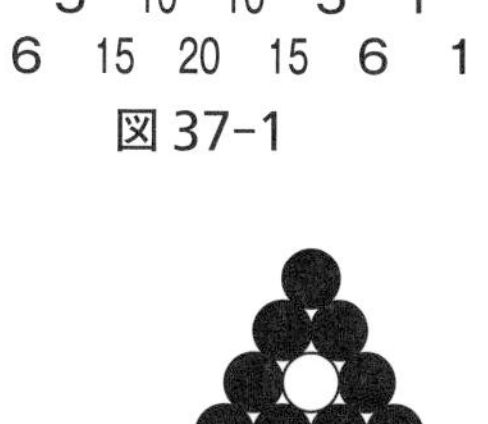

図37-2

図37-3

この三角形に並ぶ数表から，おもしろいきまりをたくさん見つけてみよう。

数表からいろいろなきまりを発見する「オープンエンドの問題」である。

学習指導要領解説も，授業改善の方策に，「九九表に潜むきまりを発見するなどの探究的活動」が大切であると指摘している（21頁）。

「パスカルの三角形」も同じことを意図する教材である。一般には，**図37-1**のように富士山のような三角形であるが，ここでは**図37-4**のように，直角三角形上に並べたものを使うことにする。このほうがきまりを見つけやすいためである。

1
1　1
1　2　1
1　3　3　1
1　4　6　4　1
1　5　10　10　5　1
1　6　15　20　15　6　1

図37-4

2. いろいろなきまり

（表の作られ方に関するきまり）

① 左端の縦の列はすべて1である。

② 右上端の斜めの列はすべて１である。
③ どの数も，そのすぐ上の数と左上の数を加えた数になる。

(縦に見たきまり)

④ 左から二番目の縦の列の数は（上から２番目の斜めの列も）１から１ずつ増えている。つまり「順序数」の集合である。
⑤ 上から五段目までは，そのまま $11n$ の答えとなっている（**図 37-5**）。

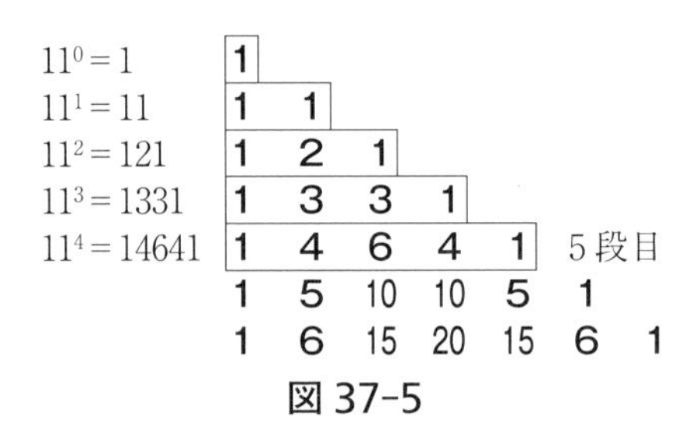

図 37-5

⑥ 左から三番目の縦の列の数は，「三角数」の集合である（**図 37-6**）。

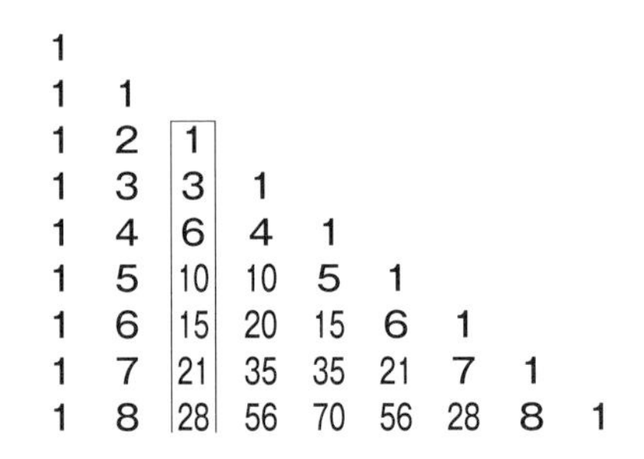

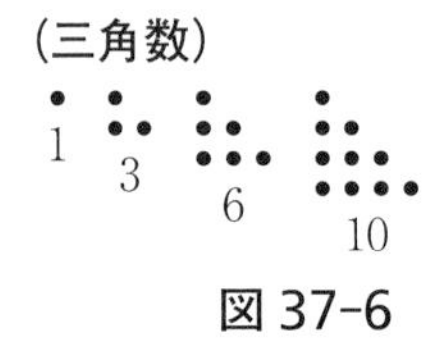

図 37-6

⑦ 縦の列に沿って，ある数までの和は，最後の数の右斜め下の数に等しい（**図 37-7**）。

1 1
1 2 1
1 3 3 1
1 4 6 4 1
1+3+6+10＝20　1 5 10 10 5 1
1 6 15 20 15 6 1
1 7 21 35 35 21 7 1

図 37-7

（横に見たきまり）

⑧ 横にひき算とたし算を繰り返していくと，その結果は0になる（**図 37-8**）。

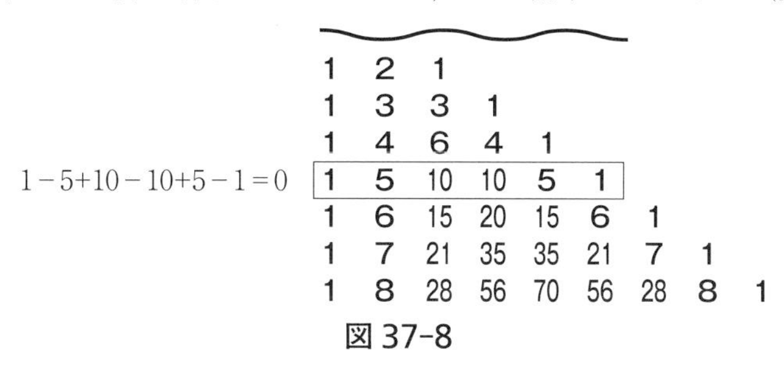

図 37-8

⑨ ある横の列においてその列の数の和は，その前の列の数の和の2倍になっている（**図 37-9**）。

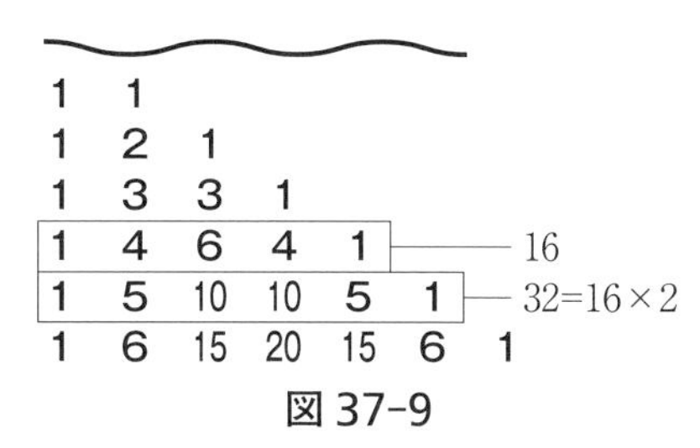

図 37-9

⑩ 2つの並んでいる数の比は，その数を含んで，左と右に並ぶ要素の比に等しい（**図 37-10**）。

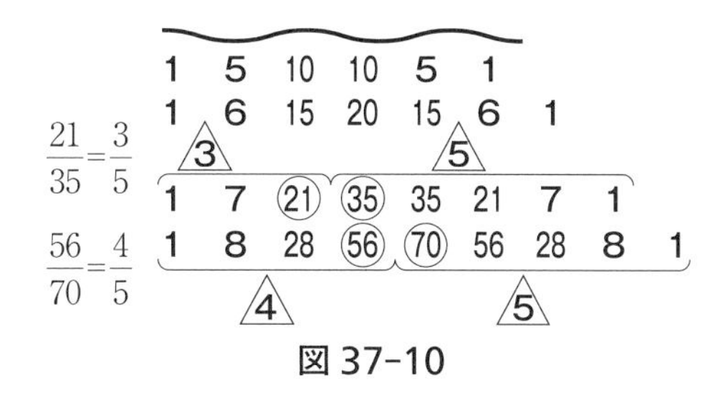

図 37-10

（斜めに見たきまり）

⑪ 右上がりの斜めの列に連続した平行線に沿って加えた数は「フィボナッチ数列」（1からはじまり，前の2つの数を加えた数を次に並べていく。1, 1, 2, 3, 5, 8, 13, ……と並ぶ数列のこと）になる（**図 37-11**）。

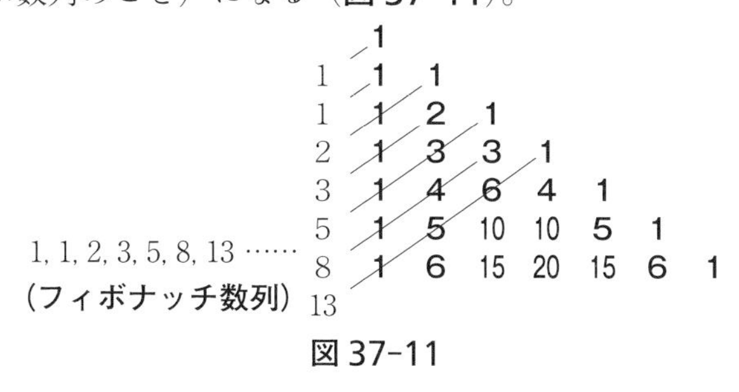

図 37-11

第38回

第6学年

「緑表紙」教科書から

「緑表紙」教科書から

通称『緑表紙』教科書という戦前の教科書がある。正しくは『尋常小学算術』という教科書で，幻の教科書などと呼ばれてもいる。昭和10年より学年進行で使用された国定教科書で，表紙の色にちなみ『緑表紙』と呼ばれているのである。

それまでの旧国定教科書を，文部省の塩野直道が高い志をもって本質的な改善を行って新たに作り上げ，当時海外の先進諸国からも高い評価を得たという。多色刷りということでも評判になったのだが，塩野直道の「数理思想」の考えが反映された画期的なもので，当時の研究熱心な先生からは「希望の緑表紙」と絶賛された。戦後の算数教科書は，この『緑表紙』を原型にして作られたともいわれている。

この教科書の表紙の絵柄は，第1学年～6学年まで各上下巻，計12冊がすべて同じで，オレンジ色の風車のような絵柄になっている。そして，この絵柄を使った問題が，6年下巻の最終問題に登場するのである。つまり，この教科書は1年上巻の発刊当初から，この最終問題が意識されていたのである。

今回は，この問題を取り上げたい。そして，この問題の前に，同種の問題が登場しているので，合わせて紹介する。

（十六番）解説

この教科書編纂に関わり，この教科書づくりについてのいきさつなどを中心に研究され，博士号を取得された高木佐加枝氏がいる。この方は，元は東京高等師範学校訓導であったから，いまの筑波大学附属小学校の先生であった。教科書作成にも参画していたという。

また，この教科書の作成にあたって，ご自身の学級を使い，実験的に学年進行で使

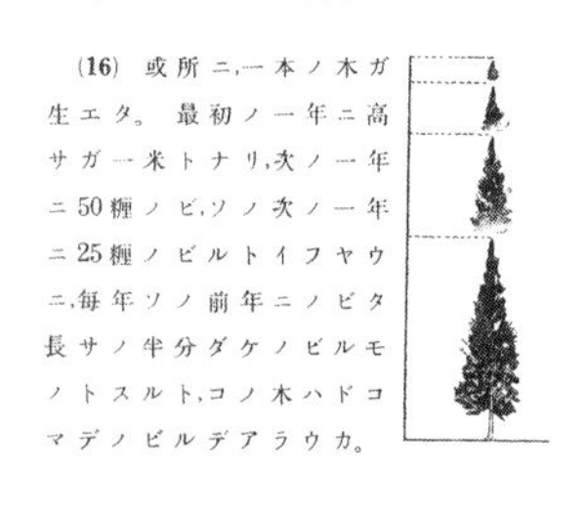

(16) 或所ニ,一本ノ木ガ生エタ。最初ノ一年ニ高サガ一米トナリ,次ノ一年ニ50糎ノビ,ソノ次ノ一年ニ25糎ノビルトイフヤウニ,毎年ソノ前年ニノビタ長サノ半分ダケノビルモノトスルト,コノ木ハドコマデノビルデアラウカ。

(17) コノ本ノ表紙ニアル模様ニハ三角形ガドンナ大キサノ順ニ並ンデヰルカ。ソノ並べ方ニ従ツテ,次第ニ小サイ三角形ヲ限リナク附加ヘテイツタトスルト,三角形ノ面積ノ和ハドウナルデアラウカ。コレヲ,次ノ圖ニツイテ考ヘヨ。

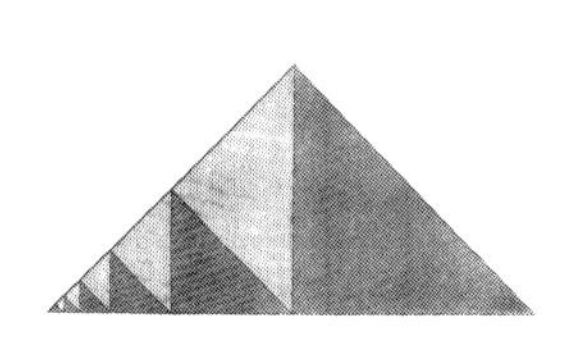

『尋常小学算術　第六学年児童用下』（76頁）から⒃
同教科書（77頁）の最終問題⒄

用されたという話を聞いたことがある。

この先生の著書に『「小学算術」の研究（緑表紙教科書）編纂の背景と改正点及び日本算数教育のあゆみと将来への論究』と題する書籍がある。ここに，この問題の解説があるので引用しておく。

第5章「教材開発の研究」，第2節「緑表紙の文章題に対する態度」，(5)「極限の概念養成の問題」より（pp.160–162），「極限については，第5学年児童用上巻 p.65 および p.64 において，

・円の半径と円周との関係の考察

また，同書 p.65 および p.60 において，

・円の面積を求める公式を導く場合

に，この概念に触れたのであったが，第6学年の最後の問題として等比級数的に変化する場合を考察させ，幾らかでも極限の概念を得させようと考えられた。

（例 1）［小算六下 p.76 (16)］前掲

数学的内容からいえば，極限の値をもつ無限等比級数の総和を考察させるものである。この問題に含まれている等比級数は，

$1, \frac{1}{2}, \frac{1}{2^2}, \frac{1}{2^3}, \frac{1}{2^4}$……である。

もちろん，一般的にかような問題を考察させるのではなく，公比を $\frac{1}{2}$ とする特別な等比級数をなす具体的問題を考察させることによって，極限の概念に幾らでも触れさせようというのである。要するに，木の高さは，年が経つに従って次第に2米に近づく。2米に幾らでも近づくことはできるが，何年経っても2米には達しない。

このことがわかればこの問題の目的は達せられたわけで，幾らかでも極限の観念を得させるために考えた問題である」

『尋常小学算術教師用』の解説から

「教師用書」には，この木がどこまで伸びるかを実際に計算させて，方眼指導と評価に図をかくことを奨励している。**図 38–1** の表と**図 38–2** がかかれている。

そして，次のように解説されている。

「（前略）図及び計算を併せ考えると，全体の長さが二米にだんだん近づき，二米を越さないかどうか，はっきりはしないけれども，どうも越しそうに思われないことに気付くであろう。そこで，この図を上のような計算をしないで画く方法を考えて次の仕方に導くがよい。（次の図は，便宜上横にかくことにする。）

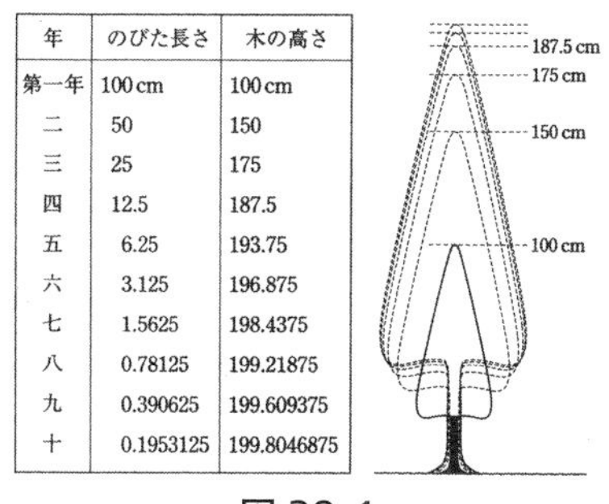

年	のびた長さ	木の高さ
第一年	100 cm	100 cm
二	50	150
三	25	175
四	12.5	187.5
五	6.25	193.75
六	3.125	196.875
七	1.5625	198.4375
八	0.78125	199.21875
九	0.390625	199.609375
十	0.1953125	199.8046875

図 38–1

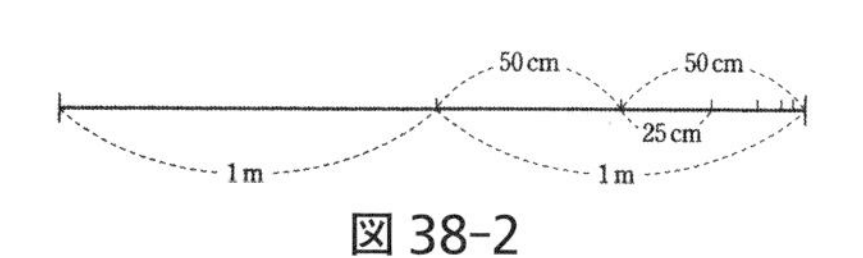

図 38–2

（中略）この画き方によって，明らかに次のことがわかるであろう。

高さは，年が経つに従って次第に二米に近づく。

二米に幾らでも近づくことは出来るが，何年経っても二米には達しない。

このことがわかればこの問題の目的は達成されたと見做してよい。」

『尋常小学算術　第六学年児童用下』（77 頁）から⒄

これは，『緑表紙』教科書の表紙絵の問題であり，本教科書の最終問題でもある。

（17 番）解説

これについては，「教師用書」の解説に次のように書かれている。

「前問と同様な目的をもった問題である。

「小学算術」の表紙にある模様を，「小学算術」最後としてとったのである。

この模様は，同様な三組の直角二等辺三角形の系列から出来ている。その1つの系列を考えると，中の方から順に前のものの半分の三角形が，一定の位置関係を保って並べられているのを認めるであろう。表紙の三角形の一系列は3個の三角形であるが，この並べ方を続けていくとすると，児童用書第77頁の図のようになる。図には，一系列10個までは画いてあるが，これ以上画けない。しかし，考えるだけならば，幾ら小さいものでも考えられる。そこで，限りなくこれを続けていったものとして，面積の和を考えさせる。

最初の三角形の面積を1とすれば，順に，

$\frac{1}{2}$，$\frac{1}{4}$，$\frac{1}{8}$，$\frac{1}{16}$，$\frac{1}{32}$，$\frac{1}{64}$，……

となるであろう。これ等の和は，前問の場合から推して，最初のものの2倍，すなわち，2に幾らでも近づくが，2倍には達しないことを知るだろう。これを具体的に理解させるために，児童用の最後に図を掲げてある。この画き方も，最初の三角形の2倍の三角形を書いておいて，順次2等分していけばよいことに気づかせるがよい。以上によって，極限の観念を具体的に得させることが出来るであろう。

「小学算術」もかくして極限に達したのである。」

高木氏は次のようなことも書いていた。

「最初第一学年の教科書が出たとき，この表紙の模様を見て，ある人は子供が跳躍している様子を表現したもので，算術書が黒表紙から緑表紙へと勢いよく飛躍したようすを表したものであると言い，またある人は第一学年で新しく登場した“色板並べ”の特例で，図形とか方向・位置の観念の養成が算術科の重要な事項であることを表したものとも言われた。事実，第一学年児童用書上 p.16 には，釣合いのとれたおもしろい形の例として，直角二等辺三角形の色板9枚で並べたものが示してある。

この表紙の模様を，「小学算術」最後の極限の問題として取扱おうことは誰も予想しなかったことではなかろうか。」

要するに，この教科書の思想はじめから一貫していて，全体像を見通したうえで編纂にかかっていたのだということがよくわかる。高木氏も著書の中で，「附言」として，「極限の概念については，現在なお小学校の算数科の内容として取り扱っていない。」と記述されていた。

実際には，円の面積公式などを導く際に，どうしても触れなければならない箇所もあるのだが，かなりあいまいなまま通りすぎていくことが多いと思われる。一考の余地があろう。

また，昔は小学校でもかなり程度の高いものがあったこともわかる。現在は，なるべくむずかしい内容は避けようとする傾向にあるのではないか。今後の改訂学習指導要領ではこんなことも少しは考慮してほしいところである。

第39回

第６学年

オープンエンドの問題

1. オープンエンドの問題からの活動

学習指導の改善策の１つに「オープンエンド」の活動がある。

算数の授業では，一般には，１つの問題に対して，答えが一つに決まっている問題が扱われる。だが，この解き方はいろいろであり，最近は教科書にもいろいろな友達の考えと称していくつかの解き方を紹介している。いわば**「解き方いろいろ」（図 39-1）**の問題解決である。

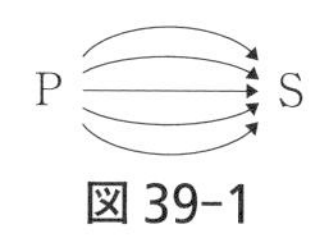

図 39-1

しかし，問題の設定の仕方によっては，答えだっていろいろな場合が考えられるであろう。これは**「答えいろいろ」（図 39-2）**ということになる。「エンド」とは「目的」とか「結果」といった意味があるが，これを算数科の授業で考えるならば「答え」ととらえることができる。この答えが１つに決まっていないので「オープン」なのである。「オープンエンド」とは，このように正解が１つに決まっていない問題を指している。

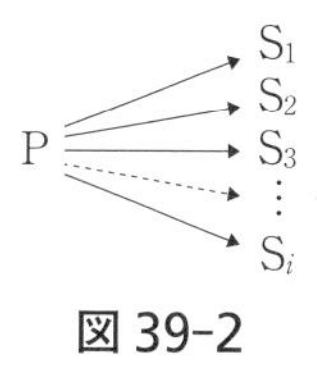

図 39-2

答えが１つに決まっているときには，教室の授業では，大勢の子が手をあげてみても，先生が指名した子が正解を言えば，その子だけがほめられる。しかし，オープンエンドの問題であれば，一人の子が正解を言っても，まだ他に正解があれば，他にも答えがあるとして答えられる。先生にほめられる子がずっと増えるということになる。

平成20年度版小学校学習指導要領解説には，このことについてのよい例が載っている。**目標の「算数的活動の楽しさ」**についての解説部分である。

そのための授業改善策のうちの１つに「九九表に潜むきまりを発見するなどの探究的な活動」（P.21）があげられている。これはまさしく「オープンエンド」の学習である。九九表に見られるきまりが多様だからである。

このような問題は，ときどき子どもに与えるとよい。子どもの思考の柔軟性や，追究心が育つからである。

2.『尋常小学算術』から

戦前の教科書で，非常に斬新な表紙が緑色のいわゆる『緑表紙』教科書がある。前回も第６学年で教材を紹介した。今回は，この中から**「いくつあるかな？」**ということで，いろいろな場合を考えて「四角形の数を数える」という活動を紹介したい。

この問題は，『尋常小学算術』第四学年上（P.33）に載っている。

「右ノ圖ニハドンナ形の四角形ガアリマスカ」と問いかけている（**図 39-3**）。

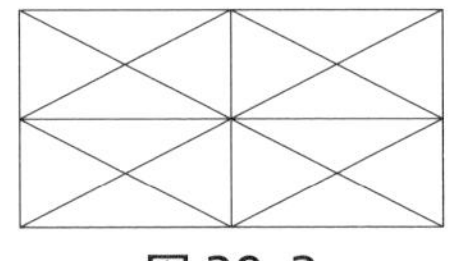

図 39-3

裏返したり回したりするものを異なるものと見なしたときの四角形の数を考えてみる問題である。さて，この図の中にいくつの四角形が隠れているか。答えは，18 種 78 個もある。驚きでもある。子どもたちはどのくらい見つけられるだろうか。一人で考えてもなかなか埒（らち）が明かないので，複数の子で力を合わせて考えることがあってもよいのではなかろうか。

3. 場合分けをして考える

参考までに，これらを示しておく。この場合，長方形と正方形は別物として考えている。そして，四角形を分類して考えていくのだが，まずその定義が明確でないと数える数がくるってくる。括弧の中がその定義である。

①長方形（四つの角が直角である四角形）

(ア)　輪郭……………………………1 個
(イ)　(ア)の $\frac{1}{2}$ のもの………………2 個
(ウ)　(ア)の $\frac{1}{4}$ のもの………………4 個

①長方形（3 種）

(ア)

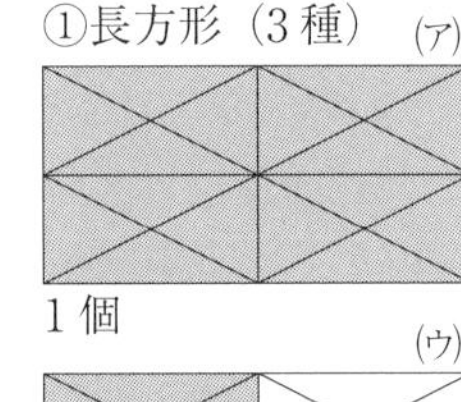

1 個

(イ)

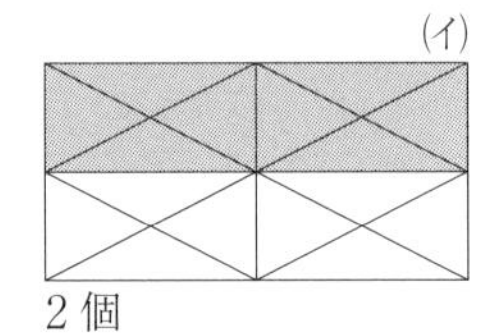

2 個

(ウ)

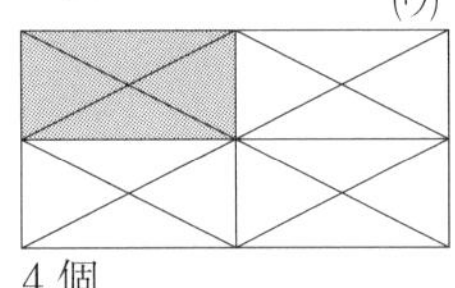

4 個

②正方形（四つの角が直角であり，四つの辺が等しい四角形）

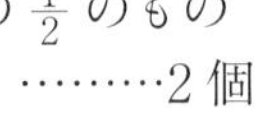

(エ)　(ア)の $\frac{1}{2}$ のもの
………2 個

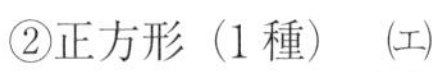

②正方形（1 種）　(エ)

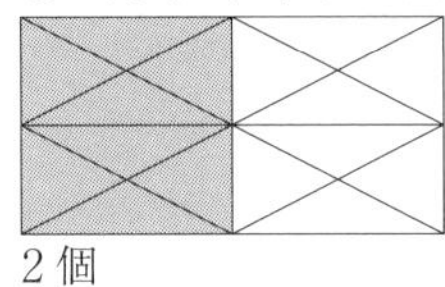

2 個

③ひし形（四つの辺が等しい四角形）

(オ)　(ア)の $\frac{1}{2}$ のもの………………1 個
(カ)　(オ)の $\frac{1}{4}$ のもの………………4 個

③ひし形（2 種）

(オ)

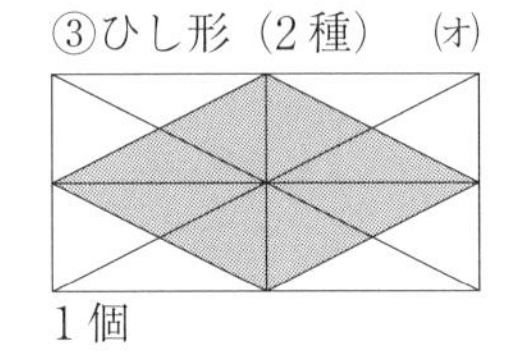

1 個

(カ)

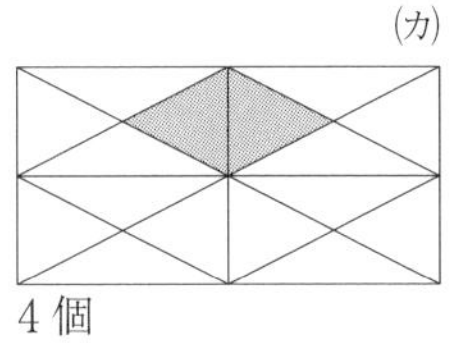

4 個

④平行四辺形（2 組の辺が平行な四角形）

(キ)…………………………………4 個
(ク)…………………………………4 個
(ケ)…………………………………4 個

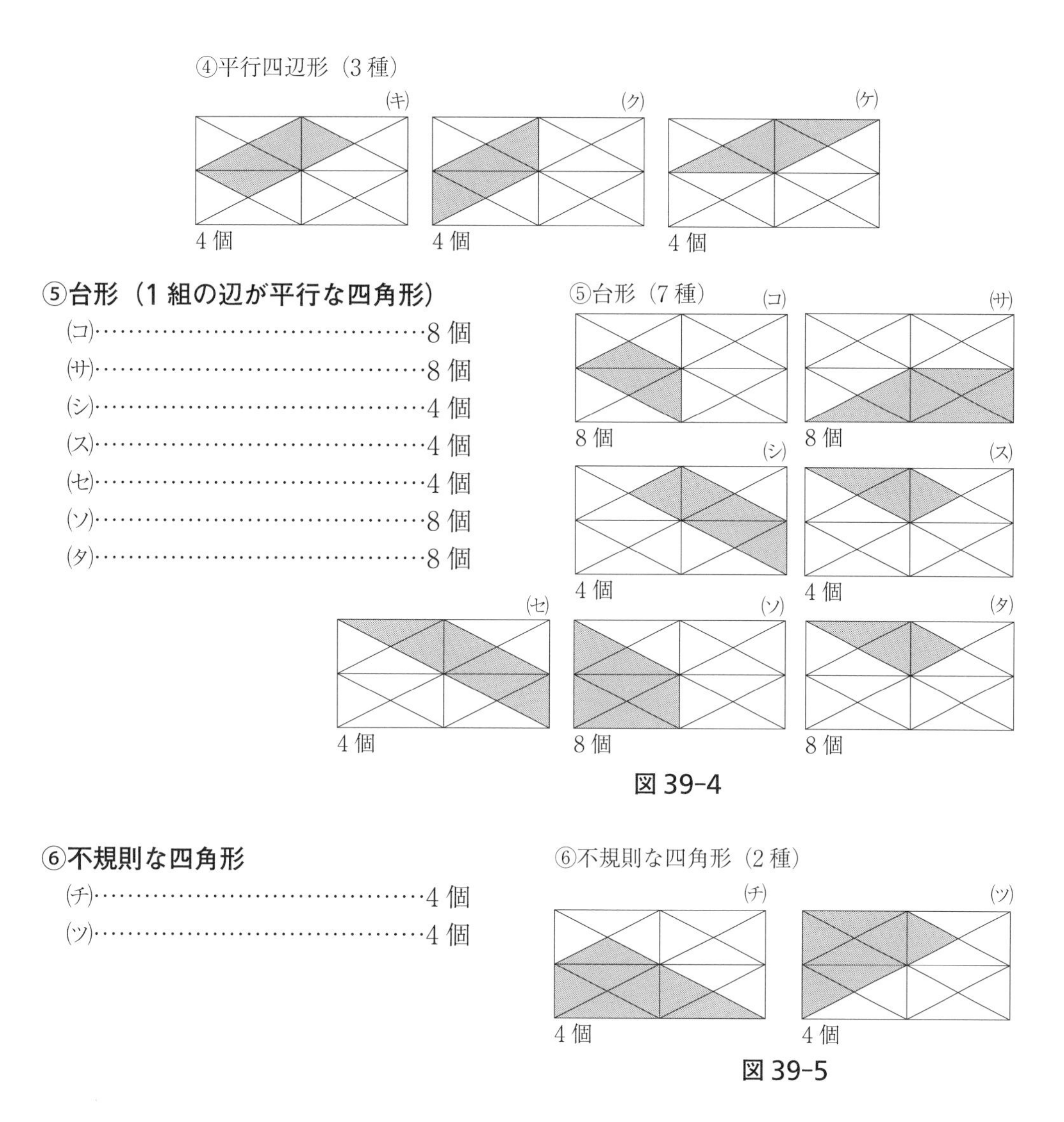

⑤台形（1 組の辺が平行な四角形）

(コ)……………………………………8 個
(サ)……………………………………8 個
(シ)……………………………………4 個
(ス)……………………………………4 個
(セ)……………………………………4 個
(ソ)……………………………………8 個
(タ)……………………………………8 個

図 39-4

⑥不規則な四角形

(チ)……………………………………4 個
(ツ)……………………………………4 個

図 39-5

4. 四角形を関連付けてみる

『緑表紙』教科書では，この問題の後に**図 39-6** を配置し，次のような問いを発している。子どもに新しい見方を指導しようとしている。
「コノ圖ヲ見テ，左上ノ四角形カラ，ジュンジュンニ他ノ四角形ニウツリカハル有様ヲ考ヘナサイ。」

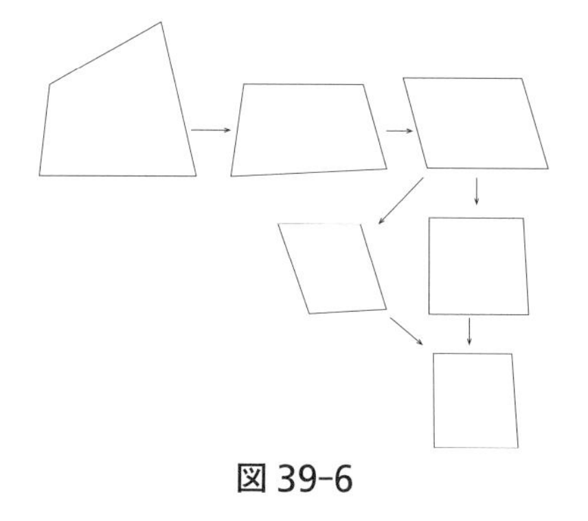

図 39-6

第40回

第6学年

ポリオミノの教材化1

1. 教具としての「ペントミノ」

本回では学年にこだわらずに使える教材を考えてみたい。

『箱詰めパズル　ポリオミノの宇宙』という本がある。この書籍については，第36回でも若干紹介もした。

著者のソロモン・ゴロムは「ポリオミノ」の考案者として有名。ゴロムは，2個の正方形をつないだ形である「ドミノ」（domino）の "d" を，2を意味する接頭語と「解釈」し，domino＝"d"(2)＋"omino" と考え，3個の正方形をつないだものを「トロミノ」（"tr"(3)＋"omino"），4個の正方形をつないだものを「テトロミノ」（"tetr"(4)＋"omino"）というように名付けた。また，これらの総称を，「多」を意味する "poly" を接頭語として「ポリオミノ」（"poly"(n)＋"omino"）と呼ぶことにした。

この本は，正方形5個の「ペントミノ」から，正方形6個がつながった「ヘキソミノ」にとどまらず，さらに「ヘプトミノ」「オクトミノ」「エネオミノ（ノノミノ）」などによる非常に対称性の高い配置が満載である。

2. ポリオミノの教材化

さて今回は，そのようなポリオミノの中から「ペントミノ」に焦点を当てて，授業に使えるものを紹介したい。

⑴　ペントミノを作る

これらの形を実際のペントミノ模型で作っていく活動を考えてみよう。作業に伴って，様々な問題が生じて，できるかぎりそのことのなぜを解明していくことは意味のある学習となる。

ペントミノの模型は市販のものがあるが，工作用紙でも作れる。1マスの大きさを一辺2㎝程度で作ると，操作しやすい。まずは，ペントミノ12種類（**図40-1**）。アルファベットの形になぞらえてその名を付けてある。

なおついでながら，ペントミノよりも正方形の個数が少ないものも紹介する（**図40-2**）。

⑵　できる形か，できない形か

いくつかのペントミノを使って正方形を作る。できない場合は，どこかに穴があく正方形になる。例えば8×8の正方形ならば，**図40-3**のようになる。

この場合は，子どもにつくらせる段階で，どうしても「できない」という声を聴き

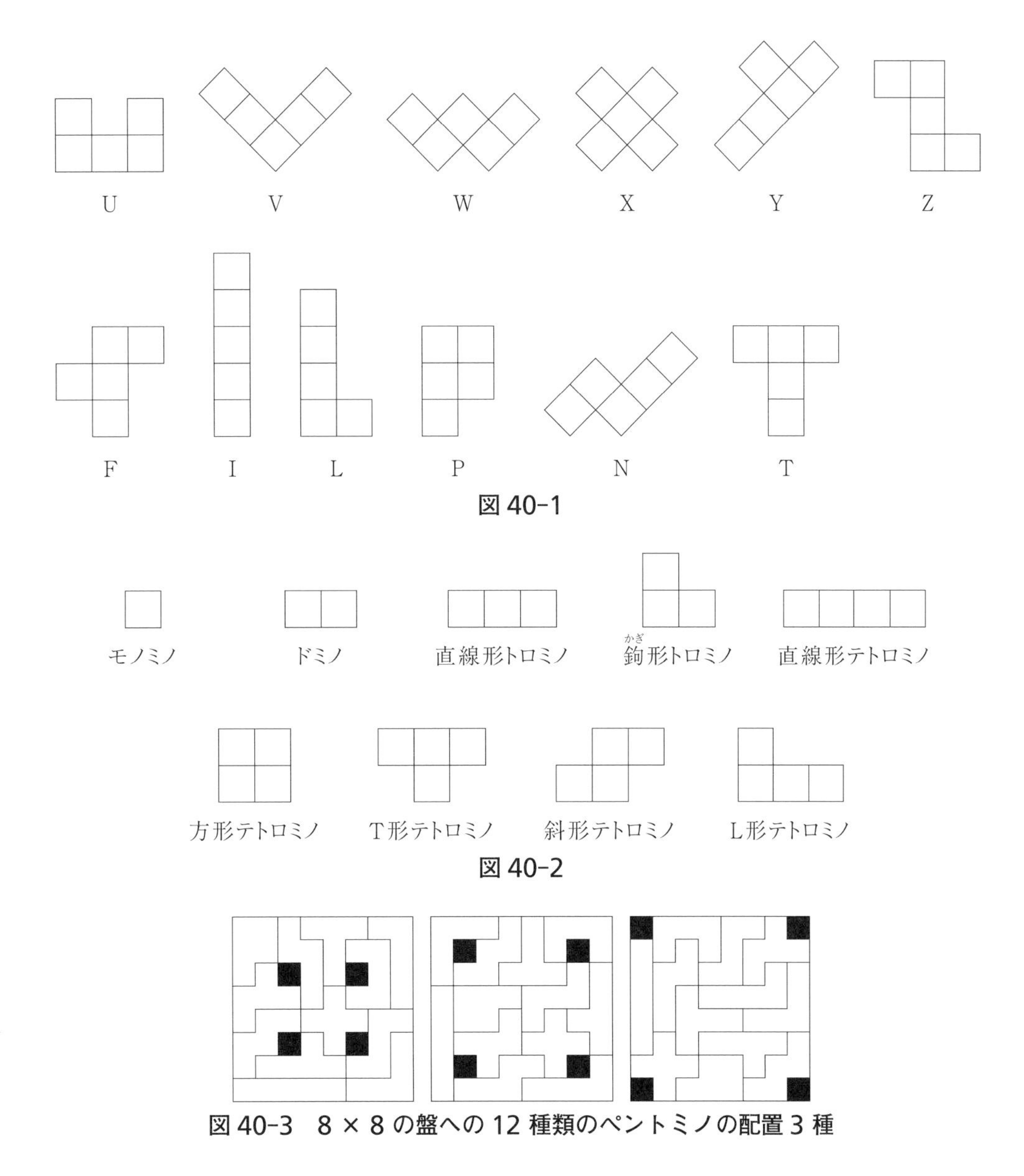

図 40-1

図 40-2

図 40-3　8 × 8 の盤への 12 種類のペントミノの配置 3 種

ながら，「なぜ，できないのか」を考えさせるところに算数的活動がある。

第２学年で行う場合は，九九を学習したあとにやるといい。そこで，理由が説明できるからである。

つまり，１ピースが５個の正方形でできているので，全体を構成すると，マス目は5の倍数にならなければできない。そこで，「この正方形では，マス目の数が，8×8＝64 となるので，64 は，五の段の九九にはないし，九九を広げていっても出てこない数です」といった説明ができればいい。

実際に２年生でやるときには，もっと小さい正方形（例えば 4×4＝16 のような）で考えさせるほうが妥当であろう。

要するに，**できる形か，できない形かを考え，できない場合にその理由を述べる活動**となる。

(3) 拡大図・縮図

次に対象となる教材は，拡大図である。あるペントミノを抜き出して，それをモデルとする。残り11個のピースから9ピースを使ってこのモデルの拡大図を作るのである。

辺の長さが3倍になっているので，面積は9倍になる。これを子どもに試行錯誤しながら作らせるのである。

完成図を紹介しよう（**図40-4**）。

2つの例を紹介したが，いずれも子どもの試行錯誤が必要になったり，ときには論理的説明が必要になったりする例であった。まだ，このほかにもいろいろ考えられる。授業者の工夫がものをいうことになろう。

図40-4

第41回　第6学年

ポリオミノの教材化2

1.「ペントミノ」を，切って・貼ると

前回にひきつづき「ポリオミノ」の教材について追究する。

正方形を辺と辺がずれないようにつなげた形を使う。これらは総称して「ポリオミノ」と呼ばれる。なかでも正方形5個つなげの場合「ペントミノ」といい，12種類ある。ポリオミノの中でも最も多く使われている。プラスチック製品で，教材店から市販もされている。

今回は，この「ペントミノ」をいくつかの単片に上手に切り分けて，並べ直し，「正方形」にするというパズルに挑戦してみたい。パズルは試行錯誤のおもしろさを感じさせるものなので，算数の問題解決に役立つものとなる。ペントミノ12種類については前回紹介したので図は割愛する。

2. ペントミノ切り分け問題

再度，子どもに提示する問題の形にすれば次のようになる。

> ペントミノを，三つか，四つのピースに切り分けて，これを上手に並べ替え，正方形になるようにしてください。

さて，どのようにすればよいか。まず，普通は，5マス分の面積をもつ正方形を考える。ペントミノは正方形五つからなるからである。面積5マスとなれば，一辺の長さをかけ合わせて5になるような長さはどのような長さなのか。

一辺をxとすれば，$x^2=5$なので，

$x=\sqrt{5}$

となる。このxを求めることは，小学生にはむずかしい。しかし，後述するような方法もある。

では，実際の図形にあたって考えることにしよう。これには**図41-1**のような正方形が考えられる。

格子点を利用して作った正方形を考えるとき，**2マス分の長方形の対角線**がちょうど一辺になるようにすればできそうである。

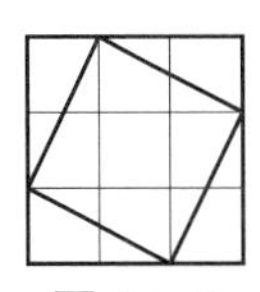

図41-1

3. ペントミノを切り分ければ

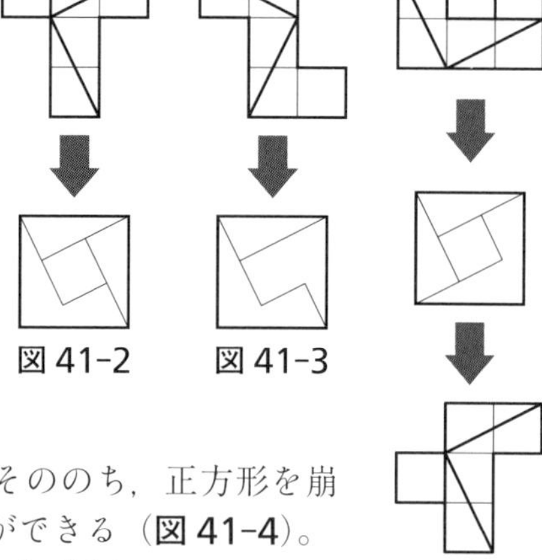
図 41-2　図 41-3　図 41-4

では，この正方形に合うように作ってみよう。

まず「T」の形（**図 41-2**）。

次の図のように，四つに切り分けて，並べ直すと正方形になった。

では，「Z」の形はどうか（**図 41-3**）。なんと三つに切り分けてできる。

さらにやってみると，並べ替えてみたら同じになってしまうものがあることに気付く。

「U」や「F」の形がそれである。

つまり，「**U**」を切り分けて，正方形を作り，そののち，正方形を崩して，今度は「**F**」の形に変身させるということができる（**図 41-4**）。

このようにして，12 種類全部作れれば，とてもすばらしい。

興味・関心をもった子どもは，家に帰って黙々と挑戦し数日後に全部できたと持ってくる。これまで，我が教え子に何人もそんな子がいた。

この問題は，いろいろなところで登場するが，古くは『わかる数と図形のパズル』（松田道夫著，1959，岩崎書店）の中にもあった。

4. ペントミノ切り分け問題の答え

答えはいろいろある。切り分け方は 1 つに決まったわけではない。その 1 つを紹介する。「I」や「X」は，ちょっと変わった切り方をしてみた。

工作用紙などを使って，自分で切って，並べ替えてやってみることが大事だとわかる。まさしく「ハンズオン・マス」の世界である。

先に紹介したように，同じピースに切り分けた場合には，もとに戻すときに，別の形を構成することができるので，ちょっとびっくりである（**図 41-5**）。

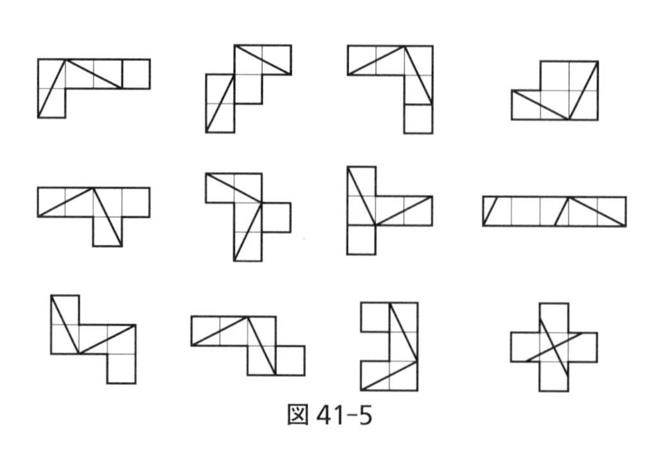
図 41-5

5. 正方形の一辺の長さは

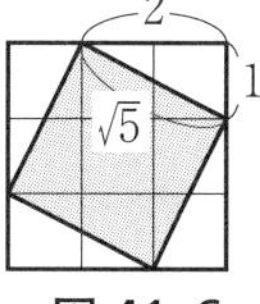

図 41-6

先に紹介した正方形の一辺の長さは，5となっていることがわかる。2マス分の長方形の対角線の長さとなっているからである（**図 41-6**）。

$x = \sqrt{1^2 + 2^2}$
$\quad = \sqrt{5}$

教育出版教科書『小学算数・6年』（P.195）には，この$\sqrt{5}$の長さを近似する活動が載っていた。

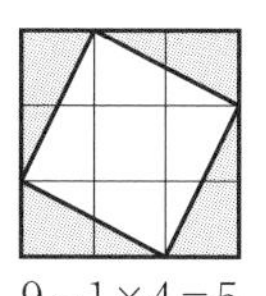
9−1×4=5
図 41-7

はじめに，マスの一辺を1cmとして，まず，正方形の面積を求める。

面積は，外接する正方形からいらない部分をひいて5㎠であることを確認する。

この場合，教科書には載っていないが，マス目の移動から5マス分であることが納得できるという方法もある（**図 41-7**）。

そして，今度は5㎠の正方形の一辺を求める。

このとき，電卓を駆使して近似していく。

次のようなコメントもついている。

「上の正方形の面積は求められましたが，一辺の長さは何cmぐらいなのでしょうか。

一辺の長さが2cmの正方形の面積は4㎠なので，上の正方形の一辺の長さは2cmより少し長そうです。

電卓を使って，同じ数を2回かけて，答えが5に近くなる数を探してみましょう。」

そして，次のような計算が途中まで示されている。

「 2.1×2.1 ＝4.41
2.2×2.2 ＝4.84
2.3×2.3 ＝5.29
2.21×2.21＝4.8841
………………………」

2.3×2.3 では，5を超してしまう。

2.21×2.21 では，5に満たない。

ここまでで，$2.21<x<2.3$ であることがわかる。さらに計算を進めていけば，もう少し詳しくxの数値がわかりそうである。

$x \fallingdotseq 2.236\cdots$

のようになりそうだ。確かめてみれば次のようである。

2.236×2.236 ＝ 4.999…

たしかに正方形の面積，5㎠に近づいている。

こんな計算も体験しておくことが中学校へ行って役に立つことになろう。

第42回　第6学年

発展・応用について

最後に「発展・応用」について大切なポイントをまとめておくことにする。

1. 計算力 (calculation)

数に対する感覚が豊かになっていれば，計算の方法も柔軟に考えることができる。先人が考えて作り上げてきた形式的な計算方法も，ときには使わずに別の計算のきまりにしたがって進めることだってできる。速算などはその典型である。

1～9までの整数を，1つずつ□の中に入れて，次の式を完成させなさい。

□□□×□＝□□□×□□

まずもって算数の世界では，計算する力が必要になってくることが多い。

トピック的ではあるが，まずは，右のような問題をやってみよう。

この答えを見つけるためには，いやと言うほどの計算をしなければならない。自然に計算をする力がついてくる。また，たくさんの試行錯誤が必要になる。

算数の世界では「試行錯誤」は大事な活動である。

そして，この答えは，1通りではない。オープンエンドの問題となっている。無限に答えがあるわけではないが，次のように10以上の答えが登場する。

答えいろいろ

459×8＝136×27
476×9＝153×28
534×9＝267×18
538×7＝269×14
546×9＝273×18
586×7＝293×14
638×7＝154×29
654×9＝327×18
658×7＝329×14
782×9＝153×46
897×4＝156×23
984×7＝123×56

このような，「答えいろいろ」の問題は，平素行っている算数の問題解決の型にはまった活動とは異質である。

つまり，答えが1つに決まっていれば，それを探して努力する活動となる。「よい」か「だめ」かが問題となる。しかし，答えいろいろの場を設定すれば，1つの答えが出されても，まだほかに答えがありそうだと挑戦し，新たな答えが見つかれば，また，ほめられる子が増えることになる。学習活動が楽しいものとなる。

2. 活用力 (application)

これまた，問題から。

これは量と測定の学習の活用でもあり，数直線などを使って，具体的に理解してい

砂時計が２つあります。
１つは，４分計。もう１つは７分計です。
この砂時計を今すぐ使いはじめて，ちょうど10分を測るにはどうしますか。

4分　7分

砂時計を２つとも同時にスタートさせる。
４分計の砂が尽きたら，それをすぐにひっくり返す。
今度は７分計の砂が尽きたとき，４分計の砂時計の３分が過ぎているので，すぐにひっくり返す。
その４分計の砂はあと３分ぶんなので，これが全部落ちれば合計10分（4+3+3=10）となる。

こうとするハンズオンの活動になる。活用力の育成ともいえるものである。

言葉だけではわかりにくいので，数直線図を使ってみる。このような問題に挑戦する場合には，実際にものを使って作業的な活動を伴って五感を駆使して理解していくことが肝要であろう。または，この図のような補助的手段を使って理解していくことも必要になる。まさしく「ハンズオン・マス」の活動となる。

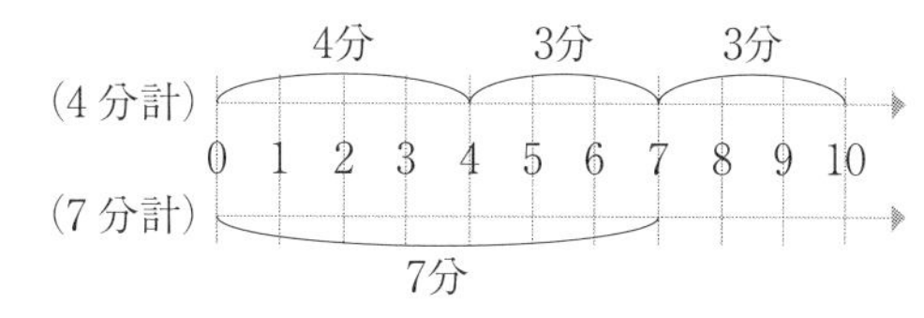

3. 着想力 (inspiration)

たくさんの知識をもっていてもそれをうまく使えなければおもしろさを感じることはできない。そして，新たな問題解決に際して，役に立つ解決法とはならないのではないか。人からやり方を教わり，そのとおりにやることならばなんとかこなせても，自ら新たな問題に挑戦する力とはならないだろう。

そんな問題解決に際して，「着想」する力，「ひらめき」はとても役に立つものである。いつも使えるものとは限らないが，とにかくやってみようとか，とりあえず使ってみようなどという試みである。もてる知識を総動員することになる。

これまた，１つの問題から考えてみたい。

この答えを探すには，驚くような発想が必要かもしれない。実際，厚紙などを利用していろいろやってみるということも肝心だ。

ちょっとしたひらめきが必要かもしれない。あきらめずにやりつづける力がいる。

答えは「２枚で十分」というものである。

下のような切り方だ。

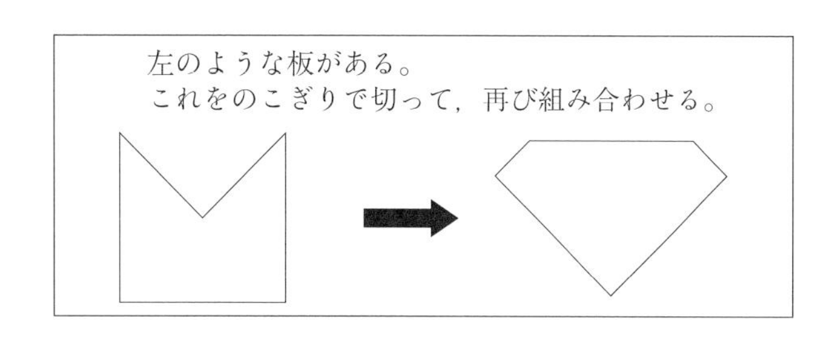

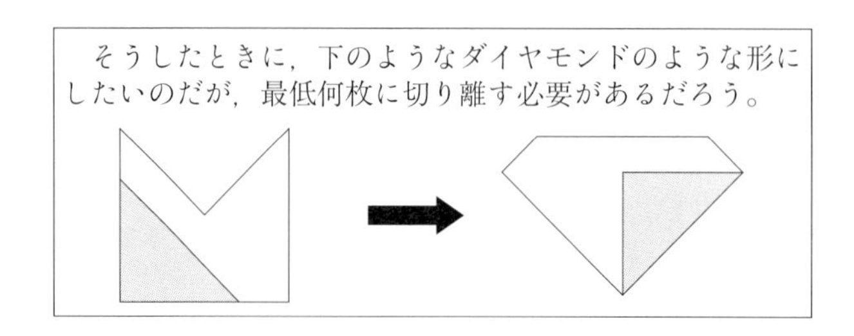

もう一題。これは，なかなか難しく試行錯誤しなければ求められないのではないだろうか。何度もやっているうちに，はっとひらめくものがあって，次々と解答が見つかることだろう。

なかなかむずかしいが，むずかしいことは，子どもを夢中にさせることになる。よい問題の1つの条件でもある。答えは右のようである。

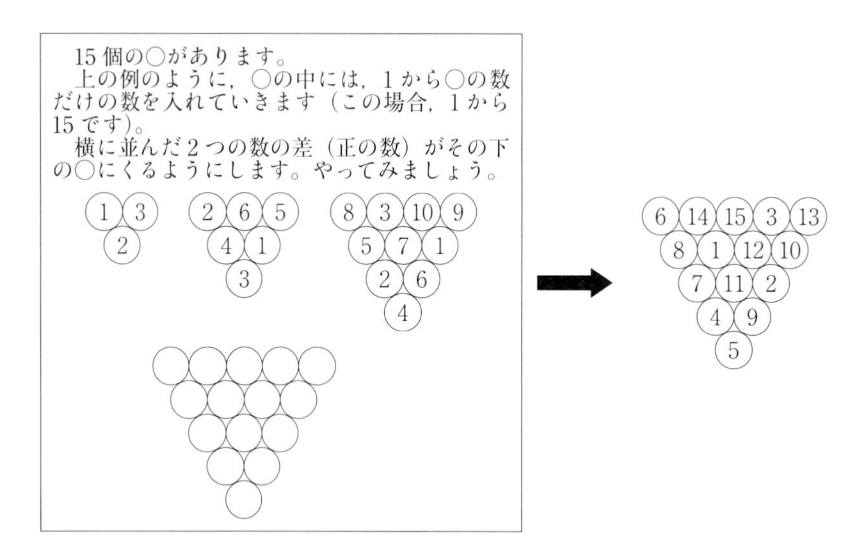

4. 計算力・活用力・着想力

算数に必要な力について，「カルキュレーション」「アプリケーション」「インスピレーション」と語呂合わせをしてみたが，これらの力は問題を解くうえで大切な力となりうるのではないか。発展的に考える力は，いつも答えが1つに決まっているといった固定的観念にとどまらずに，もっと広く正解も多様だと考えてみる「オープンエンド」の発想が大事である。

また，紙の上だけで考えるばかりでなく，ときには具体的に手を使って，五感を駆使して考える「ハンズオン・マス」の精神と，行動を起こす力が必要になる。

さらに，問題を解決して，それで終わりにするのではなく，その条件を変えてみる，逆にしてみる，小さいものは大きくしてみる，さらに他のものとつないでみる，はたまた，平面のものは立体にしてみる等々の発想で，問題を広げていく手法を持ち合わせていければ，それは応用・発展していく力となっていくであろう。

第 2 部

算数科学習指導案

教科書ではあまり扱わないような教材を使って，研究授業などを行うときに使える「学習指導案」を10 本掲載する。
どれも子どもが夢中になって考える教材を選んではいるが，実際に授業を行う際には，教師が子どもの言葉やしぐさ，ノートなどに注意を払い，上手な対応をしていくことが重要である。

学習指導案 1

第1学年

式に表す

1. 研究主題

式を使って場を表現したり，問題づくりをしたりする発展的活動が可能かを考える。

(1) 式についての発展的扱い

式は，場面の様子を表したり，答えを求める過程を表現したりするものとしてとらえられる。基本的には数量の事柄や関係を簡潔に示す「算数の言葉」である。ここでは，このことについての理解を深めるための学習をする。

学習指導要領解説には「……5＋3＝8の式を基に，被加数の5や加数の3は他の数でもよいのかを問題にして，『もしも数が変わって，5＋7だったら』と考えるならば，子どもにとって新しい場面の問題を作り出すことになる。これを基に繰り上がりのある場合の計算を考えることができる。このように一般化の方向でのよみとりができるようにすることが大切である。このことは発展的な算数的活動になる」（p.67 ～ 68）と示されている。この発展的な考え方は，本時の扱いにも通じるもので，「1＋2＋3」のような式で表せるものについて，「もしも数が増えて，1＋2＋3＋4だったら」と考えていくような場面について考察していく。

(2) 場面の様子を表す式

この授業では，おはじきを操作しながらそれがピラミッド型に並ぶとき，上から横一列ごとに，｛ 1，2，3，4，5 ｝となっていることに気付き，この合計がいくつになるかを考えさせたい。

すなわち，「1＋2＋3＋4＋5」と並ぶ数の合計を工夫して求める。この計算は，よく言われる「ガウスの計算」であり，上学年での学習の素地となる。1年生でも様々な工夫がなされることが望ましいが，友達との相談の結果でもいろいろな計算を工夫させてみたい。例えば，「(1＋2＋3＋4)＋5＝10＋5」と考えたり，「(1＋4)＋(2＋3)＋5＝5＋5＋5」のように考えたりすることができそうである。多様な考えを期待したい。

2. 目標

おはじきがきれいに並んだ状況を式で表したり，その式を工夫して解いたりする活動が積極的にできること。

3. 指導計画（特設の1時間扱い）

4. 本時の展開

(1) 本時の目標

３つ以上の数を使ったたし算の場面を式にして表現し，もっと多くの数が並ぶ式についても計算できること。

(2) 展開

学　習　活　動	指　導　上　の　留　意　点
1. おはじきを10個，きれいに並べてみる。 （例）○／○○／○○○／○○○○　　○○○／○○○○／○○○	① 並べ方にはいろいろあることに気付かせる。
2. ピラミッド型に並べたときの様子を式に表す。 ○／○○／○○○／○○○○　1＋2＋3＋4	② 5段並べたらどのようになるか想像する。 ○／○○／○○○／○○○○／○○○○○　1＋2＋3＋4＋5
3. ピラミッド型5段のおはじきの総数がいくつになるか，式で表し，計算してみる。 （例）1＋2＋3＋4＋5 （2＋3→5，1＋4→5） ＝5＋5＋5＝15	③「1＋2＋3＋4＋5」の答えをどうやって求めるか考えさせる。
4. いろいろな方法で計算してみる。 （例）1＋2＋3＋4＋5 ＝0＋1＋2＋3＋4＋5 ＝5＋5＋5 ＝15	④ 多様な方法で求められることを友達の発表から知らせる。

学習指導案 2

第2学年

かけ算の活用

1. 研究主題

ペントミノを利用して作る形について，できる形かできない形かを考え，その理由を筋道立てて述べるための学習活動を探る。

(1) 「ペントミノ」とは

辺と辺をぴったりとつなげて作られたパズルで，正方形5個がつながった形を「ペントミノ」という。ソロモン・ゴロムの発案である。「ペンタ」とは「5」を意味する接頭語。ペントミノは12種類のピースがある。全部の形を作ることも子どもが喜んでやるハンズオンの活動。よく使われるので，形になぞらえてアルファベットの文字が付けられている。この授業では，これらのピースを使う活動を想定した。

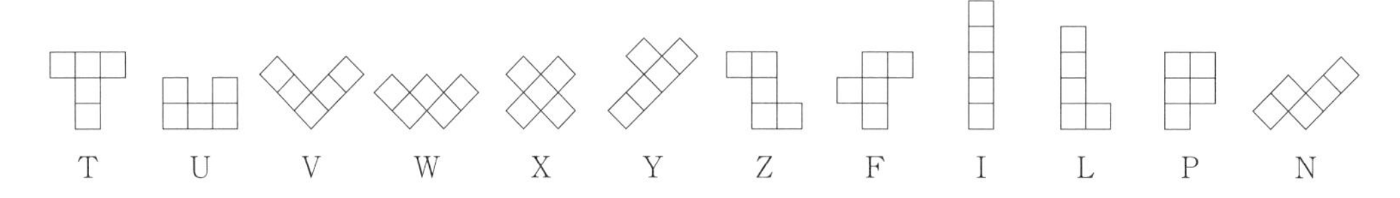

(2) 与えられた形を作る活動

本時では，ペントミノを使って与えられた形を作る。全部のピースを使うわけではなく，(ア)のようにそのうちの一部を使って概形に当てはまる形を作ることで，試行錯誤のおもしろさを感じる。

次に，(イ)のようにどんなピースを並べてもできないものが登場する。子どもはきっと不思議を感じ「なぜ，できないのか」を考える。本時では，このことを筋道立てて説明することがポイントである。期待すべきは，かけ算九九の学習である。

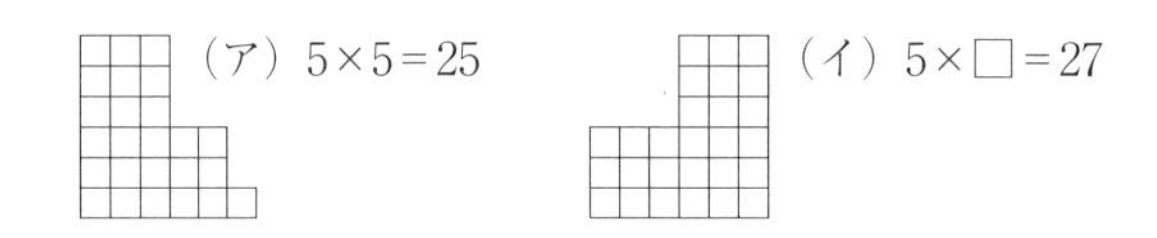

2. 目標

ペントミノのピースは全て5マスの形で作られている。つまり，与えられた形のマス目は全て5の倍数になっていなければならない。このことに気付き，「この形のマスの数は，5の段の九九にはありません。だからできないです」と説明できるようにする。あるいは，例えば，与えられた形のマス目の数が27だったとしたら，「27は5の段の九九にはありません」といった説明ができれば上々である。

3. 指導計画（「かけ算」の活用・第1時間目）

4. 本時の展開

(1) 本時の目標

「図形」と「かけ算」の総合的問題について，筋道立てて説明できること。

(2) 展開

学習活動	指導上の留意点
1. ペントミノが作られる過程を体験する。	① 正方形5個つながりの形を考えさせる。
2. 全部で12種類あることを知り，各自の手元に，プラスチック製のペントミノを持つ。	② プラスチック製の教具「ペントミノ」を持たせ，これで形を作ることを告げる。
3. ペントミノがいくつかで構成できる形を作ってみる。	③ 簡単な形を作って，できる喜びを感じさせる。
4. できない形を体験する。	④ 何度挑戦してもなかなかできない体験をする。どうしてもできないときに「なぜ，できないのだろう」という疑問が発生する。
5.「なぜ，できないのか」を考える。	⑤ 疑問を持ったところを見計らって「なぜ，できないのか。そのわけを考えよう」と投げかける。
6. ペントミノはどれも5マス分の正方形でできているので，5の段のかけ算九九の中に答えがなければ，その形はできないということに気付く。	⑥ ペントミノのマスの数に注目して考えるように助言する。
7. 新たな問題に挑戦する。	⑦ 新たな形を見たときに，まずできるか，できないかを考えられるようにしたい。

学習指導案 3

第3学年

カレンダーの数

1. 研究主題

> 身のまわりにあるものを教材にして，子どもがきまりを見つけ，工夫した計算ができるようにする授業の在り方を考える。

⑴ きまりを見つける活動

カレンダーの数の並びを素材として取り上げる。

はじめは，10を中心にして，縦と横それぞれに3個ずつの並んだ数を隠す。そして，「隠した数の合計は，縦が大きいか，横が大きいか」を問う。

当然，直感的に「横が大きい」とか「縦が大きい」ということになるが，しっかり計算してみないとわからない。そこで，式を書いて計算をする。

3＋10＋17＝30……縦

9＋10＋11＝30……横

これで，両者が同じだということがわかる。そこで，なぜ同じになるかを考えることになるが，このときに子どものいろいろな説明がある。例えば，「縦」の場合は（3＋7）＋10＋（17－7）と考えて，「10が3つ分」になる。「横」の場合も（9＋1）＋10＋（11－1）と考えれば「10が3つ分」になる。だから縦も横も合計は同じであると，説明するだろう。つまり，真ん中の10が平均になっていることに気付く。下学年の場合には「平均」という概念は難しいが，数の移動のような形で納得できる演繹的な考え方での説明といえる。

⑵ 発展

上記の問題は，10を真ん中にして3つの数の合計を考えた特殊な場合である。これが他の場所でも同じようになるかと類推的に考えて，例えば15を中心に試行してみると，先の場合と同じだということを発見する。また，ここでは縦，横に3個ずつの数について考えたが，これが5個ずつになったらどうかと考えることも一般化を目指す算数の発展的な活動となる。

2. 目標

身のまわりのカレンダーを算数の目でとらえ，自らきまりを見つけ，工夫した計算ができること

3. 指導計画

カレンダーの数について……………………………………………… 1時間（本時）

4. 本時の展開

(1) 本時の目標

カレンダーの数について，2つの計算の結果が等しくなるわけを説明できること。

(2) 展開

<table>
<tr><th>学習活動</th><th>指導上の留意点</th></tr>
<tr><td>1. カレンダーの数を見て，問題を理解する。
<table>
<tr><td>日</td><td>月</td><td>火</td><td>水</td><td>木</td><td>金</td><td>土</td></tr>
<tr><td></td><td></td><td></td><td>1</td><td>2</td><td>3</td><td>4</td></tr>
<tr><td>5</td><td>6</td><td>7</td><td>8</td><td>9</td><td>10</td><td>11</td></tr>
<tr><td>12</td><td>13</td><td>14</td><td>15</td><td>16</td><td>17</td><td>18</td></tr>
<tr><td>19</td><td>20</td><td>21</td><td>22</td><td>23</td><td>24</td><td>25</td></tr>
<tr><td>26</td><td>27</td><td>28</td><td>29</td><td>30</td><td>31</td><td></td></tr>
</table></td><td>① カレンダーの数を一部隠して，縦と横のどちらの合計が大きくなるかを問う。
また，各自に予想をさせて興味を持たせる。</td></tr>
<tr><td>2. 計算して確かめる。
（縦） $3+10+17=30$
（横） $9+10+11=30$</td><td>② 縦と横の合計を求める計算の「式」を黒板に書かせる。</td></tr>
<tr><td>3. なぜ同じ答えになるかを考える。
（縦） $3+10+17=30$
7
→ $10+10+10=30$
（横） $9+10+11=30$
1
→ $10+10+10=30$</td><td>③ 同じ答えになったことを不思議に感じて，それが「なぜ」なのかを考えたくなるように導く。</td></tr>
<tr><td>4. 中心の場所を変え，縦・横5個の数でも同じことがいえるかを考える。
<table>
<tr><td>日</td><td>月</td><td>火</td><td>水</td><td>木</td><td>金</td><td>土</td></tr>
<tr><td></td><td></td><td></td><td>1</td><td>2</td><td>3</td><td>4</td></tr>
<tr><td>5</td><td>6</td><td>7</td><td>8</td><td>9</td><td>10</td><td>11</td></tr>
<tr><td>12</td><td>13</td><td>14</td><td>15</td><td>16</td><td>17</td><td>18</td></tr>
<tr><td>19</td><td>20</td><td>21</td><td>22</td><td>23</td><td>24</td><td>25</td></tr>
<tr><td>26</td><td>27</td><td>28</td><td>29</td><td>30</td><td>31</td><td></td></tr>
</table></td><td>④ 縦と横の交差するところを他の数にして，縦・横5個ずつの数にしても同じことがいえるものかと考えることの大切さに気付くようにしたい。

（縦） $1+8+15+22+29=15\times5$
（横） $13+14+15+16+17=15\times5$</td></tr>
<tr><td>5. 発見した考えを振り返る。</td><td>⑤ 大切な考えを価値づける。</td></tr>
</table>

学習指導案 4

第3学年

1000にしよう

1. 研究主題

自分の考えた方法を相手に分かりやすいように伝える力を身に付けさせるためにはどのような指導をしたらいいかを考える。

(1) 見慣れた問題を広げる

「111+333+555+777+999」の計算を筆算ですると2775となる。この結果を1000にするという課題を与える。

この問いの解決のためには，問題の数値のどれかを消さなければならない。5個の数値を消す場合が最も少ないのだが，これには答えが2種ある。どうすればいいかを筋道立てて説明する。自分の考えた方法を相手に分かりやすいように伝える力を身に付けさせたい。

(2) オープンエンドの問題にする

また，「5個の数値を消した」ことを強く意識すれば，「では，もっとたくさんの数値を消してもできるかもしれない」と考えることができる。その時には，消すべき数値の数によって場合分けをしていくと分かりやすい。例えば，6個の数値を消す場合，7個の数値を消す場合，……といった具合である。5個の数値を消す場合から，13個の数値を消す場合まで考えられる。

全部で26種の答えが登場するが，答えがたくさんあるという意味で，「オープンエンドの問題」となっている。これは興味を持った子どもが新たな課題として探究的に考えていければいい。問題の新たなおもしろさが加わる。

2. 目標

筆算の結果を1000にするために，どのようにすればいいのかを論理的に説明すること。

3. 指導計画（特設の2時間扱い）

答えを1000にする問題解決 ……………………………………… 1時間（本時）
本時で課題となったことを，探究的に考察する ……………………………… 1時間

4. 本時の展開

(1) 本時の目標

答えが1000になるような工夫を筋道立てて説明できること。

(2) 展開

学習活動	指導上の留意点
1. 筆算の問題を解く。 ㋐ 111 +333 ㋑ 111 333 +555 ㋒ 111 333 555 +777 ㋓ 111 333 555 777 +999	① 黒板に書かれた筆算を解かせる。
2. ㋓の問題の答えが「2775」となるので，この答えを「1000」にすることを考える。 「数字を消したらできそうだ」 「いくつの数字を消せばいいんだろう」 「2775が1000になるんだから，1775の分だけ消せばいいんじゃないかな」	・子どもは次の問題を予想しながらやる。 ・それぞれの答えが分かったところで，本題を投げかける。 ② 2775の答えを1000とするためには，どんなことをすればいいかを考える。
3. 5つの数字の消し方を考える。 「1775の分を消せばいいってことは，一の位は5を消せばいいんだ」 「それでは十の位は7かな」 「百の位は17の分だから，1と9と7だ」 「3と5と9でも繰り上がりが2あるから大丈夫かもしれないな」	③ 2種類の解答を導きださせる。 111 333 555 777 +999 = 2775 ⇒ 111 333 555 777 +999 = 1000 ／ 111 333 555 777 +999 = 1000
4. 5個の数字を消すのではなく，もっと多くの数字を消したらどうなるかを考える。 「6個の数字を消してもできるかな」 「7個でもできそうだよ」 「いくつまで大丈夫なんだろう」 「百の位の1と9だけ残せばできる」 「13個の数字を消すことになるね」	④ 新たな課題を発見する。

学習指導案 5

第4学年

電卓を使って

1. 研究主題

子どもが問題の中から疑問を見いだし，そのことの「なぜ」を追究していく授業を考える。

2つのかけ算の式を見て，その答えが一致することを不思議に感じて，そのことの「なぜ」を問い式を変形することで，そのわけを説明できることをねらう。

まず，2つの計算を提示する。4を12個かける計算と，8を8個かける計算である。

(A)　4×4×4×4×4×4×4×4×4×4×4×4
(B)　8×8×8×8×8×8×8×8

どちらの計算の答えが大きくなるかを問う。この計算は筆算でやっていても，なかなか答えが出てこないので，電卓を使って答えを求めることにする。定数計算の機能を使ってもいい。次のような計算手法である。

4××==……
8××==……

電卓で，正しい答えが出てくると，2つの計算の結果は全く等しくなり，答えは「16777216」である。

そこで，子どもたちには「なぜだろう」という疑問が起こる。この「なぜ」を解明すべく考え，話し合う時間が必要になる。

このときの，子どもたちのやりとりが，授業として充実したものになるように期待している。つまり，話し合いの中に算数的活動が入るようにしたい。例えば，4や8という数に対する感覚が表出するようにする。

4×4×4=64，8×8=64で等しいとか，4=2×2，8=2×2×2といった数を見る感覚である。

2. 目標

計算のきまりについて，式の性質を用いて，わけを筋道立てて述べられること。

3. 指導計画（特設の1時間扱い）

4. 本時の展開

主な学習活動と予想される児童の反応	指導上の留意点
1. 提示された2つのたし算の答えについて考える。 (A) 4+4+4+4+4+4+4+4+4+4+4+4 (B) 8+8+8+8+8+8+8+8	① 黒板に2つのたし算を書き，「この2つの計算の答えは，どちらが大きくなるか」と問う。 ・直感で，大きくなる方を予想させる。 ・なぜ大きくなると感じたのかを聞く。
2. 実際に計算してみて，答えが等しくなる理由を考える。 (A) 48 ＝ 4×12 (B) 64 ＝ 8×8 C「(A)の計算は，8=4+4 だから，式を直すと，4が16個になります。4の数が12と16では，16の方が答えは大きくなります」 C「(B)の計算で，4+4=8ですから，これも式を直すと，8が6個になります。だから，8が6個と8個で，(A)の方が答えが小さくなることが分かります」	② 式を変形することで，答えの大小を比較できることに気付かせる。 ・8+8+8+8+8+8+8+8 ＝(4+4)+(4+4)+(4+4)+(4+4)+(4+4)+(4+4)+(4+4)+(4+4) ・(4+4)+(4+4)+(4+4)+(4+4)+(4+4)+(4+4) ＝8+8+8+8+8+8
3. 今度はこの問題を改題して「+」の部分を「×」にしたらどうかを考える。 (A) 4×4×4×4×4×4×4×4×4×4×4×4 (B) 8×8×8×8×8×8×8×8	③「では，この問題を変えて，『+』のところを『×』にします」と言って，黒板の式を変形する。 ・直感で大きくなる方を予想させる。 → さっきは(B)の方が大きかったから今度は(A)の方が大きいと思ったから。 → もしかしたら同じになるかもしれない。 ・なぜ大きくなると感じたのかも聞く。
4. (A)と(B)の計算をしてみる。 C「計算が大変だ」 C「だんだん大きくなっていくので，途中で間違えてしまう」 C「電卓を使ってもよければなあ……」	④ 2つの計算が大変であることに気付かせる。 ・電卓を使って計算すれば簡単かもしれないことに気付けば，電卓を使わせることにする。

C「電卓を使ってやってみよう」 (A) 4××＝＝……＝16777216 (B) 8××＝＝……＝16777216 C「あれっ。答えが同じになった！」 C「どうしてだろう？」	・電卓の「定数計算」の機能を教える。 4××＝＝……＝ 8××＝＝……＝ ・子どもの不思議だと思う心，疑問の言葉をひろって，みんなの問題にする。
5. なぜ(A)の答えと(B)の答えが等しくなるのかわけを考える。 C「2つの計算の答えが同じになるということは，式を変えれば，同じ式になるのかもしれない」 C「式を変えて等しくなるようにしてみよう」 C「8＝4×2だよ」 C「だったら，(B)の計算は， 8×8×8×8×8×8×8×8 ＝(4×2)×(2×4)×(4×2) ×(2×4)×(4×2)×(2×4) ×(4×2)×(2×4) ＝(4×4×4)×(4×4×4)× (4×4×4)×(4×4×4) と，なって(A)と等しくなります」 C「別の考えもあります。 4×4×4＝64 8×8＝64　ですから， (A)の計算は， 4×4×4×4×4×4×4×4×4×4×4 ×4 ＝64×64×64×64 (B)の計算は， 8×8×8×8×8×8×8×8 ＝64×64×64×64 となって，等しいことがわかります」	⑤ (A)と(B)の答えが等しくなるわけを考えることがみんなの問題となったことをはっきりさせる。 ・前に，たし算をやったときの「式の変形」をヒントにできないかと促す。 ・かけ算では，4と8の関係はどのようになっているかをヒントにすることもできる。 ・4＝2×2，8＝2×2×2ということもヒントにできる。 ・4×4×4＝64になることと，8×8＝64になることを使って，説明ができることもヒントとなる。
6. いろいろな説明の仕方があって，どれを聞いても，両方の計算の答えが等しくなるはっきりした理由だと感じることができる。	⑥ 様々な説明の仕方があったことを振り返って確認する。4や8という数をどう見るかによって，いろいろな説明ができることに気付かせる。

学習指導案 6

第4学年

いくつに分けられるか

1. 研究主題

伴って変わる2つの数量のきまりに着目させるための指導の在り方を探る。

2. 研究主題について

(1) 一般化について

伴って変わる2つの数量の関係について調べていく。

このとき，子どもの目の付けどころは，1つには変化していく数量のきまりである。もう1つは対応する数量のきまりである。

きまりを発見していくという立場からすれば，この2つは同等に大切なことである。しかし，1番目，2番目，……と順に変化していく数量の場合，簡単に数えられる範囲であれば，未知の部分を，この変化のきまりから推し量ることができる。

これが100番目ともなれば，もう変化のきまりから推し量ることは難しくなる。そこで，今度は対応していく数量の関係に着目して，そのきまりを考えざるを得なくなる。

この関係を文字や□などを使った式に表して一般化することもできるが，小学生の子どもであれば，100番目のもの，つまり「1つ1つ順に数えていくことが困難である場合を求めることができる」ということで，象徴的な意味で一般化していることととらえてもよいと考える。

「100番目を知るためにどうするか」と考えるところが大切な活動となる。

ただし，この問題では実際に100本の線を引くことはできないので10本の線を引いた場合という設定で子どもに投げかけたい。10という数は「きまりを見つけていかなければならない」という意識を引き出すには十分な数だと考えられる。

(2) きまりを見つける指導について

ここでは円の中に直線を引くことによって，部分がいくつに分けられるかということを問題にする。

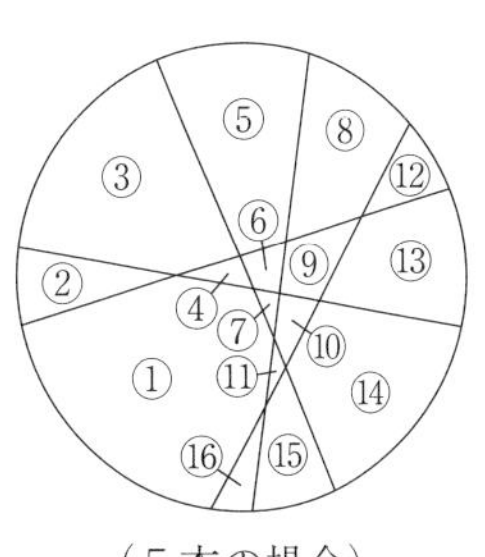

（5本の場合）

一般的には，はじめに1本の直線の場合はどうであるか，次に2本ではどうか，3本ではどうかと考えていき，いくつか考えたのちに，10本の場合はどうかと問題にする。

しかし，ここでは「直線が10本の時に部分がいくつに分かれるか」という問題意識があって，その解決のために特殊ないくつかの場合を考えてみるという意識を持たせたい。子どもは全ての線に交差する10本の直線を紙上の円の中に引くことはできないので，いくつかの特殊な場合を基にして考えなければならなくなる。このことの説明を子どもの言葉で表出させたいと考える。

3. 目標

伴って変わる2つの数量の関係を，対応のきまりに着目して見つけることができること。

4. 指導計画（特設の1時間扱い）

5. 本時の展開

(1) 本時の目標

円の中に直線を10本引いた場合の分かれる部分の最大数を，特殊な場合を考察しながら一般化していくことができること。

(2) 展開

学習活動	指導上の留意点
1. 問題を把握する。 10本の直線を引いたら，円の中は最多いくつの部分に分かれるでしょう。	① 自分でいくつかの作図をしながら，問題の理解を図るようにする。 ・直線3本の場合を考えさせる。 ・部分の数が最多になる場合の理解に気を付ける。 ・3本からの発展で10本を考えさせる。 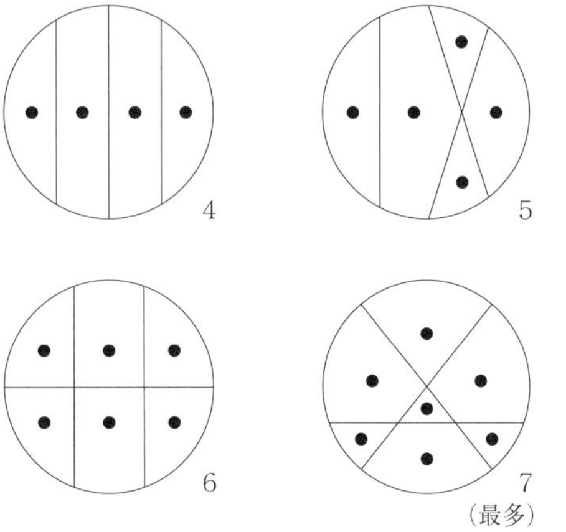 4 5 6 7 （最多）

2. 特殊な場合を考察し，対応のきまりを見つける。 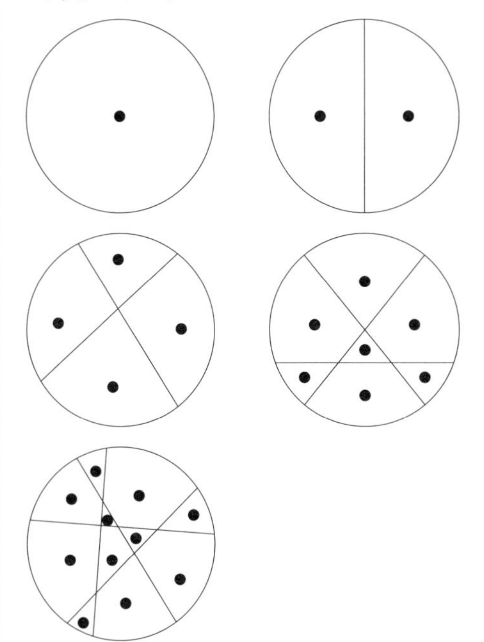	② 図や表などを基にして考えさせる。 直線: 0 1 2 3 4 …… 10 部分: 1 2 4 7 11 …… ? ・直線の数が順序よく増えたらどうかと考えさせる。 ・直線がない場合も，0本として考えることができると知らせる。 ・部分の数の増え方に着目させる。 ・等差の数列になっている数のたし算の工夫に気付かせる。
3. 10本の直線の場合を求める式を考える。	③ 直線が1本増えるごとに，部分が{1，2，3，4，……}と増えていくことに気付かせる。 (1+2+3+……+10) +1=56

直線	0	1	2	3	4	……	10
部分	1	2	4	7	11	……	?

学習指導案 7

第5学年

素数と合成数

1. 研究主題

「1つの数を他の数の積としてみるなど，他の数と関係づけてみること」についての授業の在り方を考える。

2. 研究主題について

(1) 数に対する感覚を豊かにする

平成11年の学習指導要領改定によって，「数量や図形についての豊かな感覚を育てる」ことへの配慮が強調された。第2学年では，かけ算が導入されるので，あえて「1つの数を他の数の積としてみるなど他の数と関係づけてみること」という項目が挙げられているが，これは高学年にいたるまで必要な「数に対する感覚」である。したがって随時，数に対する感覚を意識して取り上げることが大切である。これは平成20年版学習指導要領においても同様である。

小学校学習指導要領解説「算数編」（P.71）によると，「ものの集まりを幾つかずつまとめて数える活動を通して，数の乗法的な構成についての理解を図ることをねらいとしている」とある。これはかけ算を学習しはじめた2年生段階でのことで，例えば12という数が(2×6)や，(3×4)などのように他の数の積としてみられることを示している。

さらに，5年生のA(1)の中に「…また，約数を調べる過程で素数についても触れるものとする」という特徴的な内容が登場した。そこで，この授業ではそれを「素数と合成数」という題材として実験的に取り上げてみた。ここでは数に対する見方を進めて，12という数が（2×2×3）などのようにもみられるようにしたい。

(2) 素数と合成数

全ての整数が，素数か素数の積によって作られている合成数であることを使って，図で表現しながら理解していく方法を取ることにする。

下の例のように10までの数を表す図を示し，その中で「きまり」を見つけ，そのきまりにしたがって，10より大きい数を構成していくという学習である。

この学習が，しっかり把握されれば，今後5年生で学習することになる「最小公倍数」や「最大公約数」の意味が本当に分かってくることになるはずである。

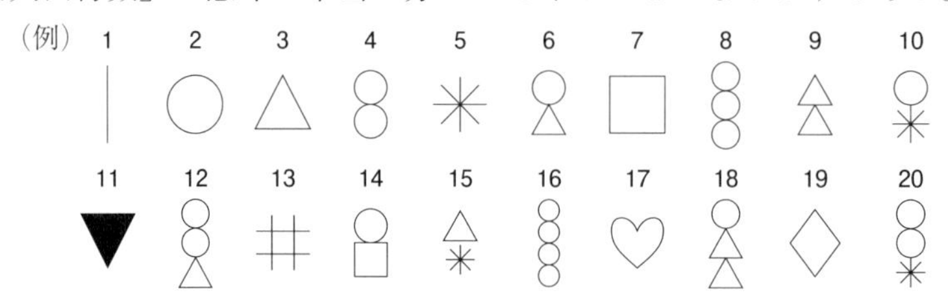

3. 目標

1つの数を他の数との積として見られること。

4. 指導計画（2時間）

素数と合成数の理解……………………………………………………　1時間（本時）
100までの素数と合成数……………………………………………………　1時間

5. 本時の展開

(1) 本時の目標

整数が素数とその積として表される合成数でできていることに気付くこと。

(2) 展開

学習活動	指導上の留意点
1　10枚の記号（図）の描かれたカードを見ながら，それが何を表すものか考える。	①　黒板に10枚のカードをばらばらに貼り付け，その印象を聞く。 ・数に関連するような意見が登場すれば，その根拠も聞く。
2　カードを順に並べて，「きまり」を探す。	②「6」番目が，どのようにできているかに目を付けられるように，誘導する。 ・「図」が「かけ算」でできていることを見つけさせる。 2 → ○　3 → △　6　2×3
3　発見した「きまり」にしたがって，「11」や，「12」はどのように作られればいいのかを考える。 11　?　12	③　数を表す「図」であることを確認し，この先を考えさせる。 ・「11」や「12」について，確認する。 ・「11」は，新しい図を作り，「12」は，「2と2と3」の組み合わせになることを確認する。
4「20」までの「数の図」を作ってみる。	④　発見したパターンによって，「20」までを作らせる。

学習指導案 8

第５学年

整数の性質

1. 研究主題

整数の性質についての理解を深める授業の在り方を考える。

2. 研究主題について

⑴ 整数の性質

学習指導要領上では，「整数の性質」に関して，「ア　整数は，観点を決めると偶数，奇数に類別されること」と「イ　約数，倍数について知ること」の２つが示されている。このことについては，その解説に「公約数」や「公倍数」あるいは「最大公約数」「最小公倍数」などの扱いや「素数」の扱いも触れられている。

これら整数の性質には，他にもたくさんの興味ある性質があるので，教科書を豊かに拡げ深めることをねらって，ここでは奇数の性質に着目して内容を深めていきたい。

「整数は観点を決めると偶数，奇数に類別されることを知ること」とあることを鑑み，それに関連した数の世界を広げる活動を試みる。

ここでは，整数の中で，奇数だけを取り上げる。

これを上から１個，２個，３個……と徐々に広げてピラミッド状に並べてみる。そして，「10段目に並ぶ奇数の合計を求める」という問題に挑戦する。

１段目からの個数に着目し，これを区切っていくことができれば，{1，2，3，4，……10} となっていることがわかる。この発見に算数的活動が潜んでいる。その結果，10段目の奇数には，どのような数が並ぶかを考える。

そのためには，

① 左端の数から探る場合（増え方が偶数になっていることから考える），

② 右端の数から探る場合（最後が 55×2−1＝109 とわかって，そこからさかのぼって考える），

③ あるいは真ん中の数から探る場合（真ん中が平方数になっていることに注目して考える）

等，多様な考え方が登場する。

その結果10段目は，{91，93，95，97，99，101，103，105，107，109} だとわかる。そして，さらにその合計は工夫すれば 200×5=1000 だとすぐにできる。

1	⇒	(1段目)	1	= 1	= 1^3
3 5	⇒	(2段目)	3+5	= 8	= 2^3
7 9 11	⇒	(3段目)	7+9+11	= 27	= 3^3
13 15 17 19	⇒	(4段目)	13+15+17+19	= 64	= 4^3
………………………					
91 93……………109	⇒	(10段目)	91+93+…+109	= 1000	= 10^3

(2) 発展的見方

この奇数ピラミッドを考察すれば，各段の合計は，{1，8，27，64，……}となっている。つまり{1^3，2^3，3^3，4^3，……}となっている。このことに注目すれば，数感覚に優れた子は，これは立方数（立方体を構成する積み木の数）であることに気付く。

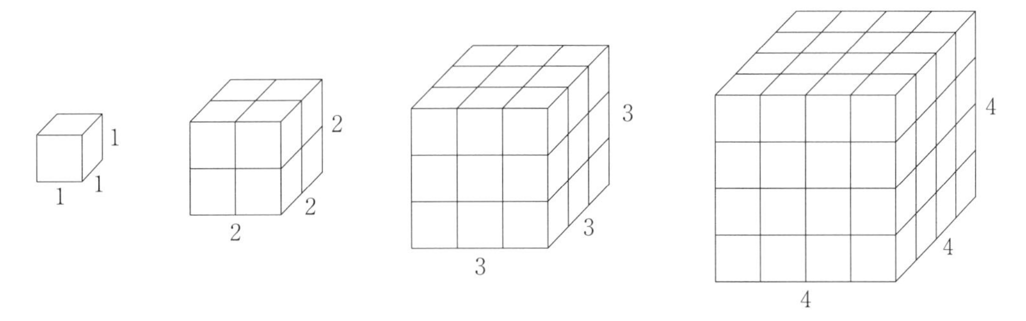

このことに気付けば，ここからの類推で10段目の合計は，$10^3=1000$であることがわかる。こんなことも発展的な見方となる。

さらに，ゆとりがあれば，取り残された偶数のピラミッドについてはどうかと考えるのも発展的考えである。そこに新たな思考が追加されるからである。

3. 目標

「奇数ピラミッド」の問題解決の中から整数の性質に興味を持つこと。

4. 指導計画（3時間）

整数の性質（偶数・奇数と剰余類）………………………………………………2時間
整数についての発展的見方（素数・立方数など）……… 3時間（本時は2時間目）

5. 本時の展開

学習活動	指導上の留意点
1. 数カード（1から20まで）を2つの仲間に分ける。 C「Aは奇数で，Bは偶数だ」 C「偶数は2で割って余りが0の整数の仲間で，奇数は2で割って余りが1の整数の仲間です」	① 数カードを偶数と奇数に分け，それぞれの定義を確認させる。
2. 奇数をピラミッド状態に並べてみる。 1 3　5 7　9　11 13　15　17　19 …………………………… 91　93………………109	② 奇数だけを選びピラミッド状に並べさせる。 ・各段のカードの枚数は，1，2，3，4……となっていることに注目させる。
3.「10段目」には何枚のカードが並ぶかを考える。 C「10段目は10枚のカードが並びます」	③ 10段目には10枚のカードが並ぶことを確認し，白紙のカードを10枚並べる。
4.「10段目」のカードの数値はどのようになるか考える。 (ア) 右端に目を付けた場合の例 91　93………………………109 ↑ 55×2－1 ↑ (1＋2＋3＋…＋10) (イ) 左端に目を付けた場合の例 91　93………………………109 ↑ (45＋1)×2－1 (ウ) 真ん中の数に目を付けた場合の例 偶数枚のカードの場合には，その間の数	④ 10段目の数をどのようにして求めるかを考えさせる。 (ア－1) 順序数と対応させて考える。 ①　②　③　　④　⑤　⑥…… 1　(3　5)　(7　9　11)…… ↓　　↓ 3×2－1　　6×2－1 (ア－2) 右端のカードの並び方にきまりを見いだす。差が，{4，6，8，……}となっていることを使って求める。 (イ－1) 9段目の最後が45番目の奇数なので，その次の46番目の奇数を求める。 (イ－2) 左端の数の並びにきまりを見いだす。差が，{2，4，6，8，……} (ウ) 真ん中が平方数になっていることから導く。

を考えると，{1，4，9，16，……} となっており，これは「平方数」となる。 　$1=1\times1$ 　$4=2\times2$ 　$9=3\times3$ 　$16=4\times4$ 　…… 　このことから，10段目の真ん中は100の両側で，99と101と，わかる。	
5.「10段目」の奇数の合計を考える。 C「合計は，工夫して200を作れば，1000だとわかります」	⑤　10段目の合計を工夫して求める。 （例） (ア)　$91+93+95+97+99+101+103+105+107+109$ $=(91+109)+(93+107)+(95+105)+(97+103)+(99+101)$ $=200\times5=1000$ (イ)　$(91+109)\times10\div2=1000$
6. もっと別の見方で，この合計を求めることができるか考える。 C「各段の合計を求めて，その数にきまりを見つけると，{1，8，27，64，……} となっていて，同じ数を3度かけた数です」 C「積み木で立方体を作るときの数になっています」	⑥各段の和が「立方数」になっていることを気付かせる。 $1^3=1$ $2^3=8$ $3^3=27$ $4^3=64$ …………… $10^3=1000$

（参考）

奇数の和は平方数

$$\sum_{n=1}^{n}(2n-1)=\frac{(1+2n-1)\cdot n}{2}=\frac{2n^2}{2}=n^2$$

奇数のピラミッドの n 段目の合計は n^3

$$\left(\sum_{n=1}^{n}n\right)^2-\left(\sum_{n=1}^{n-1}(n-1)\right)^2$$
$$=\left(\frac{(1+n)\cdot n}{2}\right)^2-\left(\frac{(1+n-1)\cdot(n-1)}{2}\right)^2$$
$$=\left(\frac{n+n^2}{2}\right)^2-\left(\frac{n^2-n}{2}\right)^2$$
$$=\left(\frac{n+n^2}{2}+\frac{n^2-n}{2}\right)\left(\frac{n+n^2}{2}-\frac{n^2-n}{2}\right)$$
$$=\frac{2n^2}{2}\cdot\frac{2n}{2}$$
$$=n^3$$

学習指導案 9

第6学年

変わり方

1. 研究主題

「数量関係」に関わる教材の開発と指導のあり方を考える。

2. 研究主題について

(1) 依存関係に着目すること

数量の関係を調べることについては，平成20年度版学習指導要領によると次のようなことがねらいとなる。

「数量や図形に関する問題を解決するときに，求めるものは，他のどんなものと関係があるか，何が決まれば他のものが決まってくるかというように，求めるものと他のものとを関連付けてみる見方が大切である。

そして，2つの変化する数量の間にある関係を明確にすることが必要である。そのためには，対応する値の組をいくつも求め，順序よく表などに整理したり，グラフを用いて表したりして関係を調べる活動を指導する」ただし，この引用部分最後は平成10年度版学習指導要領では，「順序良く表などに整理して，共通な決まりを見つけだしていくとよい。こうした活動により，関数の考えを次第に身に付け，生かしていけるようにする」となっている。

この時間の授業では，こうしたことに基づき，子どもの興味ある素材を用意して，その問題について何と何が関係する量なのか，そこにはどんな関係があるのかといったことに注意が向くようにしたい。

(2) 伴って変わる2つの量の関係

ここでは，簡単に手元で操作できる紙テープを使う。その紙テープもその場でB4判用紙から自分で作る。

これを，「折って，切る」という操作によって，紙が「何枚になるか」という問題にする。

このとき，「折った回数」や「切った箇所の数」などと「紙の枚数」との関係に着目させたい。「折った回数n」と「紙の枚数m」の間には，$m=(2^n+1)$ が成り立つし，「切った箇所の数ℓ」と「紙の枚数m」の間には，$m=\ell+1$ という植木算の関係が成り立つ。授業の中では，このどちらに着目してもいい。子どもの実態に即して扱うことにする。

3. 目標

伴って変わる２つの数量について，それらの関係を表したり調べたりすることができること。

4. 指導計画（特設の1時間扱い）

5. 本時の展開

(1) 本時の目標

対応する数量を考えたり，値の組などを表にしたりして関係を調べること。

(2) 展開

学　習　活　動	指　導　上　の　留　意　点
0. 指示に従って，学習の道具を作る。	⓪ B4判用紙を使って，縦に4枚に切り，それを学習の道具とする。
1. テープを「折って，切る」と，どのようになるかを見る。 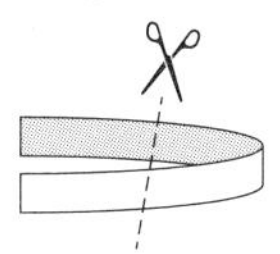	① テープを1回折って切るという操作を見て，テープの数はいくつになるかを念頭で考えさせる。
2. 次にテープを「折って，折って，切る」とどうなるかを考える。 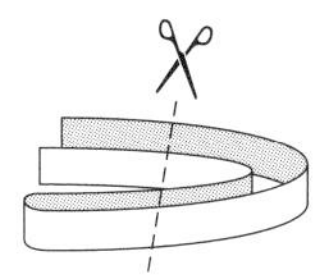	② 今度はテープを2回折って切るという操作を，まず念頭で考え予想をしてから実際にやらせて確かめさせる。
3. さらにテープを「折って，折って，折って，切る」とどうなるかを考える。 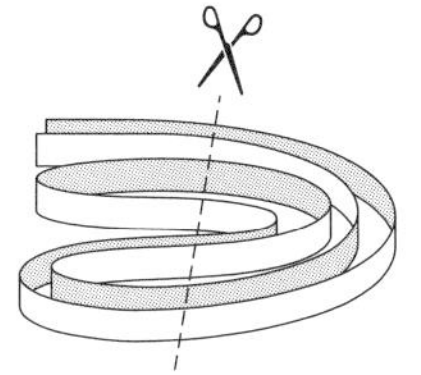	③ テープを切る箇所に注目させ，それとテープの枚数にどのような関係があるかを考えさせる。 折った回数　0　1　2　3　4　…… 切った箇所の数　1　2　4　8　16　…… 紙の枚数　2　3　5　9　17　……
4.「変化のきまり」や「対応のきまり」に着目したことを振り返る。	④ 子どもの発見したことを振り返りながら評価していく。

学習指導案⑩

第6学年

場合の数

1. 研究主題

「場合の数」についての取り扱いを授業を通して考える。

2. 研究主題について

(1) 何通りかを考える場

「数える」という活動について考える。何人かの子どもが，合図と共に「○」と「△」の記号が付いたカードを無作為に挙げる。

はじめは，3人の子どもがこのような操作をするときには，いろいろな場合が登場する。「○－○－○」「○－○－△」「○－△－○」「○－△－△」……など。「どんなカードが出るかを当てる」というゲームをしてみると，なかなか当たらない。

次に「○」と「△」と「□」の3種のカードを2人の子どもが持ってゲームをする。これもなかなか当らない。すると子どもは，なぜ当たらないのか。一体どちらの方が当りやすいのだろうなどと考えることになる。

活動を通して前者は8通り，後者は9通りもあることが分かる。8通り，あるいは9通りのうちの1つを当てようとするのだから，なかなか当らないと納得できる。

このときに，それぞれの出方について，はっきりとそれだけだということがわかる数え方を工夫しなければならない。子どもが納得できる方法を考えるところがこの学習でのポイントとなる。

(2) 重複順列

A，B，Cの3人の持っているカードは「○」か「△」かの2通り。したがって，$2\times2\times2=8$（通り）の出方が考えられる。また，A，Bの2人が持っている「○」「△」「□」の3通りの方は，$3\times3=9$（通り）となる。

これを図で表せば，次のような図になる。子どもがこのような図を描いて落ちや重なりなく数える活動ができるようになることが望ましい。

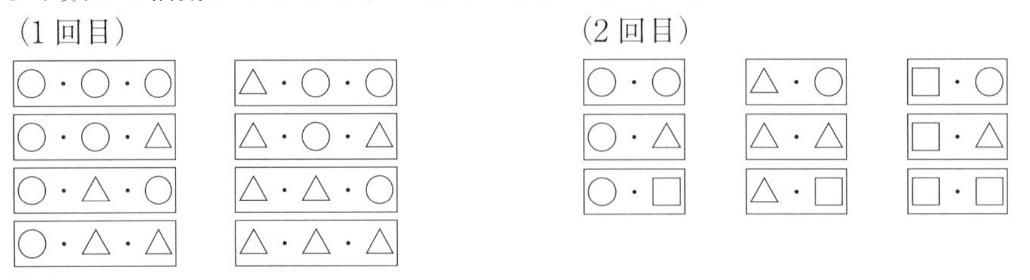

(3) 発展

これらの「数える」活動から発展して，「もしも，人数が4人で○△のカードを持ったら」「もしも4人のカードが○△□だったら」と追究して考えていくことができれば，算数の世界がひろがっていく。

3. 目標

「数える」という活動について，必要に応じて場合の数を考えることができること。

4. 指導計画（6時間）

場合の数を考える……………………………………………………導入1時間目（本時）

5. 本時の展開

(1) 本時の目標

ゲームの中で，場合の数を工夫して調べることができる。

(2) 展開

学習活動	指導上の留意点
1. 3人が「○・△」のカードを持って，それを無作為に提示する場合の当てっこゲームをする。	① 3人の子どもが「○」と「△」の描かれたカードを同時に挙げるというゲームをさせる。 ・なかなか当たらないことを確認する。
2. 次に2人で「○・△・□」の当てっこゲームをする。	② 「1回目」と「2回目」のどちらの方が当たりやすいかという問題意識を持たせる。
3. 全部の出方を考えてみる。 （1回目） ○・○・○　△・○・○ ○・○・△　△・○・△ ○・△・○　△・△・○ ○・△・△　△・△・△ （2回目） ○・○　△・○　□・○ ○・△　△・△　□・△ ○・□　△・□　□・□	③ ゲームになかなか当らない原因は，出るはずの場合がたくさんあるからだと気付かせる。 ・何通りの出方があるか調べようとさせる。 ・図解などして全部の出方を考えさせる。
4. 「もしも～と考えたとき」にどのようなゲームが考えられるか模索してみる。	④ この問題を発展的に考えさせる。 ・「もっと当たりやすくするには，人数を少なくすればいい」 ・「もしも，4人になったらどうか」 ・「もしも，4人が○△□の3種類のカードを持ったらどうか」 など

第３部

同じ面積の四角形を作る

—筑波大学附属小２年目の校内研究会の記録—

ここでは，校内の授業研究会の様子を取り上げ，授業づくりの一例を詳細に示している。
教師の子どもに対する思い，１つの教材の中に潜む数学的な見方・考え方と，指導計画。
何度も教材研究ノートに書き直したり，新しいアイディアを入れてみたり，独創的な教材研究を盛り込んだつもりである。
実際の研究会では，他分野の専門の先生方が，独自の立場からいろいろな意見も述べられているので，読者諸氏が自分の授業研究を行うときの参考にしていただきたい。

同じ面積の四角形を作る
──筑波大学附属小2年目の校内研究会の記録──

0. はじめに

これは1時間の授業をまとめたものである。

私が筑波大学附属小学校に赴任してから2年目に，はじめて行った校内研究会の授業記録だ。

ここで行われる授業は，かなり準備をしてかかる。自分の主張なり，授業観なりが曖昧なままでは，恥ずかしい思いをする。

まわりで見ている教官35人は，いずれも小学校の授業のプロといえる人ばかりである。だからいつも，授業者自身の主張，授業観，教科観が明確でないと，承知してもらえない。そして，なによりも普通に行われている授業とどこが違うのか，新しさがどこにあるのかを問われる。

また，それぞれの人がいい批評をする。はっきりものを言う。お互いが各教科教育の専門家であり，実践家であることを認め合っている。だから，手厳しいことをずばずば言う。逆に何も言われなかったり，適当なほめ言葉だけで終わった授業は，相手にされなかったと思わなければならない。

いいかげんなことはできない。

そんなことを，はじめの1年間に毎月見せつけられた。

いずれ自分の番が回ってくることを予想しながら，私は，ひそかに「もし自分だったらこういう授業をしよう」「もし自分だったらこんなときはこう答えよう」という立場で参加していた。

いよいよ，次は自分の番だというときには，少々緊張した。

だいぶ前から準備をしており，そのためのノートの資料もかなりの分量になった。

しかし，いざ実際の授業となると，やはり不十分なところが見えてきたり，意外な子どもの考えなどが出されたりして，びっくりすることも多かった。

授業後にも，何度かあれこれとこの内容を吟味する機会もあり，その都度原稿を書き直していた。

『授業公開シリーズ』（図書文化社，1990年）として，私の授業への想いも含めて，この授業を一冊の書籍にまとめる機会をいただいた。この書籍はすでに絶版になっていたので本書に再掲することにした。

5年生対象の「図形の面積」の導入1時間目の授業である。この1時間に，私がこれまで研究してきた「オープンエンドアプローチ」や「問題の発展的な扱い」の内容を盛り込んだ。

1. 授業への想い

(1) 私の授業観

3年間受け持ってきた6年生を卒業させたとき，その子たちに贈る卒業文集に「私の授業観」と題して，3年間の授業への想いを書かせてもらった。(注1)

これをはじめに引用しておこうと思う。ここに紹介する授業は，その子たちとともに行ったものだからである。

3年間みなさんを担任し，楽しく授業を繰り返してきました。きらきらした目をして，授業中に真剣に話し合う姿が，深く印象に残っています。そこで，この卒業文集の1頁を拝借して，私の授業観を書いておこうと思います。

大事なことは，3つあります。

第1は，「自分で考える」ことです。

あたりまえのことですが，なかなか難しいことです。裏を返せば，授業の中で他人の考えたこと，先生のまとめをいつももらってばかりいてはだめだということになります。私は，みなさんが受け身になるような授業にしたくなかったのです。

何が問題となっているのかがわかったら，まず自分なりの考えをノートに書いてみる。書くことによって自分の考えがまとまる。そして，自分の考えを基にして，他人と意見を出し合い，修正していく。そんな積極的な態度をいつも望んでいました。

第2は，「人によって考え方が違う」ことを知ることです。

39人で勉強することにはよさがあります。それは，いろいろな考え方があるのだということがわかることです。

一緒に同じ問題の解決に向かって努力するとき，必ず意見がぶつかります。そんな時それぞれの意見の長所，短所を見つけ，それを認めていく。そこが大切なのです。我を通しては結局，発展のないまま終わってしまうことになります。

大きいことを言えば，人は一人では生きていけません。人と自分の違いを意識し，相手を認める心を持たなければよりよい生き方ができないのです。授業でもこれは同じことだと思っています。友達の喜びを自分でも喜べる。友達の悲しみを一緒に悲しめるということにもつながるでしょう。

第3は，「答えは1つではない」と意識できることです。

例えば算数の勉強では，正解が1つに決まっていると思っている人が多いようです。しかし，そうでもない問題も多いはずです。「3+5は」と聞けば答えは1つですが，逆に「8は何+何」と問えば，1つしか答えられない人は考えのせまい人になってしまいます。

柔軟な考えができるように望んで，教科書にない問題も数多くやってきました。世の中の問題には，決まりきった答えがあるなどということは本当に少なく，多くは未解決であり，答えがいく通りにも考えられるものばかりです。

みなさんにはやりがいのある未来が待っているのです。あと10年もすれば21世紀です。これから先いくつもの難問がひかえていることでしょう。それに立ち向かって強く生きて下さい。
私は授業の中で，少しでもそんな力の足しになればと思って努力してきました。大人になって台形の面積の公式，円の面積の公式などは忘れてしまうかもしれません。しかし，それを自分の力で考え出した力，つまり「自分で創造する力」はきっと残っているだろうと信じています。
教わることを待たず，自ら学びとる，創り出す，そんな気持ちを忘れずに。

以上が本書第3部の授業を実践した子どもたちが卒業していくときに贈った言葉である。

○自分で考える
○人によって考え方が違う
○答えは1つではない

このことは算数教育の実践の中でも，とても大事な考え方であると思っている。

有名なファラデーの『ローソクの科学』の第1講の中に次のような部分がある。(注2)

「……先ほどお目にかけた不規則なぎざぎざのある美しいローソクが燃えるときは，まずいことがおきました。ローソク特有の，たぐいまれな美しさをたたえているあのみごとなカップができそこなうわけがおわかりと思います。
そこで皆さんには，有用度を目標とする製造の完全性というものが，美の要点であることを心得ていただきたいと思います。外見が最上のものではなく，働きの上で最上のものが，私たちにとってもっとも有用なものであります。このていさいのよいローソクは，使ってみては悪いローソクなのであります。気流の不規則性と，それによるカップの形の不正とのために，とけた蝋はだらしなくこぼれてしまうのであります……」

ファラデーは外見より機能的なものが最上で有用であると言っている。私達は人がいいと言うからよく見えたり，人が悪いと言うから悪く見えたりすることがある。本当にいいものを外見で判断したり，他人の考えに左右されて決めたりするのでなく，自分自身で判断できるようになるためには，さきに述べたように「自分で考える」あるいは「自分で調べる」といったことが必要となる。その努力を惜しむようでは，真実が見抜けない。

算数の授業でも，問題にぶつかったときに，まず自分なりの解き方なり考え方なりを持つことが，学級の仲間とともに学習していく前提になる。

そして，たくさんの違った考えを知り，それを批判したり，認めたりする中で授業は活気づく。自分の考えばかりに固執していたのでは発展がない。自分は気にくわない意見でも謙虚に受けとめ，それを前向きに考えることで思わぬ効果も期待できるのだ。

また，算数の授業では「問題→解き方→答え」を学習の対象とすることが一般的である。その中で解き方は多様であるが，答えは1つといった見方をする傾向が強い。

この“解き方が多様”というところを“答えが多様”と置き換えて考えてみたらどうだろう。多様なのはなにも解き方ばかりではなくてもいいのではないかと考えてみるわけである。正解がいくらでも考えられるとすれば，たくさんの子が答えられる機会が作れるわけなので授業は断然活気づく。

さらに“問題の多様性”を考えてみてもよい。これは算数の問題づくりの活動になる。本書で述べる授業はこの「問題→解き方→答え」のいずれもが多様になりうる興味深い問題を取り上げている。

(2)　この授業での主張

①「図形の面積」指導を統合的に扱う

ア．現在の面積指導は一般に羅列主義的である

一般には，4年生で面積概念の指導がなされる。その際には，単位面積のいくつ分かを数えることによって面積を数値化することができることに気付かせ，簡単な場合として長方形や正方形の面積を求める公式を作り出させる。

したがって，「長方形の面積＝縦×横」の公式を作り出す基には，長方形の面積＝1㎠×（縦×横）といった考え方ができるようにさせている。

5年生では，それを踏まえて平行四辺形・三角形・台形・ひし形・一般の四角形等，基本的な平面図形の面積の求め方を導く。

しかし，そこではこれらの図形が1つ1つ別々に扱われるため，頭から教え込まれる公式の羅列に終始することが多いのである。

長方形の面積＝縦×横
正方形の面積＝1辺×1辺
平行四辺形の面積＝底辺×高さ
三角形の面積＝底辺×高さ÷2
台形の面積＝(上底＋下底)×高さ÷2
ひし形の面積＝(対角線同士の積)÷2
一般四角形の面積＝(対角線と他の頂点から対角線におろす垂線の長さの和の積)÷2

もう少し導入問題を工夫し，この基本的な平面図形の面積を求める公式が統合的に学習できるようにしたい。

イ．導入問題を一般の四角形の面積から考える

平行四辺形・三角形・台形などは，それぞれ面積を変えずに既習の長方形に形を変えられないか，という考え方をするのが一般的である。

したがって，多くの教科書は「平行四辺形 → 三角形 → 台形 → 一般の四角形」の順に，別々に扱っていく。

そこを，ここでは少々大胆ではあるが一般の四角形から扱ってみようと思う。

実際の問題については後の「教材研究」で詳しく述べるが，まず簡単に一般の四角形から扱う理由を述べておこう。

格子点の限られた範囲に作られた一般の四角形の面積を考える場面を導入問題とする。**図1**を見せて「これと同じ面積を持つ別の四角形を作りなさい」と言う。

はじめに与えるこの四角形が工夫されている。だから面積を変えずに形を変えて，別の四角形を作ることがこの段階では難しい。普通はまず，与えられた四角形の面積を求める必要が起こる。子どもたちは，それを多様な方法で解決する。

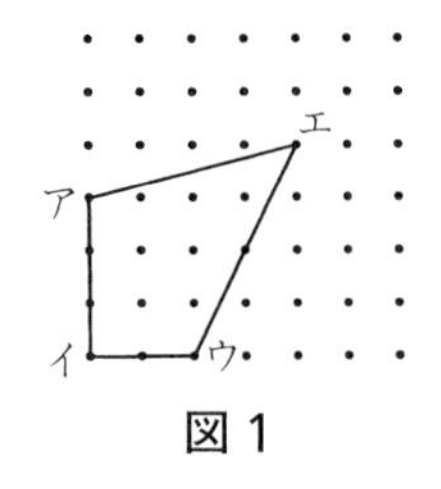

図1

次に，与えられた四角形と等しい面積になるように別の四角形を作るわけである。長方形・正方形・平行四辺形・ひし形・台形などができるだろうという仮説の基に，作っていくことが考えられる。

そこでは，一人一人が違った答えを作ることにもなる。また，面積が等しいことを説明するために，再び工夫した面積の求め方も必要となる。

このような問題解決の流れの中で，ひし形や平行四辺形や台形の面積の求め方を，新たな自分自身の問題として，引き出すことが可能になる。

さらに，はじめの問題の求答部分を「同じ面積を持つ三角形を作りなさい」と変えれば，さらに，三角形の面積の求め方を新たな問題にすることもできるのである。

このような考え方に立てば，はじめに一般の四角形を素材にして単元の導入を図って，子ども自身が問題を構成していく中で，単元の指導全体を作り上げていくことができる。これが一般の四角形をあえて導入に取り上げる理由である。

②子どもの活動を誘い出す導入教材を工夫する

ア．一人一人が具体的に活動できる教具を使う

ここでは格子点に釘が並んでいるジオボード（幾何板）を使う。ジオボードには釘の並び方が様々なものがある。**図2**はその１つである。

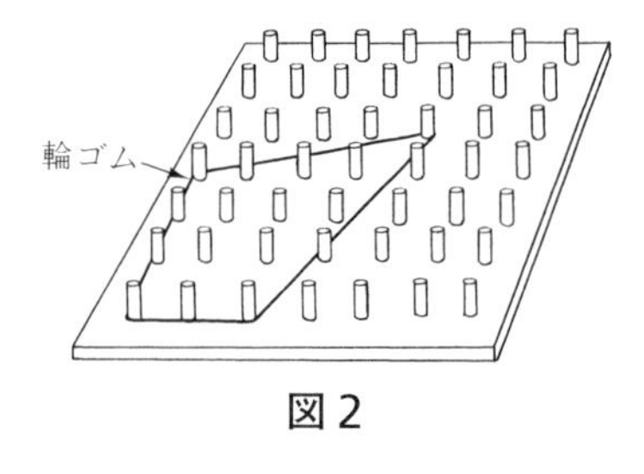

図2

ジオボードを使うことの利点を考えてみる。

まず図形を作る際の試行錯誤が自由にできるということである。紙に定規を使って書いていくときには，失敗してしまうと，消しゴムで消して，もう一度書き直さなければならない。子どもにとっては非常に手間取る作業である。

ところがジオボードを使えば，釘に輪ゴムを引っ掛けて図形を作るだけなので，失敗しても気軽に何度もやり直しができるということになる。

そして，ジオボードは机の上で自由に移動ができるので，作った図形を様々に動かせる。したがって，図形をいろいろな角度から見ることができるという利点もある。

また，他人への効果的な発表も期待できる。手軽に手で持って自分の作品を相手に示せるのである。

もし，ジオボードの板が透明であればOHPに拡大してみんなに見せることが可能になる。実物投影機でも同様である。

このように，この教具を使うことによって，手を動かしながら考えるといういい点があると同時に，この教具自身からも様々な問題を作り出せるというおもしろさがある。

イ．問題をオープンエンド化する

多くの算数の問題は正しい答えが１つ出てしまえば，それでおしまいになってしまう。それでは子どもが授業の中で活躍できる機会が限られたものになることが多い。

そこで子どもが答えられる場を多くする１つの方法として，オープンエンドの問題を用意する。そこでは多くの答えが正解になり，子どもの活躍する場面も多くなる。

先に述べた「別の四角形を作る」という活動がそれにあたる。

オープンエンドの問題というのは結果が開かれているという意味で，算数では未完結な問題とか，正答が多様な問題をいう。

これに対して普通取り上げられている問題は，正しい答えがただ一通りに決まっている。つまり，問題に対する解答は正答か誤答のいずれかであり，正答は１つしかない。このような問題を完結した問題，クローズドな問題と名付けることもできる。

実際に教室では，平素からクローズドな問題に対する思考の場面でも，いろいろな考え方を引き出そうとするが，ここで取り上げようとするオープンエンドの問題は，過程のみならずその答えもいろいろあるということである。

この両者を，次のように図式化することもできる。

ⅰ．問題も解答も１つであるが，考え方がいろいろある場合

問題場面 ⇉ 解答

ⅱ．１つの問題から，いろいろな解答が考えられる場合

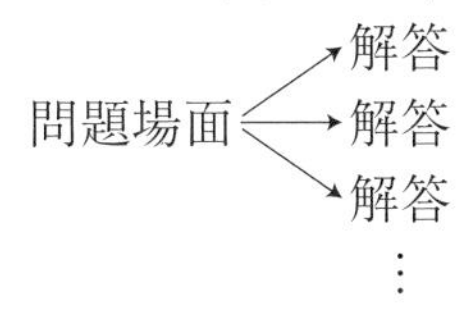

オープンエンドの問題には様々なものが考えられるが主に次のようなものがある。

㋐「関係や法則を見つける問題」

表などを示して，この中からいろいろなきまりを見つけさせるような問題。

㋑「分類の問題」

いくつかの図形などを分類するときの観点を見つけさせるような問題。

㋒「数値化の問題」

曖昧な事柄を数を用いて区別する方法などを工夫する問題。

㋓「逆の問題」

ＡならばＢというところを，逆に問うことによって答えが１つに決まらなくなる問題。

㋔「条件不足の問題」

不足した条件を仮定することによって答えがいろいろ考えられる問題。

これらの具体的な問題を下に補足として，いくつか示しておく。

さて，このようなオープンエンドの問題を試みることによる利点は何か。

子どもはそれまでに学んできた知識，技能を総動員して問題にぶつかり，遅れがちな子どもはその子どもなりの正しい答えを，普通の子どもはそれなりの答えを，できる子どもはできる子どもなりの答えを出すことができる。

つまり問題に対していく通りも正しい答えがあるので，その子どもなりに正しい答えを言うことができるのである。別の見方をすれば，それによって子どもをほめる機会が多くなるということでもある。

また，通常取り扱っている問題に対しても，1つの解法ではあきたらず，いろいろな解法を子どもたちが自ら出してくる場面も少なくない。

こういう授業を何回も経験すれば，ものの見方が自然に広く，いろいろな角度から見られるようになってくる。

さらに，算数に対する子どもたちの見方が「固定した動きのとれないもの」というものから，「算数は発展し作り出していくものである」という見方に変わってくる。(注3)

(3) 補足：オープンエンドの問題例

ここではオープンエンドの具体的問題を㋐～㋔の種類別に1つずつ簡単に紹介しておく。

㋐関係や法則を見つける問題

「九九表のきまり」

九九表からいろいろなきまりを発見する。その中で数に対する様々な見方が整理できる問題である。

右の表は，かけ算九九の表です。数の並び方には，いろいろな規則があります。たてにみたり，横にみたり，その他，いろいろなみかたをして，できるだけ多くの規則をみつけて，かじょう書きにしなさい。

1	2	3	4	5	6	7	8	9
2	4	6	8	10	12	14	16	18
3	6	9	12	15	18	21	24	27
4	8	12	16	20	24	28	32	36
5	10	15	20	25	30	35	40	45
6	12	18	24	30	36	42	48	54
7	14	21	28	35	42	49	56	63
8	16	24	32	40	48	56	64	72
9	18	27	36	45	54	63	72	81

㋑分類の問題

「立体の分類」

立体を様々な見方で見て，それにしたがった分類を子ども自らがしていくことになる。これによって，立体を見る観点が整理できる。

次の図のような立体があります。

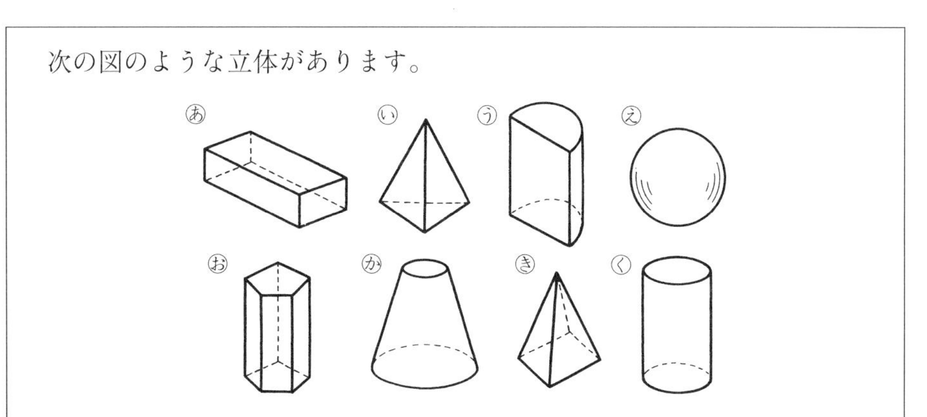

この中から，㋑の立体を取り出します。このとき㋑の立体の持つ特徴と同じ特徴を持つ立体をあげ，その特徴も言いなさい。

㋒数値化の問題（注4）

「凹凸の見分け方」

平面図形の凹凸の違いを，子どもが持っている算数の知識を使って，数で表す方法を考え出させる。内角や対角線などに目を付けることができる。

次のようにいくつかの図形を㋐と㋑に分けました。㋐と㋑の図形を見分ける方法をいろいろ考えなさい。

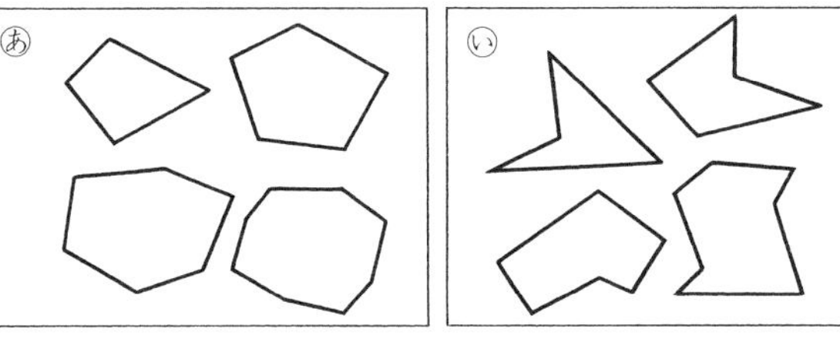

㋓逆の問題

「5㎠の形」

与えられた図形の面積を求める問題が一般的であるが，それを逆に構成してみる。面積をはじめに与えてそれに合う図形を考えさせる。当然答えは1つ決まらなくなるので，柔軟な思考を促すことができる。

下の方眼を利用して５㎠の形をいろいろ作りなさい。

(例)　1cm　1cm

㋔条件不足の問題

「およそ 5000 とはどんな数か」

「およそ 5000」といわれる数はもとはどんな数だったのでしょう。

概数を作る方法はいろいろある。まず，何の位までの概数なのかによって 5000 の意味が違ってくる。次に，どんな概数処理をしたかによっても違ってくる。四捨五入，切り上げ，切り捨てなどの方法がある。それぞれの場合を分けることによって答えが多様になる。つまり，不足した条件を自分で決めることによって，場合分けして答えを導く問題なのである。

2. 教材研究

(1)　こんな問題で

7×7 の格子点の中に**図３**のような四角形を作ると次のような問題ができる。これを５年生の面積の学習の導入に使う。

四角形アイウエと同じ面積を持つ別の四角形を，図中の点を頂点として作りなさい。

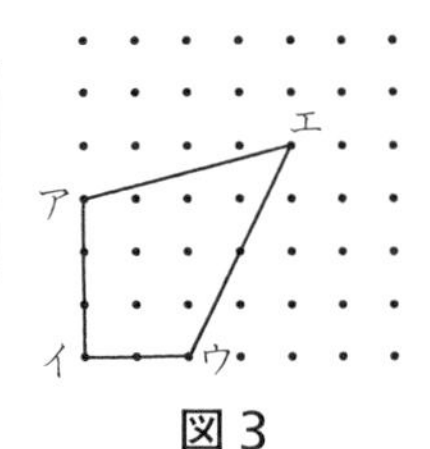

図３

この問題の特徴はいろいろある。

第１の特徴は，この問題を解決するためには，２つの問いに答えなければならないということである。

はじめは，四角形アイウエの面積を求めなければならない。次に，その面積と同じ別の四角形を作るという２段階の作業を要求しているのである。

そして，はじめの面積の求め方も多様になることがあげられる。

第２の特徴は，「四角形を作る」と問われているので，答えも色々考えられるということである。正方形・長方形・平行四辺形・台形……といろいろの四角形が考えられる。つまり，正答が多様であるということで，オープンエンドの問題となっているのである。

第３の特徴は，発展性があるということである。実はこの問題は工夫をすれば，はじめの四角形の面積を求めなくてもできることがわかる。

そのことに気付くと，三角形の面積の底辺と高さの関係がより深く理解される。

さらに，「別の四角形を作りなさい」というところを「別の三角形を作りなさい」と変えても，また新たな問題ができて，おもしろい発展になる。

このように多くの工夫がある問題を子どもに与えれば，図形の面積に関して数時間の扱いが可能となり，その中で数学的考え方も養うことができるのだ。

(2) 問題を解く

この問題を子どもたちは一体どのようにして解くのか。予想してみよう。

①四角形アイウエの面積を求める

求め方についてはいくつか考えられるが，大きく分けると次の２つである。

ア．四角形の内部を分けて，方眼の数を数える方法

左下と中央の図では，いずれも長方形と直角三角形に分けて，その面積を求めようとしている。一番右の図は直角三角形を移動して長方形を２つ作り，その面積の和を求めようとしている。点と点の間を１cmとするならば４つの点を結ぶ最小の単位面積は１㎠となる。面積を求めてみよう。

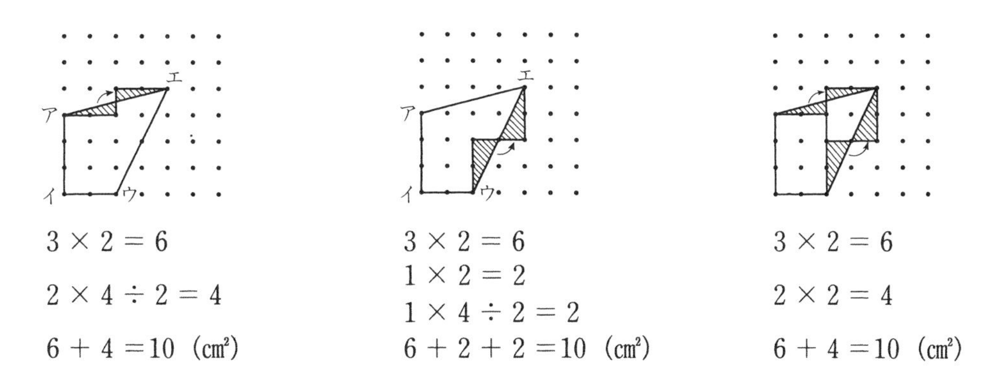

イ．外側に長方形を作り，不必要な部分を引く方法

図中の外側の長方形から，ＡとＢの部分を引いて，もとの四角形の面積を求めようとしている。

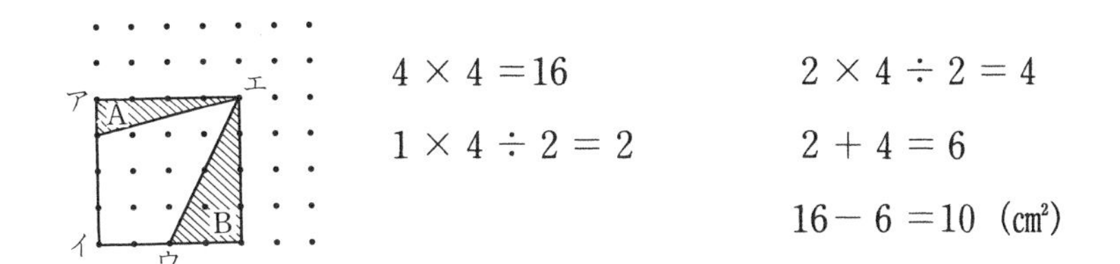

②いろいろな四角形を作る

さて，次にこの格子点の中に面積が10㎠の四角形を作ることになる。

子どもは試行錯誤して考える。まずは長方形。**図４**のような2×5の大きさの長方形が考えられる。

少し柔軟な思考をすれば，**図5**のように斜めに位置する長方形が2つほど考えられる。

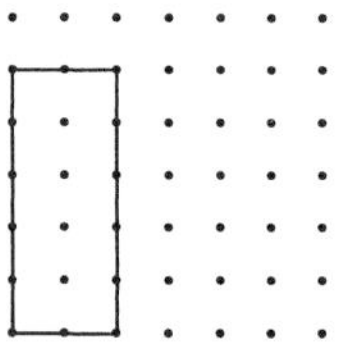

図4

では，正方形はどうだろう。

子どもによっては，面積が10㎠になるような平方数が整数に見つからないので，これはできないというものもいる。

しかし，長方形のときと同じように考えれば，斜めに位置する**図6**のような正方形が考えられる。

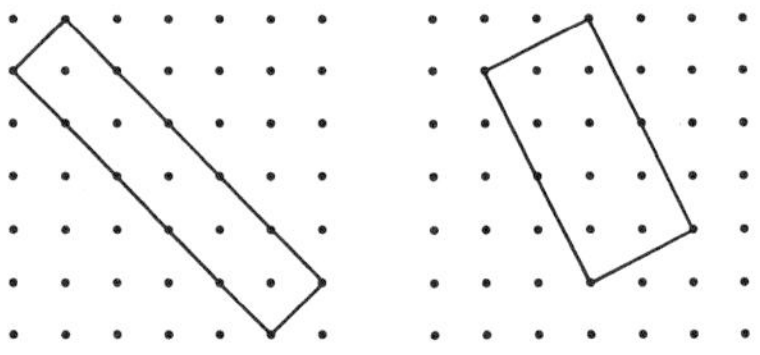

図5

方眼を上手に数えれば，面積が10㎠になっていることがわかる。アとイの部分を合わせて，3㎠の面積，同様にウとエの部分を合わせて，3㎠の面積となり，真ん中の部分の4㎠と合計して，10㎠になる。

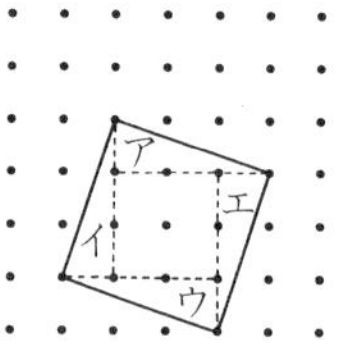

次は平行四辺形。

子どもが見つける一つ一つの平行四辺形を並べると，底辺と高さが等しい平行四辺形は面積が等しいことが発見される。

図6

下に示すのは，底辺2，高さ5の平行四辺形だ。左の4つを重ね合わせたのが，右の図（**図7**）である。

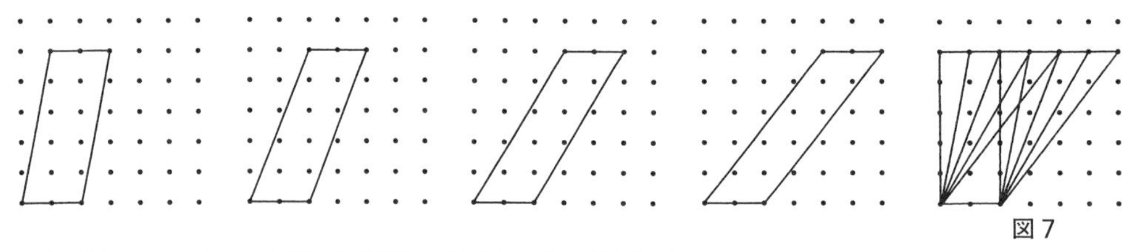

図7

台形についても，平行四辺形と同じことが言える。

下に示すのは，どれも上底1，下底4，高さ4となっている台形である。これも子どもが見付けるものを重ねることによって，上底，下底と，高さが等しい台形は面積が等しいことを理解させることができる。他の6つを重ね合わせたのが右下の図（**図8**）である。

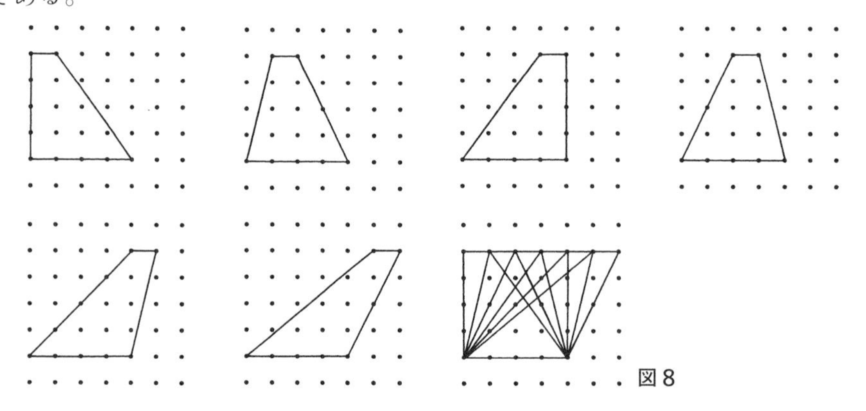

図8

(3) 発展

①工夫して，同面積の四角形を作る

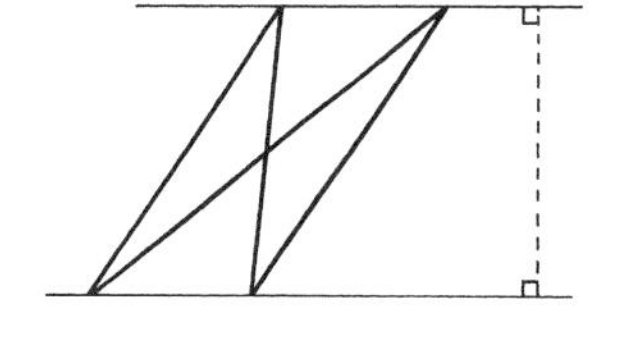

一応このようにすれば解決することはできたが，もう少し考えを深めることにする。

四角形アイウエの面積を数値化しないで答えることはできないだろうか。

三角形の底辺と高さが等しければ面積は等しいことを使えば，この問題も工夫して解ける。

四角形アイウエのイエに対角線を引いてみよう。ここにできた三角形アイエを考えるとき，イエをこの三角形の底辺と考えると，頂点アが，この底辺に平行な線の上を動くことを考えれば，格子点上にあるその点を見つければよいことになる。

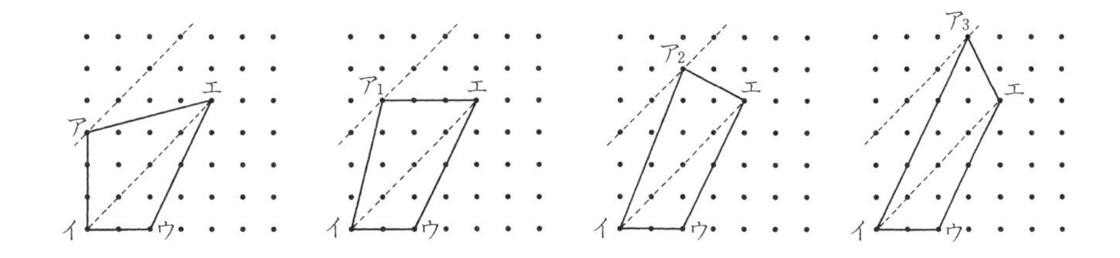

この４つの図を重ねてみると対角線に平行な線上に頂点がくることがよくわかる。このことから，４つの四角形は，もとの四角形と面積が等しいことになる。

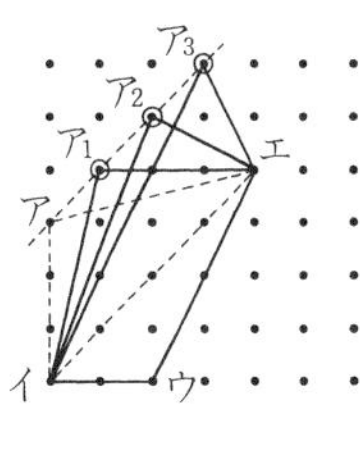

さらに，これと同じことを逆の三角形で考えれば，次の図のように同面積の四角形が４つもできることになる。

この４つの四角形も重ねてみよう。右の図がそれである。

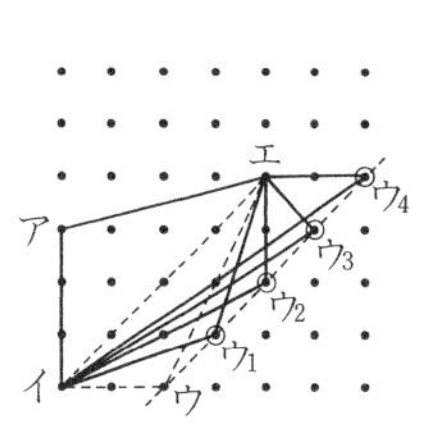

さらに，対角線をアウにとるならば，四角形アイウエ$_1$も，もとの四角形と同じ面積となる。

このように考えれば，先に述べたように，はじめの四角形の面積が10㎠であることをあえて求めなくても答えは見つかることになる。

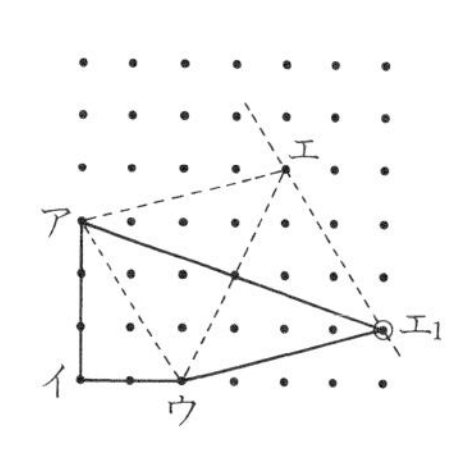

②問題づくり

はじめの問題のいろいろな解決が一段落したところで，この問題がどのように発展，あるいは派生していくかを考えておくことにする。(注5)

はじめの問題を基にしてどんな問題が作れるかを整理してみると，次のようなもの

が考えられる。
ア.「四角形アイウエ」の部分を「三角形アイウ」に変える。
イ.「別の四角形を」の部分を「別の多角形を」と変える。
ウ.「図中の点」が格子点であるところを別の点の配置にする。
エ. その他の問題

これらの問題について，それぞれ具体例を示してみる。

（アの問題の例）

三角形アイウと同じ面積を持つ，別の三角形を図中の点を頂点として作りなさい。

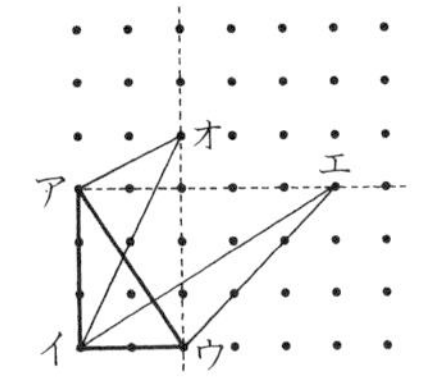

三角形アイウの辺イウを底辺と考えれば，底辺イウに平行な直線で頂点アを通るものを引くことによって，その直線の上にある点を別の直線と考えて，三角形を作れる。

これは，辺アイを底辺と考えても同じことができる。

三角形イウエ，三角形アイオ，などが答えの例である。

（イの問題の例）

四角形アイウエと同じ面積を持つ，別の五角形を図中の点を頂点として作りなさい。

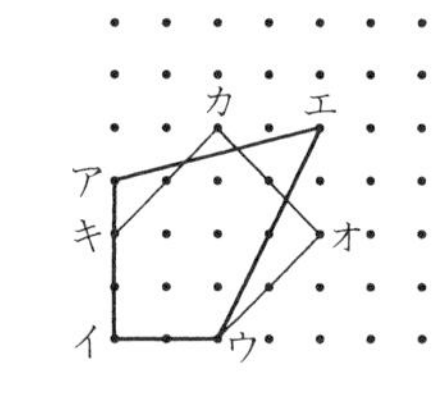

右の五角形が答えの１つの例。

五角形イウオカキの面積は“ピックの定理”（補足で説明）を利用して求めると次のようになる。

$\frac{1}{2} \times 10 + 6 - 1 = 10$

（ウの問題の例）

四角形アイウエと同じ面積を持つ，別の四角形を図中の点を頂点として作りなさい。

この場合は，板面の点の位置が60度ずつずれている。したがって，はじめの問題と解き方は同じように考えられる。簡単に対角線を利用して解くことが可能である。

四角形アイウオが答えの一例である。“ピックの定理”を使えば，次のようになる。

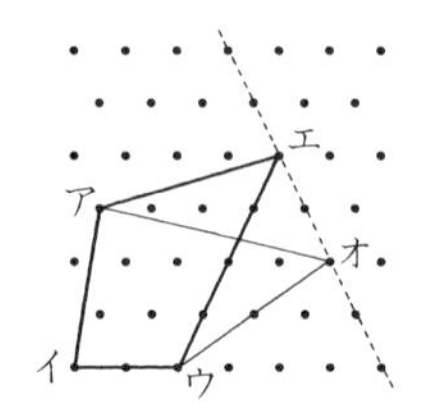

《四角形アイウエ》

$\frac{1}{2} \times 8 + 6 - 1 = 9$

《四角形アイウオ》

$\frac{1}{2} \times 6 + 7 - 1 = 9$

（エの問題の例）

四角形アイウエの内部・周上の点と同じ点の数を持つ，別の四角形を図中の点を頂点として作りなさい。

内部の点と周上の点の数を合わせたものが等しい四角形オカキクなどが考えられるが，この場合面積は等しくならない。はじめの問題を解く際に，この誤解をする子どもが出てくることも考えられる。

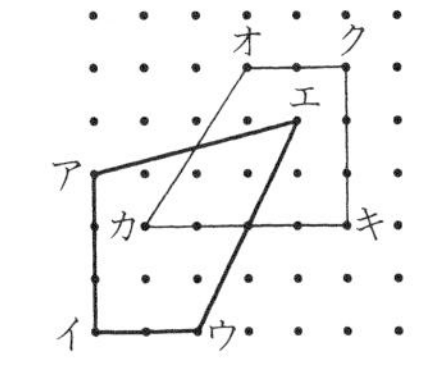

《四角形オカキク》

$\frac{1}{2}\times 10+5-1=9<10$

(4) 補足

① “ピックの定理”について

格子点上に作られた四角形の面積を工夫して求める例を示してきたが，四角形の中の点に目を付ける子どももいて，これと同じ点の個数を持つ四角形を作る場合がある。

これを少々突っ込んで考えると，周上の点の数と内部の点の数との関係で面積を求めることもできる。（注6）

これを“ピックの定理”という。

周上の点の数をP，内部の点の数をIとすると，

$S=\frac{1}{2}P+I-1$ となる。

この場合，P＝8，I＝7

であるから，

$S=\frac{1}{2}\times 8+7-1=10$ となる。

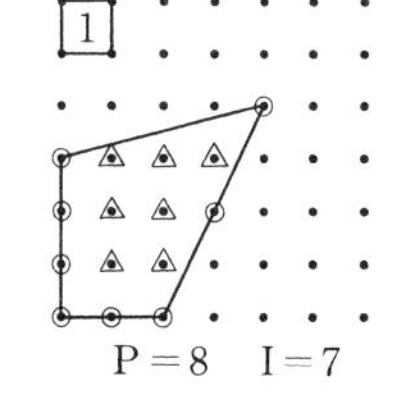

このピックの定理について，簡単に説明しておくことにする。オイラーの定理に，点と線と面の関係を示したものがある。多面体で，$V-E+F=2$ となるもので，平面上の場合は，次のようである。

$V-E+F=1$……①

ここで，Vは点の個数，Eは線の個数，Fは面の個数を表す。

格子点上に図形を作った場合，その内部の点の個数と周上の点の個数の和はその図形の持つ点の個数となる。

したがって内部の点の個数をI，周上の点の個数をPとすると次の式が成り立つ。

$I+P=V$……②

次に，格子点の中に作られた図形の面積は図形の内部を三角形に区切った場合，そこにできた三角形の個数の2倍となる。

$S=\frac{1}{2}F$……③

例えば，右の図形で考えてみると，斜線部分の面積をまわりに作った正方形の面積から引けば，4となることがわかる(ア)。③の式で計算しても，同じである(イ)。

(ア) $3\times3-(2+\frac{3}{2}+\frac{3}{2})=4$

(イ) $\frac{1}{2}\times8=4$

さて，今度は線の数について考えてみる。

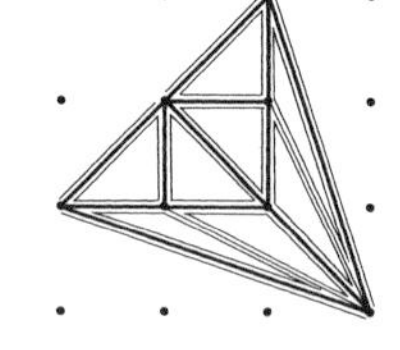

格子点上に作られた図形の内部を三角形に分割し，線の数が面の数の3倍になると考えてみる。ただし，この場合は内部の線を重複して数えることになる。

また，外側の辺も仮に二重にした分を数えたこととなる。言い換えれば，面の数の3倍に周上の外側の辺の数と同じとなる点の個数を加えれば，すべての線を2倍したことと同じになる。

したがって，次の式ができる。

$3F+P=2E$……④

②，③，④の式を変形する。

$I+P=V \rightarrow V=I+P$……………⑤

$S=\frac{1}{2}F \rightarrow F=2S$………………⑥

$$3F+P=2E \rightarrow E=\frac{1}{2}(3F+P)$$
$$=\frac{1}{2}(3\cdot2S+P)$$
$$=\frac{1}{2}(6S+P)$$
$$=3S+\frac{1}{2}P \text{……⑦}$$

⑤，⑥，⑦を①に代入する。

$(I+P)-(3S+\frac{1}{2}P)+2S=1$

$I+\frac{1}{2}P-S=1$

このことから，ピックの定理が導ける。

$S=\frac{1}{2}P+I-1$

②ジオボードについて

平林一栄氏は『算数・数学教育のシツエーション』の中で，英国のM. WalterとS. Brown両氏の論説を紹介しジオボードとそれを使った問題，およびそれを使った研

究について，次のように述べている。(注7)

「普通に用いられているGeoboard（幾何板）は，正方形の板に同じく正方形状に方眼を作り，その格子点に釘を打ったものが多いようだが，イギリスでは方眼の中心に釘を打ったものが多いと聞いている。いずれにしても，これらの釘にゴム輪をひっかけて，種々の直線図形を作るのに用いられる。

たとえば，次のような問題がよく取り扱われると両氏は述べている。もちろんこれらは例の一部にすぎない。

(1) まず基礎的なものとしては，釘にゴム輪をひっかけて，種々の図形を作る。

(2) 方眼の1つの正方形を単位にして，(1)で作った図形の面積を求める。

(3) 上で作った図形の周および内部の釘の数を示して，図を見ないでその面積を当てさせる問題がある。

注目すべきことは，両著者が，Geoboardについてのこのような問題を取り上げているのは，別にこの種の問題を数多く解決しようというのが目的ではなく，Geoboardを例にとって，数学的教材を展開する一般的原理を探求しようというのがその主要な目的である。著者たちは，現行のカリキュラムがきわめて画一的で，誰もが似たようなカリキュラムを作ってばかりいることにうんざりして，「数学の新しいカリキュラム・アイディアを作り出す」ための研究として，この考察を展開したとしている。

まず与えられたGeoboard Aのいろいろな考察からはじめるが，決して最後までそれを固定的にみるのではない。Aのもつ属性のいくつかを変化させることによって，念頭的にAとは別なGeoboard B（modified Geoboard）が作られる。この新しいGeoboard BはAとは同じ性質を共有することもあれば，全く別な性質を持っていることもある。かくて数学的研究は，つぎのような順序で展開する。

(1) 眼前にあるGeoboard Aに関連した数学的問題の研究

(2) modifyされたGeoboard Bに関連した数学的問題の研究

(3) AからBに移ることについての数学的問題の研究」

さらに，氏はジオボードが数学的Situationを豊かに作り出すものであり，それは単価的（univalent）でなく多価的（multivalent）であり，とくにそれに接する人の数学的教養の高さに応じて，いくらでも問題を示唆する教具であると言っている。

Situation研究の重要性については次のように述べている。

「数学教育の仕事は，子どもの身に付いた思考的道具として，既成の数学を与え，また新しく自分に必要な道具として，新しい数学を子どもに作らせていくことにある。これは文化の継承と創造という教育の作用の両面に応ずるものであるが，数学教育の場合はとくに，教育の場として適切なSituationが選ばれねばならない。道具を与えることも，それが利用できるような典型的なSituationを選んでなされなければならないし，子どもが自発的にその道具を使用するにしても，何らかのSituationにおいて行われるはずである。要するに，数学の学習や研究は1つの精神活動として，ある1つのSituationをその活動の場として必要とする。

では，Situationとは何か。特に数学的Situationとは何か。この問に一般的に答えることは難しい。しかし思考とくには数学的思考を触発する場であり，その具体的な検討，類別，教育的にみた価値付け，さらにはその系統化・学年配当は，数学教育で，真に「自発的」「創造的」「発見的」な学習指導を計画する上に欠かせられない研究である。

ところが，今日までのところ，たとえば指導要領にしても，大ていのシラバスやカリキュラムにしても，Situationに対する考慮は教師任せで，ただ道具だけが並べられている……」

このようにSituationを重視することによって，数学教育を既成の詰め込み，ドリル，暗記によるものから，真に子どもの自己学習として数学的思考を展開させようとしている。そのための重要な道具の１つにジオボードを取り上げているのである。

3. 授業

(1) 授業案作成

ここでは授業案を作る過程を述べながら，その内容を示していくことにする。授業案のはじめには次のような事項を書いた。

i．日時　昭和62年10月26日（月）５校時
ii．場所　筑波大学附属小学校３部５年教室
iii．対象　筑波大学附属小学校３部５年39名（男20，女19名）
iv．指導者　筑波大学附属小学校教諭　坪田 耕三

①研究主題の作成

授業案に書いた「研究主題」は次のようである。

第５学年・面積教材の導入のあり方はどうあるべきか。

この文面に至るまで何回か書き直した。いや授業が終わってからさらにこれも書き直したのである。その過程を説明しておこう。

はじめは，次のようであった。

第５学年の基本的な平面図形の求積教材を羅列主義的指導法でなく，有機的，総合的な展開にするための導入のあり方はどうあるべきか。

５年の求積指導は一般には，平行四辺形・三角形・台形・ひし形と，それぞれ別々に考えさせていく。しかし，これではぶつ切れの指導になる。

１つの問題が次の問題を生み，その問題がまた多くの問題に関連していくといった末広がりの展開が望ましい。そこを強調する授業が主張する点なのである。

この文面には，その主張する点まで書いてしまっている。これは授業の中でにじみ出てくるものになったほうがいい。そこで主題を次のように変えてみた。

求積単元において子どもの活動を誘い出す教材と指導のあり方はどのようなものがいいか。

今度は初発の問題や，そこで使う教具のおもしろさも強調することになった。

しかし，これでもやや授業の内容を表面に出し過ぎているように思われる。そこで

最後に先のように直したのだが，後にも述べるように，授業後の協議会でも指摘され，最終的には次のようにしたわけである。

「図形の面積」指導の導入のあり方はどうあるべきか。

②目標・指導計画

単元の目標は次のように決めた。

基本的な平面図形の面積の求め方を子ども自らの問題として考えさせること。

基本的な平面図形というのは，これまでに学習してきている平行四辺形，三角形，台形などを示している。

ここでは，その面積の求め方を考えさせるのであるが，公式を導き出す過程を子ども自らの力でできるようにするのはもちろんである。

しかし，そのために「では今日は平行四辺形の面積の求め方を考えましょう」「明日は台形の面積の求め方です」などと教師の一方的な問題の与え方で，学習を進めていくのではない。1つの問題からそれぞれの面積の求め方を考えざるを得ない新たな問題が生まれ，それによって単元の学習が成立するようにしたいのである。

したがって，指導計画は次のように一応の目安として立てておく。詳しくは導入の第1時の問題解決の様子によって決められていくものである。

《指導計画》

第一次　格子点の四角形の面積を求めることから出発して，ひし形・平行四辺形・台形及び三角形等の基本的な平面図形の面積の求め方を考える。(7時間，本時は導入の第1時)

第二次　子ども自らが問題を作り，その問題を使って練習をする。(3時間)

さて，本時は指導計画に示す通り，導入の第1時である。この本時の目標を具体的に決める。

ジオボード上に作られた一般四角形の面積を求め，同面積の四角形が作れること。

その活動の中で，基本的な平面図形の面積の求め方を自らの問題として考えること。

この目標の前段は先に述べた教材研究で紹介した問題を指している。後段は単元の目標の解説に示したとおりである。

本時の授業のために準備したものは，

ア．格子点状の透明板ジオボード40個（学級人数分）

イ．図形操作のための色輪ゴム

ウ．格子点のかいてあるワークシート

である。透明板のジオボードというのは，子どもが輪ゴムで作った図形を OHP 上ですぐに全員に見せられるという利点がある。ワークシートは作った図形をあとで書き残しておくためのものである。

③展開

［1］問題提示はどうするか

はじめからあの問題をぶつけたのでは，あまりにも唐突である。実際には，この授業研究の前にウォーミングアップとして何時間かジオボードを使った問題解決をしておき，そこからのつながりで導入していくのがよい（この事前の問題については後述する）。

そこで実際には，ジオボード上に四角形アイウエを作るところからはじめることにする。

「今日は，この四角形と同じ面積の別の四角形をジオボード上に作ってもらいたいと思います」

この発問を決める前には次のような問題を考えた。

「右の四角形の面積を求め，これと同じ面積の四角形を作ってみましょう」

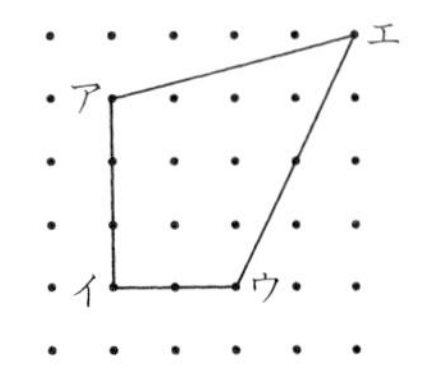

しかし，この問題で子どもがすぐに等積変形をして，別の四角形を作ることは難しい。それならば，あえて「面積を求め」と言わなくてもよい。必然的に面積を求めざるを得ないのである。それに「面積を求め」と言わないほうが，問題に幅が出るのである。つまり面積をわざわざ求めなくとも，別の四角形を作ることが可能だということを，暗に示していることになるのである。

このことを踏まえて等積変形をしたときの四角形が，よりたくさんできることを考えると，ここに示した四角形アイウエの場所は適切ではない。しかも格子点の数も少ない。そこで四角形を左下に寄せ，格子点の数も 6×6 から 7×7 に増すことにしたのである。

［2］問題をどう把握させるか

「こんな四角形を作ってみよう」と言って提示する。OHP 上に 四角形の見本を示す。模造紙に点のシールを格子点上に貼って見やすくして，投影する。

しかしこれだけでは話し合いがしにくい。そこで頂点にアイウエという記号を付け黒板に問題をきちんと書く。

四角形アイウエと同じ面積を持つ，別の四角形を作りなさい。

そこでは，いくつかの子どもからの質問が予想される。まずは次のような質問と答えを予想した。

（質問1） その面積を求めてからやるんですか？
（答え1） 求めなくてもできるかな。求めてからやっても，求めなくてそのままやってもいいですよ。
（質問2） 同じ形の分を他へ移せばできるんじゃないですか？
（答え2） それでもいいですが作るのは四角形ですよ。
（質問3） ジオボードに作ったら紙に写すんですか？
（答え3） ジオボード上でいろいろやってみて，はっきり決まったら書き写しておいてください。

このように，あらかじめ予想されるものを考えておくことは，たとえ質問が1つも出なかったとしても，個別作業の際の机間指導に必ず役に立つ。

［3］個別の作業に際して

さて，いよいよ一人一人が自分の力で作業をはじめる。

「用紙を配ります。ジオボードの図を見たり，いろいろ図を作ってみたりして，自分で考えたことを書き込みなさい」

そう言って格子点の入ったワークシートを配布する。左の面ははじめの四角形の面積を求めるために，右の面は同面積の別の四角形を作るためにある。もちろん，同面積の四角形はいろいろ考えられるわけなので，ジオボード上に作ったものをたくさん書き込めるように予備の用紙はたくさん用意しておく。

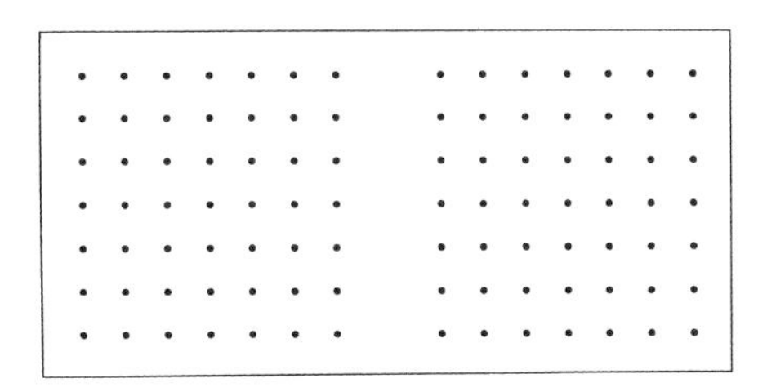

教師は机間指導をはじめる。子どもの様子を見て回る教師側の思いは3つある。

ア．四角形アイウエの面積の求め方のいろいろを，用紙に記録してあるものから見つける。

イ．10単位になる面積を持つ別の四角形に，どんなものを作っているかを用紙に記録してあるものから見つける。

ウ．その四角形の作り方をジオボードでの活動から把握する。

なお，机間指導をする観点は次の通りである。

ア．四角形の面積を求めることができない，手つかずの子どもに対して助言する。

具体的には，既に知っている面積の求め方を思い出させる。長方形の面積は縦×横で求められること。また直角三角形はその半分で求められること。さらに，基本的には面積をマスの数で表すことができること。これらのことを子どもの様子に応じて助言する。

イ．ジオボードを使って自由に何度もやり直していいということを失敗をおそれている子どもに伝える。

［4］子ども同士の発表と話し合い

個別の作業の中で子どもたちは，この問題を解決するには２つの段階があることに気付いている。

そこで，はじめに，

「まず，この四角形アイウエの面積の求め方と，その面積を誰かに説明してもらいましょう」

と授業を進める。

ここでは，あらかじめ子どもの様子を知っているわけなので，違った方法を発表させるようにして，それぞれの方法の長所，短所を指摘させる。

教材研究でも述べた違った方法の主なものは，１つ目は図形を変形してマス目を数えたもの，２つ目は，外側に作った四角形から２つの直角三角形を引くものである。３つ目は，方眼の数を数える方法である。

いずれも正しいが，ここでのポイントは直角三角形の面積をどうやって求めたかを全員がはっきり押さえておくことである。このことに気をつけて話し合いを進める。

さて，次にいよいよ四角形アイウエと同じ面積を持つ別の四角形を発表させ，それを確かめる。

「では，これと同じ面積の四角形を発表してもらいましょう」

と言うのだが，ただ思い付くまま四角形を発表していくのではなく，少し系統だてて発表させたいので次のように問う。

「四角形にはどんなものがあったかな」

子どもの答えを板書し，それにしたがって発表していこうと説明する。当然，長方形・正方形・平行四辺形・台形・ひし形・凧形（カイト）・凹形の四角形（シェブロン），一般の四角形など４年生のときに学習したものが挙げられるだろう。(注8)

これにしたがって発表していけば，該当する四角形とそれがないものとあることに気付くことになる。そして，１つ１つ発表しながら，それが10㎠になっているかを確かめていくところで，学級の多くの子どもを活躍させることができる。

気をつけることは，中に四角形でないものも誤って発表されることが予想されることである。

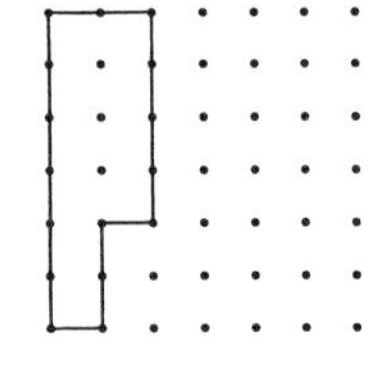

右のように，四角形の組み合わせで六角形になってしまうものもある。たしかに10単位の面積ではあるが，これでははじめの問題の解決にはなっていないことに気付かせたい。

子どもが発表してくるだろうところの四角形のいくつかは予想しておく。

ア．長方形　　イ．正方形 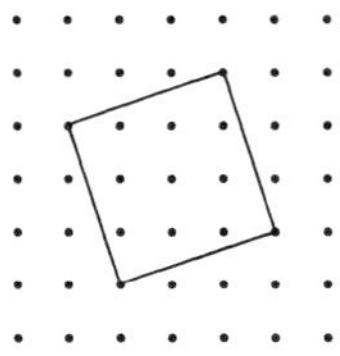　　ウ．平行四辺形

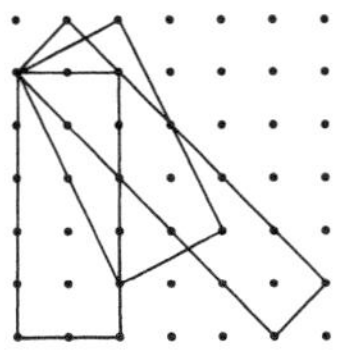

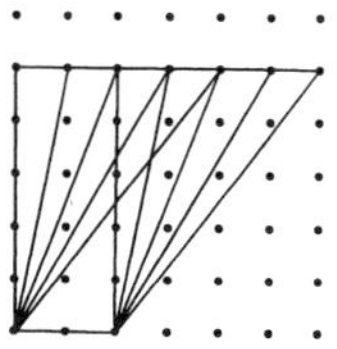

エ．台形 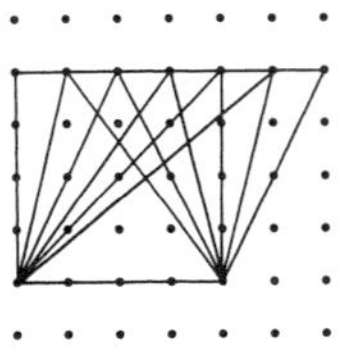　　オ．凧形 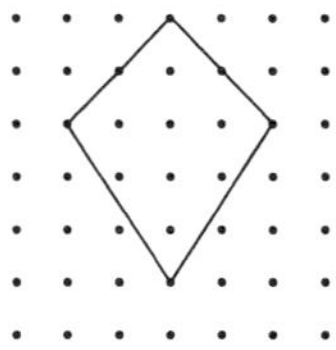　　カ．凹型四角形

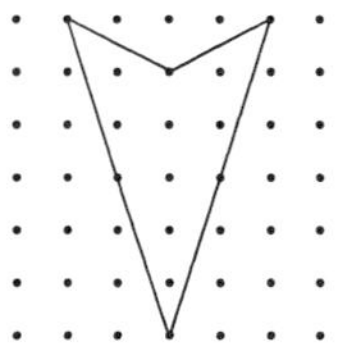

［5］残った問題を整理する

1時間の授業は，すべての四角形を発表し，その面積が10㎠であることは確かめるには時間が足りない。したがって，いくつかの問題が残されることとなる。

また，その問題が次の時間へのつながりとなり単元の計画につながるようにしたい。その基本は10単位の面積を持つ四角形であることを，手際よく知るための方法を考えることである。

具体的な留意すべき項目のいくつかを挙げてみると次のようになる。

ア．それぞれの四角形が，はじめに与えられた四角形と面積が同じであることを説明するときに，どこの長さに目を付けているかに注意を向けさせる。

イ．長方形の面積を求める公式のように，他の四角形についても公式が考えられればよいことに気付かせる。

ウ．発表できなかった分の四角形については，掲示してみんなに見てもらうようにする。

授業の最後に留意すべきことはこのようなことであるが，一般の授業のようにまとめをきちんとするような授業にはならない。問題があとに残り，引き続き，自分たちで考えていかなければならないという気持ちにさせる本時の終わり方になる。

⑵　授業の実際

①こんな四角形を作ってごらん

子どもたち一人一人にジオボードを持たせる。

既に何度かジオボードを使った授業を経験している子どもたちは，授業のはじまる前から輪ゴムをひっかけて形を好き勝手に作って遊んでいる。

そして，授業がはじまる。私は導入の初発の言葉に，前の時間にやったことからつ

ながりを持たせることを考えた。

「昨日までにみんなが作った問題の中に，面積に関するものがありました。O さん，T くん，K さん，Y くんの４人のものがそれです。

なかなかいい問題でした。そこで今日は，その中から先生が真似をして少し作り替えた問題を考えてもらおうと思います」（子どもたちの作った問題については後述する）

このように前置きをして，同時に私のほうは，OHP の上のジオボードのピンの上に先の図のように四角形を作る。

ジオボードは透明板でできているので，ピンの影と輪ゴムの影がスクリーンに映る。ここではスクリーンの代わりに，黒板には模造紙を１枚張っておく。

模造紙には OHP で投影されるピンの影（7×7 の格子点）のところに既に点が打ってある。発問は続く。

「まず，こんな四角形をジオボードの上に作ってください」

子どもたちは何がはじまるのだろうと，一生懸命に同じ四角形を作る。四角形の頂点の位置を探し，確かめる。そこで頂点に各頂点にア，イ，ウ，エと記号を付ける。

みんなが輪ゴムで手元のジオボードに四角形が作られたところを見計らって，問題を提示する。

②問題に質問は?

そこで問題ですと読み上げながら，黒板に問題を書く。

> 四角形アイウエと同じ面積を持つ別の四角形をジオボード上に作りなさい。

配布された用紙に，子どもたちもこの問題を書き込む。用紙にはジオボードと同じ格子点が打ってある。でき上がった形を保存しておくためである。

「さて，この問題について何か質問はあるかな？」

早速，いくつかの質問が飛び出す。

「これは台形ですか？」

この質問には，別の子どもからすぐに反論がある。

「平行な辺がないから台形じゃないよ」

予想していなかった質問も出てくる。

「辺の長さを測りたいけど，アとエの長さがわからないな」

「辺の長さを測るときは，ジオボードの点の中心を測ればいいんですか」

このとき使ったジオボードのピンの頭の部分は，若干大きめのもので直径が３㎜ほどだった。だから実際にものさしで長さを測ろうとする子どもにとっては，これは重要な問題であった。点の中央を測るのか，へりのところまででいいのかが曖昧であると言いたかったのである。

私の方では点と点の間がいくつあるかを数えて考えれば済むものと思っていたのだが，子どもが実際に何㎠あるかを計算しようとしているとなるときちんと約束しておかなければならない。

そこで点の中央までを測るように言う。
また，このジオボードのピンとピンの間は2㎝になっている。したがって単位になる最小正方形が4㎠になってしまう。単位の正方形を1と見て計算していくほうがわかりやすいのだが，それは約束事になる。このことについても質問が出た。
「面積を言う場合に1マス分と言うのですか。それともきちんと測ってみると，ピンとピンの間が2㎝になっているから，1マス分だったら4㎠と言ったほうがいいのですか」
「ここ（点と点の間）を1㎝と考えればいいんじゃないですか。それのほうがわかりやすいです」
こんな意見を言ってくれる子もいる。
「でも，やっぱり何㎠かがわかったほうがいいよ」
子どもたちの考えは，1マス分を単位にして考えたいという意見と，1㎠を単位にして考えたいという意見に二分してしまった。
そこで，この場は「1マス分は4㎠である」ことを確認して，どちらでも考えやすいほうでやることを指示した。黒板にもそのことを書いておく。
さて，問題を解く見通しについて，少し触れておかなければならない。そこで私のほうから質問をする。
「この問題を解くには，まずどうしなければならないのかな？」
「まず面積を求めます」
「次にどうするの？」
「それから，その面積と同じ四角形を作ります」
「じゃあ，どんな四角形が作れるだろうね。一体どんな四角形が思い浮かびますか？」
この質問に対しては，右のかこみの中のようなものがあげられたので，これも黒板に書いておく。これは，問題を解決していくときのヒントにもなる。

正方形 長方形 ひし形 台　形 同じような四角形 平行四辺形

③自分で解く

「では，それぞれにやってごらんなさい」
という指示で一斉に作業がはじまる。私はどんな四角形が作られているのかを見てまわり，まだ手つかずの子には助言していく。
作業をしながら，こんな質問が飛び出し議論になる。
「まだ僕たちは台形の求め方を勉強していないから，これは求められません」
「そんなことはないよ。何マス分かを数えればいいんだからマスの半端をどこかに持っていって，ちょうど1マスになるようにくっつければ面積は求められます」

④はじめの四角形の面積は？

「まず四角形アイウエの面積」と黒板に書く。いよいよ発表である。
Aさんが前の黒板に出てきて，図を書きながら発表する。

「私は，まず四角形アイウエが何マス分あるかを調べました。この三角形(ア)を横に持っていって，この三角形(イ)を上に持っていくと，1．2．3．4……とマスを数えて，全部で10マス分になることがわかります」

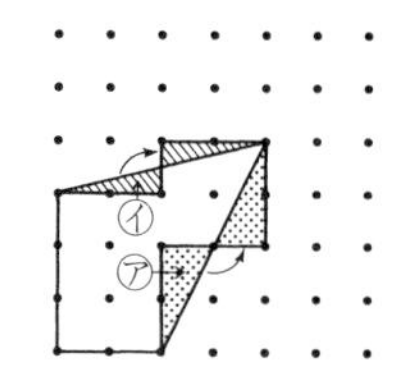

はじめの四角形を，長方形を組み合わせた多角形に変形した方法の説明であった。

自分も同じ考えであると同調するものが多かった。

さて，これに対してNさんは方法が違うということで発表する。

「私は全然別のやり方です。四角形アイウエのまわりを囲む四角形を作ります。このとき，ちょうどこれが正方形になって，この正方形から余分な三角形を2つ引くのです。この三角形は直角三角形だから，長方形の半分で求められます。だから，計算すると10マス分になります。

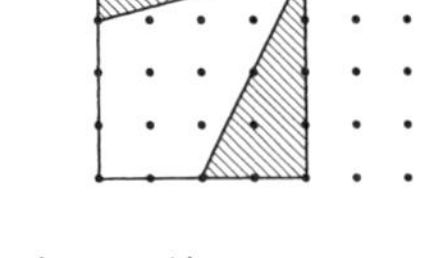

式は，

4×4＝16

16－2＝14

14－4＝10

となります」

「なるほど外側の四角形から，いらない部分を引くという考えだね。前の人とは違った考えですね。この2つの考えから，四角形アイウエは10マス分。つまり実際には40㎠の四角形だということがわかりました」

⑤10マス分の面積になる四角形は?

「それでは，この10マス分の面積になる四角形を発表してもらいましょう」

とたんにYくんが意見を言う。

「僕は40㎠の長方形を作りたいんだけど，このジオボードではできないと思うんです。だって，5×8＝40と考えるとピンとピンの間が，縦も横も6しかないから無理だと思うからです」

これにHくんが訂正してくれる。

「それは勘違いです。Yくんはピンとピンの間を1㎝と思っているんじゃないですか。ピンの間を数えるんなら，10マス分を作るんだから。2×5＝10で，横2マス，縦5マスの長方形ができると考えなければならないと思います」

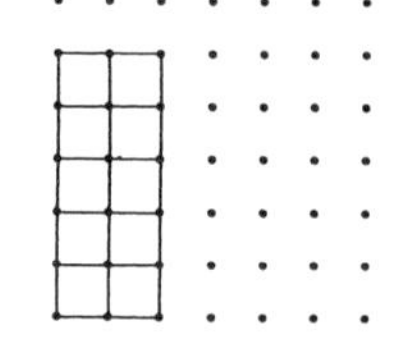

勘違いの訂正をしながら，答えの1つになる長方形を発表したことになった。

他の子どもが，次々に別の四角形を発表したがっている。

Tくんは違う長方形があると言う。

「他のものもできます。斜めに傾いた長方形でこんなのです。1マスの半分の三角形が2つで1マスと考えていくと，10マスあります」

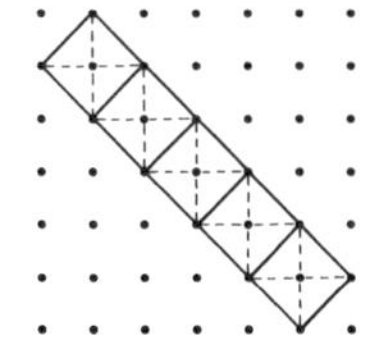

H_2くんも言う。

「もっと傾けて，こんな長方形も作れます。数えにくいけれど分けてマスを数えれば全体の半分でちょうど5マスだから，その2つ分で10マスになります」

この長方形は非常に考えにくいものであるが，よく見つけた。まわりのみんなからも感嘆の声が漏れる。

さて次に正方形はできるかが問題となる。

「それは無理だと思います。だって正方形は4つの辺の長さが同じで，面積は1辺×1辺で，同じ数を2度かけて10にならなければいけないんだから，そんなのはできません」

この意見には説得力があった。この時点ではみんな納得したかに見えた。

しかし T_2 くんだけは黙々と「できる」と直感していた。このあとに続く他の発表に耳もかさず，いろいろ試行錯誤していたのである。結局この時間には発表できなかったが，次の日，算数の時間にみんなの前で，「できた，できた」と言って右の正方形を発表し，全員から拍手をあびることになった。

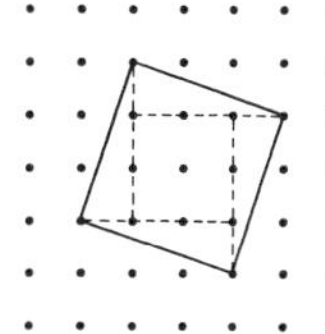

発表はなお続く。Mさんの発表である。

「平行四辺形もできます。はしの三角形を，反対側に持っていけば長方形と同じで10マス分です」

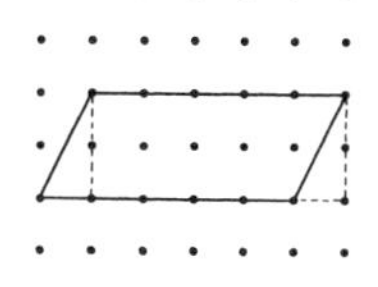

平行四辺形の面積の求め方の1つ，長方形に直して考える方法を知らず知らずに使って説明している。

この説明は，改めて次の時間に焦点を当てて確認しなければならない。この授業でねらっているところでもあるからである。

正しい答えばかりが発表されるわけではない。間違った答えも発表される。

「台形ができました。はじめの四角形では，輪ゴムの中にピンの数が15あったでしょ。だから，この台形もピンの数を同じにしたんです」

H_3 くんの発表は，なかなかおもしろいところに目をつけている。言い換えれば，わざわざ四角形の面積を計算しないで，別の四角形を見つけようとしているのである。その考え方は使える。

しかし，これには反対意見が出た。

「それはおかしいよ。図を見ると面積が10マスになっていません」

「そうだ。9マス分だ」

点に目をつけたところはおもしろいが，残念ながら面積は9㎠であった。発表した本人も納得する。

そこで，私のほうからも少し補足しておく。

「ピンの数に目をつけたのはとてもおもしろい考えだ。もしかしたら，こんな考えで面積が求められるかもしれません。また，はじめの四角形の面積を求めなくても，別の四角形を作る方法があるかもしれません。考えてみるとおもしろそうですね。けれども，これは10マス分になっていないようでした。もう少し工夫してみるといいですね」

⑥残された問題の整理

そろそろ時間がきた。問題はいくつも残っている。整理しておくことにする。

「どうやら10マス分の四角形はいろいろできそうです。まだまだ発表してもらえそうですね。そして，それが10マスであることも，もう少し手際よく数えられるように丁寧に考えていきたいと思います」

他の四角形，とくに平行四辺形や台形を発表させることは同じ底辺で，同じ高さの平行四辺形，台形は面積が等しいことに気付くきっかけになる。

10マス分になることを手際よく求める工夫をすることは，平行四辺形や台形，それぞれの面積を求める公式を導き出すことにつながるのである。

この導入1時間の授業はここで終えた。

発表できなかった子どもたちが，授業後，私のところに詰めかけてきて「明日は僕に発表させて」「私にも」としきりに要求してきたことが印象的だった。

(3) 補足：事前の問題

この授業ではジオボードを使った活動を中心にしている。そこで，この教具に子どもが使い慣れておく必要がある。事前にジオボードを使った興味ある問題を与えて，活動させる時間をとった。それを簡単に紹介しておく。

（その1）

> 二等辺三角形をジオボード上に作ります。ただし，決められた辺アイは必ず使うことにします。
> どんな二等辺三角形ができますか。
>
> ア
> イ

この問題の答えは多様で，次の図からもわかるように全部で7個の二等辺三角形が見いだせる。39人もいれば“文殊の知恵”で案外はやく見つけることができる。

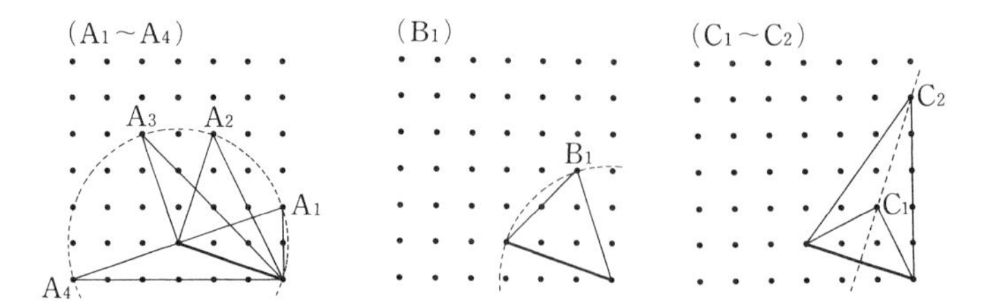

これを重ねて，ジオボードの格子点を外側に広げてみると下の図のように2つの円周上と与えられた辺の垂直2等分線上に求める頂点があることに気付く。

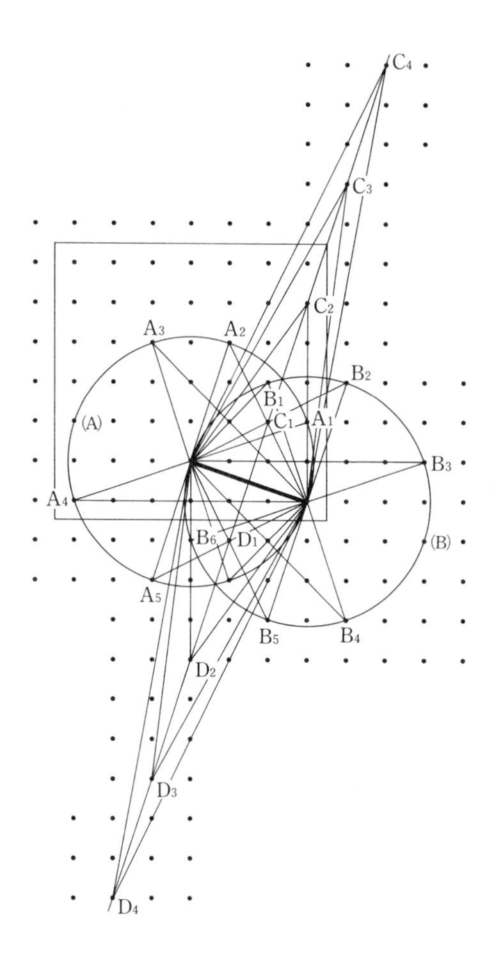

（その2）

> はじめの問題を真似して，自分で新しい問題を作りなさい。

この問題づくりの結果，たくさんの問題から次の2つを選んで，みんなで考えることにした。

《みんなの問題》

> ① 平行四辺形をジオボード上に作ります。ただし，辺AB は必ず使うことにします。いくつ平行四辺形ができますか。　（K さんの問題）
> ※他に5人が同じような問題を作った。

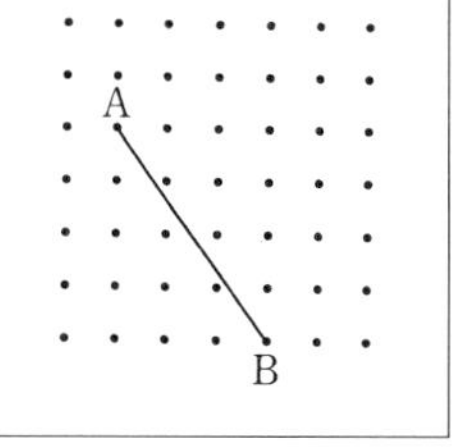

この問題でも平行四辺形がいくつも考えられる。辺 AB の右上に 9 個，左に 2 個見つけられる。答えは合計 11 個となる。

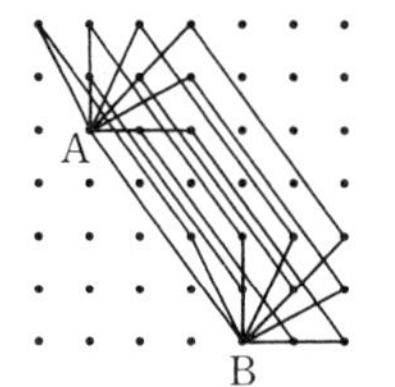

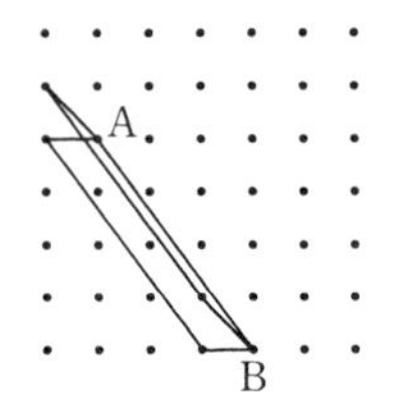

② 正三角形をジオボード上に作ります。ただし，辺アイは必ず使うことにします。どんな正三角形ができますか。

（Y くんの問題）

※他に 2 人が同じような問題を作った。

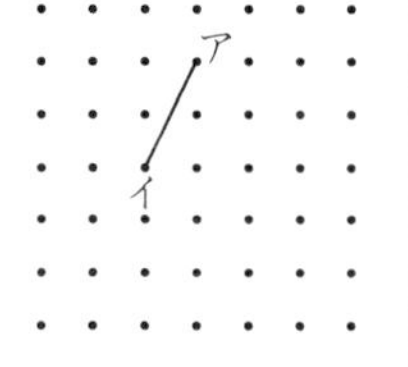

この問題では，一見答えが見つかりそうであるが，格子点のジオボード上には正三角形を作ることが不可能である。

したがって，これを解こうとした子どもたちは，しばらくして答えがないことに気付いた。答えのない問題もあるのだなということを知ったわけである。

そして，直接子どもたちに解くことをさせなかったが本時の問題に関係した子どもの問題として次のものがある。導入の発問に使った問題でもある。

③ 右の形と同じ面積の三角形を作りなさい。

（O さんの問題）

※他に 3 人が同じような問題を作った。

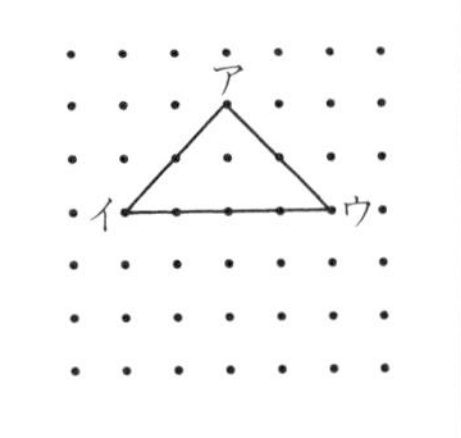

この問題に似ているものとしてあげた T くんの問題は「点 A を使って 12 ㎠の四角形を作ります。何個できますか」というものであった。

いずれも面積を固定して形を自由に作るというオープンエンドの問題となっている。

4. 授業後の研究協議会

この授業は筑波大学附属小学校の校内研究会で実施されたものである。校内研究会は毎月1回開かれ，3年先までのスケジュールが決まっている。

毎年秋のこの時期には，研修のための内地留学の先生方が大勢来ている。この日は20名ほどの研修生の先生方の参加も加わり，本校の先生36名とともに研究した。

授業後にはパネルディスカッションが行われるが，そのパネラーには理科のH先生，国語のO先生，社会のT_1先生，それに私の4名があたった。

ここにはその様子を記す。

①パネラーの意見

司会　まず授業者の自評，主張から述べてもらいましょう。

坪田　簡単にまとめると次の3点です。

ア．統合的な指導を考えていること（単元全体に関わる問題を導入に扱っていること）。

イ．ジオボードを使った授業であること（子ども一人一人に操作的活動をさせていること）。

ウ．問題がオープンエンドになっていること（正答が多様なので，多くの子どもが活躍できること）。

本日の授業では，子どもたちが一生懸命に考え発表していましたが，やはり少々時間が不足気味で，いろいろな四角形をもう少し多く発表させ，それを吟味したかったと思いました。

司会　それでは，パネラーの先生にお一人ずつ意見を述べてもらいましょう。はじめにT_1先生から。

T_1　私は今日の授業を見て6つの疑問を持ちました。

ⅰ．今後の指導計画6時間をどのように仕組んでいくつもりなのか。

ⅱ．目標に明記してある「子ども自らの問題」とはどういうことなのか。

ⅲ．四角形の面積をマスの単位で測らせたかったのか。それとも1㎠単位で測らせたかったのか。授業者の意図がはっきりしない。

ⅳ．展開の流れが2段階であった。2つのことを1度にやっていくことは，子どもが考えづらかったのではないか。

ⅴ．子どもの活動を見ているとジオボードの操作より紙上に書いてある格子点上での操作がしやすいように見えたが，この時期の子どもでは，輪ゴムより作図のほうがよいのではないか。

ⅵ．ある形があって面積を求めよというのが普通の持っていき方だが，ここでやったように決められた面積から形を作れという場合の利点は何か。

これらの疑問に答えられるものと，そうでないものとがあるでしょうけれど，少しでも授業者に答えてもらえればいいと思います。

司会　はじめから随分たくさんの質問が出てきましたが，すぐに授業者に答えてもらうのでなく，一通りパネラーの意見を聞いてみたいと思います。ではO先生。

O　はじめに一言，本日は操作活動をさせてくれたので月刊誌『教育研究』の編集部員としては口絵の写真の場ができて，よかったなと思いました（笑）

授業では全体の流れがなんとなくぎくしゃくしていたのではないかなと思います。その原因を私なりに考えると次のようなことが言えるのではないかと思うんです。

ⅰ．本時の目標が十分には達成されていなかったのではないか。

ⅱ．導入の問題を提示するまでに前時のことなどを話していたが参観しているものにとって曖昧であった。子どもにとっても曖昧であったのだろう。

ⅲ．本時の活動が今後の授業にどう生きてくるのかが見えてこない。

ⅳ．子どもが全体に難しいと感じていたように思われる。それは考える焦点が絞り切れなくて問題点が動き過ぎていたからだろう。

ⅴ．多様な考え方を大切にするのはよいが，授業では拡散と収束が繰り返されるのがよい。本時には，もう少し収束の部分があってもよいように思われる。

以上のようなことですが，他は前のT先生と重複するので避けます。

司会　では，次にH先生にお願いしましょう。

H_1　授業案を読んだ段階では非のうち所がないと思いました。とても良い授業になるなと感じたわけであります。新しい提案をしたわけでとてもよかったと思います。

また算数の授業というと一般には紙と鉛筆だけで，頭の中だけの授業になってしまいがちです。ところがここでは教具を使って手で考えさせるというところがありました。さらに，面積の公式を１つ１つ別々に学習させるのでなく統合的に考えさせようとしているところもよかったと思います。

しかし実際に授業を見てみると，いくつかの問題点も見つかってしまいました（笑）。ですから，ここではそれを少し述べておきましょう。

ⅰ．子どもが考える場合にジオボードという教具がどれほど役に立っていたのか。紙に格子点を打ったもので作図して考えた方が分かりやすかったようだ。

ⅱ．提示の四角形が10単位の面積であることを，もっと全体の子どもに把握させてから先に進むべきであった。

ⅲ．１時間の内容にしては少し多すぎる。やはり大きく２つの内容が入っていたためだと思う。

ⅳ．OHPがもう少し見やすいものになっているとよかった。

司会　さて，随分たくさんの意見が出たように思います。いくつかは共通している意見もありました。ここで授業者の坪田先生にも発言してもらいます。

坪田　それではパネラーの先生方の意見や質問に対して私なりの意見を述べたいと思います。

まず授業案の目標にあえて「子ども自らの問題として」と書いたのは行動目標にあげられるようなものだけでは書き表せない部分をもっと大切にしたいと考えたからです。つまり，「……ができること」といった表現でしか表せないものばかりではなかったということです。

第２に，２つの内容がありましたが，まず自分で四角形アイウエの10単位分の面積を求めることが次の活動に必然性をもたらすと考えました。それに，こうすることによって等積変形の考えなどが意識され面積の公式へのつながりにもなり得るのです。

第３には，ジオボードには自分の考えを他に示すのに有効に働くというメリットがあるのです。現に授業でも何人もの子どもが，ジオボードに作った図形を他の子どもに手にとって見せていました。

第４に，収束的な授業が一般的には多いのではないかと思います。ここではあえてそれに挑戦したのです。つまり，オープンエンド的な授業に終始したわけです。言い換えれば，子どもの発散的思考を重視したわけです。このような授業も認めなくては柔軟な思考を子どもに身に付けさせることはできないと思います。

第５に，指導計画のことですが今日の授業での反応を基に作っていくわけです。おおむね次の授業から，残った答えの発表をかねて，平行四辺形の面積の求め方一→台形の面積の求め方→底辺と高さの関係→問題づくりを通して三角形の面積の求め方→一般四角形の面積の求め方（はじめの問題の工夫した答えの求め方も含めて）といった具合になりそうだと考えます。

司会　どうもありがとうございました。互いに譲らず，それぞれ納得できる意見をお持ちでした。

②　全体の先生からの意見

司会　それでは，ここでフロアーの先生からの意見も問いたいと思います。

H_2　授業案の目標の書き方は明確なものでなければなりません。ここでは，誰が四角形を作るのか，何を求めようとしているのか，これを明示する文章表現が必要だと思います。

I　そのことを少し具体的に言ってみたいと思います。主題は「面積教材」と書くよりも，「図形の面積の指導」と改めたほうが分かりやすいと思います。
また，指導を「統合的」に扱うという意味が受け取りにくいので，ここをもう少し具体的に表現できるといいでしょう。

A　社会科でいう多様な考えと，算数でいう多様な考えとの違いはなんでしょう。多様な考え方を大切にするということは一致しますが，ここのところをもう少しはっきり主張されてもいいのではないかと思います。

T（校長）　面積を求めず，直接別の四角形を作って考えようとする子の扱いを考えてみるとよいと思います。

直感的に輪ゴムのひっかけてあるエの点を右の図のように左右，あるいは斜めにひっかけ直してみて，等しい面積になっているかどうかを確かめてみようとする子もいました。そこで面積が違っていれば，正確に求めてみようとする考えも出てきます。

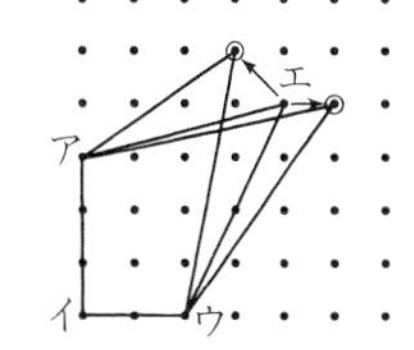

つまり面積そのものを考えながら形を作っていこうとする考え」と「形そのものを移動して別の四角形を作ろうとする考え」の二者を生かしていけるとよかったと思います。

坪田　全くその通りだと思います。しかし，はじめの予想ではまさか，はじめから面積を求めずに形の移動で考えていく子がいるとは思えなかったわけです。

けれども，この段階の子どもの考えは教材研究の段階の内容に紹介したような対角線を意識して考えているのではなく，試行錯誤的に図形を作って調べていたと思います。子どもの考えはかなり柔軟で素晴らしいと感じました。

N　　ところで，やはりこの時間のねらいは2つあったように思われます。四角形の面積を求めることと，それと同じ面積を持つ形を作ることであります。そして，この時間の位置づけは今後の指導のきっかけとしてのものだったように思います。

③算数部員の意見

司会　いろいろなご意見をいただきました。ここで算数部の先生のご意見を伺いたいと思います。では，お願いします。

M　　面積を与えて，同面積の形を作れという導入はおもしろいと思います。

しかしこの単元を一般四角形から入るというのは賛成できません。私だったら，はじめから「10単位の四角形を作れ」という問題でいきます。そうすれば右のように，底辺，高さの等しい平行四辺形がたくさん作れます。そこから次の指導の流れが決まってくると思われます。

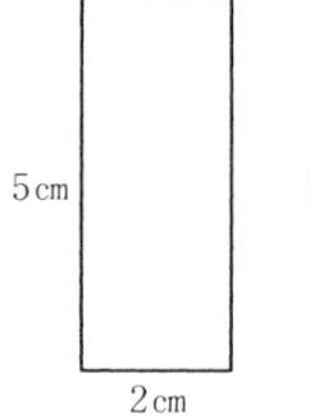

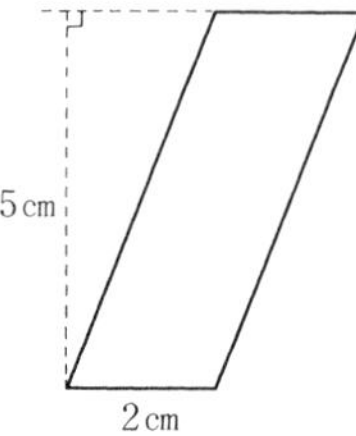

T_2　　教科書の流れは常に長方形の面積に戻して考える帰着型であります。これに対して，本時の授業は発展型と言えます。ただし，これが単元全体に及ぼうとしているのは，やや広げすぎだと思います。もう少し狭めてよいのではないでしょうか。

また授業の内容については，一般の四角形の面積を求めるだけで1時間，次の同面積の四角形を作るのが1時間とすればよかったように思います。発問ももう少し洗練するとよかったのではないでしょうか。面積を求めるのか違った形を作るのかをはっきりさせるべきだったと思います。

S　　別の観点から申し上げます。ジオボードに四角形を作る活動ならば，作ることが楽しくなければならないでしょう。10マスの面積の四角形を作るのは楽しい活動だとは思いますが，ジオボードを使うよさがあまり出ていなかったのではないでしょうか。かえって方眼用紙のほうがよかったと思います。

また，それぞれが活動に夢中になり過ぎて友達の発言に注意していなかったようです。友達が発言するときは，きちんとそちらを見るというしつけも必要です。

T_3　　なぜこの単元で四角形から入ったのか，三角形から入る方法もあるので，それに対する主張もほしかったと思います。
　また，「同じ形」という言葉もよく出てきましたが，これには合同や相似，あるいは面積の等しいものといった様々な意味が含まれるので注意するべきだったと思います。

司会　算数部の先生から貴重な意見をたくさんいただきました。
　ありがとうございました。最後に意見を言い残した方があったら，どうぞ。

H　　算数の教科書は系統性が強過ぎるんだと思うんです。それに対して今日の授業の主張はそれを逆に考えて，子どもに興味を持たせる問題から入っていったのはよかったと思います。

坪田　貴重な意見の数々をありがとうございました。次の時間からの指導の改善に役立てていきたいと思います。

司会　これで本日の校内研究会を終わります。ありがとうございました。

5. 研究授業を終えて

①はじめの問題

1時間の授業研究が終わった。この授業での私の主張は存分に出せたと思っている。はじめの問題を作るには，あれこれと考え，かなりの時間がかかった。

「子どもが本当に興味を持って使える教具がよい」
「オープンエンドの問題がよい」
「発展的な扱いによる問題づくりができるものがよい」
「単元を通して使える問題がよい」

これまで機会があるごとに研究を重ねてきたことが，なんとか表面に出せる授業をやってみたい。それも見て批評してくれる人が，歯に衣を着せるようなものの言い方をするのでなく，直接的に思ったことを言ってくれる。そんな人の前で実践できたらいいなと思っていた。

この授業研究会は校内の研究会ではあるが，まわりで見ている人は授業を見る目の鋭い人ばかりである。それだけにやりがいもある。

そんな思いが私にとっては幸いした。何ケ月も前から，どんな問題を授業に乗せようかと常に考えていた。そのためのノートをいつもかばんの中に入れ，何かふっと思い付くたびに書き込みをしていた。ノートの教材研究は，これまでになく充実したものになっていった。

そんな中で生まれたのが，ここに紹介した問題である。この問題を考えていくのにジオボードはきっと役に立つ。いやジオボードの持つ教材としての発展性から思いついた問題と言ってもいい。

そしてオープンエンドの問題として組み直してみると，さらに問題からの発展も数多く考えてみることができる。また，単元の導入に使えば，バラエティーに富んだ反応をそのあとの指導計画に生かすことも可能になると考え，ぜひこの問題を使ってやってみようと決心した。

②問題点は

授業の実際は，私にとっては非常におもしろい子どもの反応があって，とてもやりがいのあるものであった。

授業後の研究協議では，予想通りの白熱した意見が聞けた。問題点として挙げられた主なものを整理すると，次のようなことであった。

ア．求答事項が２つあって子どもにとって負担ではなかったか。

イ．授業が拡散的であった。収束的な面もあったほうがよいのではないか。

ウ．ジオボードは実際有効な教具として働いていたか。

エ．はじめの面積を求めず別の四角形を作る方法についても触れられなかったか。

オ．その後の授業をどう進めるのか。

③問題点に対する考え

問題が２段階の思考を要する算数の問題はいくらでもある。ただし，この場合は子どもの活動を意図的に発散させるように仕組んだのであり，他の問題とは少し違う。

私としては，これを１つずつに分けて示してしまうと子どもに１本の決められたレールの上を歩かせるようで，つまらないものとなってしまうと思った。

また授業が拡散的であるのは当然で，問題がオープンエンドになっているからである。普通の算数の問題はあまりにも収束的である。子どもの考えはどうしても，正しい答えさえ見つかればそれでいいとなってしまう。時にはここで扱ったようなオープンエンドの問題も扱って子どもの考えを柔軟にする必要がある。

授業は最後にきちんとしたまとめがないと収まらないと考えている人も多い。しかし，何時間かをひとまとめにして考えていく授業もあっていい。これはそんなことを思いつつ実践したものであった。

３つ目の問題であるジオボードだが，たしかにこの１時間では，用紙に書かれた格子点を使った方が便利に見えた。これは頭の中で思考できる子どもが多かったためだ。進んでいる子どもの中では，ジオボードを必要としなかったかもしれない。けれど，ジオボードがあることでかなり気楽に図形を作ったり壊したりできるので，ゆっくりと考えていく子どもにとっては有効に働くと思う。10単位の面積を持つ正方形を次の時間までに考えた子どもは，このジオボードをかなり使っていた。

４つ目の指摘にある問題には同感である。この時間に，はじめの面積を求めずに別の四角形を作る考えを生かすことはできなかった。そのきっかけになる子どもの考えが少しあったのだが，それを見過ごしたのは残念だった。しかし，それをみんなの問題として丁寧に扱うのは，やはり何時間か後になっただろうと思う。

最後に，このあとの指導計画の問題がある。協議会の記録にあるように，子どもの作った四角形が，面積が10単位であることを，どうやって簡単に証明できるかといった観点から公式を作り出すという考えで進めていける。

これらがいくつかの問題点に対する私の考えである。この授業では子どもの考えの柔軟さと先生方の的を射た指摘が私にとって大変有意義なものであった。

おわりに

今，新しい学習指導要領が出ようとしている。

アクティブラーニングをはじめとして，様々なキーワードが飛び交っているが，「数学的見方・考え方」に関わって，1つ注目すべき言葉があった。

それは，「統合的・発展的に考える」という言葉である。文部科学省の資料の中では，「事象を数量や図形及びそれらの関係などに着目して捉え，論理的，統合的・発展的に考えること」と表現されていた。

私が教師になった昭和46年頃は現代化が叫ばれており，このときにやはり「統合的・発展的」という言葉が注目されていた。歴史は巡るものである。

「統合的」とは，別々のものと見えていたものが視点を変えることで同じものと見られる見方・考え方のことだ。例えば，図形の面積の学習でいうと，長方形，正方形，三角形，平行四辺形，ひし形，凧形，台形，円などが学習対象であり，それぞれに公式があって，それを子どもの力で創り出す。

しかし，見方を変えれば，これらは1つの式で統一できる。垂直に交わる2方向の長さの積としてまとめることができ，どの図形も「縦×横」で面積が求められる。

台形を例にすれば，「縦×真ん中の横」とでもなるだろうか。「真ん中の横」とは，上底の長さと下底の長さの平均であるから，(上底＋下底)÷2のことになる。こうしてみれば全部「縦×横」としてまとめられる。これが統合的見方・考え方だ。

それでは，発展的見方・考え方とは何か。1つの問題を解き終えたら，それで終わりにせず，「もしも～だったら」と考えを広げたり，深めたりして幅広い問題場面を自ら作り出していくことである。つまり，問題を拡張し，いつでも成立つように考えを深められるようにすることなのだ。

例えば，「マッチ棒で正方形を横につなげ，正方形が5個になるとき，マッチ棒の本数は何本でしょう」こんな問題を解決したら，ここにとどまらず，「もしも，正方形が100個になったらどうか」「もしも正三角形がつながったとしたらどうか」「平面でなく立体にしたらどうか」などと考えていくことである。

これからの時代，いつも与えられた問題に答えることばかりでなく，自ら問題を見いだし，その解決方法を考えることが大切である。もしかしたら答えが存在しない場合もあるだろうし，答えは多様になるかもしれない。そんなことに対処できる力を育てていきたい。

本書の「発展・応用」が新しい時代の授業改善の役に立てていただけるならばこれ以上の喜びはない。

坪田　耕三

［引用・参考文献］

文部省（1998），『小学校学習指導要領解説 算数編』，東洋館出版社．
文部科学省（2008），『小学校学習指導要領解説 算数編』，東洋館出版社．
文部科学省（2002），『個に応じた指導に関する指導資料―発展的な学習や補充的な学習の推進―（小学校算数編）』，教育出版．
佐藤学（2012），『学校を改革する―学びの共同体の構想と実践』（岩波ブックレット No 842，岩波書店．
島田茂（1995），『算数・数学科のオープンエンド・アプローチ』（改訂版），東洋館出版社．
平山諦（1981），『東西数学物語』，恒星社．
ドミトリ・フォミーン／セルゲイ・ゲンキン／イリヤ・イテンベルク（2012），『やわらかな思考を育てる数学問題集１ ～ ３』，志賀浩二・田中紀子訳，岩波書店．
平山諦（1954），『方陣の話』，中教出版．
直芳子（1991），「算数教育における電卓の活用に関する研究」日本数学教育学会論文発表．
片桐重男（1983），「算数教育における電卓」日本数学教育学会論文発表．
文部科学省（2002），『個に応じた指導に関する指導資料―発展的な学習や補充的な学習の推進―』（小学校算数編），教育出版．
ブルーノ・ムナーリ（2010），『かたちの不思議３　三角形』，平凡社．
E・マオール（2008），『ピタゴラスの定理』，岩波書店．
コクセター（1982），『幾何学入門 第二版』，銀林浩，明治図書．
根上生也（2011），『数学セミナー「楽しもう！数学」』．
前川 道郎・宮崎 興二（1979），『図形と投象』，朝倉書店．
高木佐加枝（1980），『「小学算術」の研究（緑表紙教科書）編纂の背景と改正点及び日本算数教育のあゆみと将来への論究』，東洋館出版社．
ソロモン・ゴロム（2014），『箱詰めパズル ポリオミノの宇宙』，川辺治之訳，日本評論社．
Solomon W. Golomb（1994），『Polyominoes:Puzzles, Patterns, Problems, and Packings Revised and expanded second edition』, Princeton Univ. Press.

［注］

注１　筑波大学附属小学校　昭和63年度卒業生（1989），『卒業文集・平成の子』.

子どもの卒業文集ではあるが，担任教官の卒業生への想いが綴られているものである。公には筑波大学附属小学校初等教育研究会の『教育研究』No1047の「私の授業ノート」P52-53に「私の授業観」と題して，この文に補足して書かせてもらっている。

注２　ファラデー（1989），『ロウソクの科学』，三石巌訳，角川文庫．

たった１本のロウソクをめぐりながら，フェラデーはその種類，製法，燃焼，生成物質を語ることによって，自然との深い交わりを伝えようとする。この書を本書の授業対象となった子どもたちとともに読み合った。引用部の少し先の次のような言葉も興味深い。

「『何か１つの結果を見たとき，ことにそれが，これまでのちがうものであったとき，皆さんは何が原因だろうか，何でそんなことが起こるのだろうか』と疑問をもつことをいつでもお忘れないことを希望します。こんなふうにして，皆さんは長いあいだに真理を発見していくことになります」

注３　島田茂（1980），『算数・数学科のオープンエンドアプローチ』，みずうみ書房．

島田茂氏は算数・数学の問題にも答えが唯一に決まらないものがあり，それを授業に取り入れることで，子どもの別の面の評価が可能になることを主張されている。オープンエンドの問題である。これは国語や社会，理科の学習では，ある程度年中やられていることであろう。算数では唯一の正解が求められて当然という考え方が強い。私もこの考え方を具体化してみて，はじめてそのおもしろさを感じた。「答えは１つではない」という考え方は，考え方を柔軟にする第一歩であり，意外な思考の拡がりが見られる。

注４　坪田耕三（1989），『筑波大附属小学校 授業収録ビデオ７　オープンエンドアプローチの授業，算数科６年単元「散らばり方をどう表すか」，図書文化社．

６年生を対象とした授業そのものを撮影したVTRである。そこで扱われている題材がオープンエンドの問題の中でも「数値化の問題」そのものである。平面に散らばったおはじきの散らばり方をどう数値化するかを子どもたちがいろいろな考え方で発表している。

注５　坪田耕三（1988），『子どもの問題づくり』（上・下），国土社．

１・２・３年のものと４・５・６のものに分かれ，各学年の実践例が載せられている。１つの問題を基に条件の一部を変えるなどして，問題を作りかえていく授業について書かれたものである。言い換えれば問題の発展的な扱いである。子どもが問題を作っていく過程で，教師はたくさんの子どもが活躍する姿を見つける。普段活躍しなかった子どもが意外な活躍を見せることで，教師が子どもを見る目を変える。また１つの問題の裏に，こんなにも様々な問題が隠れていたのかということを子どもの問題を見て気が付く。そして，教師の教材を見る目が変わってくる。

注６　沢田利夫・杉山吉茂（1978），『現代教育評価講座４　算数・数学』，第一法規．

ピックの定理そのものの発見をねらった授業の実践が６年生を対象におこなわれている。周上の点と内部の点の関係で面積をとらえることのおもしろさについてはコクセターの『幾何学入門』（明治図書）のP222に，1899年にG.Pickがこの定理を発見したと記されている。本書に記した定理の説明については，以前，横浜国立大学の橋本吉彦先生にお話を伺ったものをメモさせていただき，私がまとめたものである。

注７　平林一栄（1975），『算数・数学教育のシツエーション』，広島大学出版研究会．

本文中の引用部分は，ジオボードを数学の問題を発展させる過程の１つのモデルとして見ている。また，後半部では数学の問題を発展的に扱うことを主張されている。

注８　筑波大学附属小学校，初等教育研究会（1987），『教育研究』no1024，P66-69.

４年生の四角形の学習をしたときに，やはりジオボードを使いながら観点を決めて自分で四角形を作っていくという授業を仕組んだ。その授業記録として「観点を決めて図形をつくる」と題して，子どもたちが作った四角形を分類した図が載せてある。

［著者紹介］
坪田耕三（つぼた・こうぞう）
1947年東京都生まれ。青山学院大学文学部教育学科卒業。筑波大学附属小学校副校長を経て，現在は青山大学教育人間科学部教授，及び，早稲田大学非常勤講師。
第32回読売教育賞受賞。元全国算数授業研究会会長。ハンズオン・マス研究会代表，NHK学校放送企画委員，教科書「小学算数」（教育出版）監修者，前小学校学習指導要領解説算数編作成協力者，JICA発展途上国支援協力者。著書には，『平成11年小学校学習指導要領解説算数編』（文部科学省），『個に応じた指導に関する指導資料－発展的な学習や補充的な学習の推進－（小学校算数編）』（文部科学省），『算数楽しく授業術』『算数楽しくハンズオン・マス』『算数楽しくオープンエンド』『坪田耕三の切ってはって算数力』（教育出版），『ハンズオンで算数しよう－見て，さわって，遊べる活動－』『算数「授業研究」再考』『算数好きにする教科書プラス坪田算数』『プレミアム講座 坪田耕三の算数授業のつくり方』『算数好きにする教科書プラス坪田算数ワークブック』（東洋館出版社）など多数。

算数科
授業づくりの
発展・応用

2017（平成29）年1月5日 初版第1刷発行

著　者　坪田耕三
発行者　錦織圭之介
発行所　株式会社 東洋館出版社
〒113-0021 東京都文京区本駒込5-16-7
営業部　TEL 03-3823-9206／FAX 03-3823-9208
編集部　TEL 03-3823-9207／FAX 03-3823-9209
振替　00180-7-96823
URL http://www.toyokan.co.jp
装　幀　水戸部 功
印刷・製本　藤原印刷株式会社

ISBN978-4-491-03299-3 ／ Printed in Japan